Hannes Gans · Eva Wrazdil

GEHEIMNISVOLLES WALDVIERTEL

Magisches, Besonderes, Kurioses und Unbekanntes

Leopold Stocker Verlag
Graz – Stuttgart

Umschlaggestaltung:
Werbeagentur | Digitalstudio Rypka GmbH.,
8020 Graz

Bildnachweis:
Sämtliche Fotos wurden dem Verlag von Frau Eva Wrazdil freundlicherweise zur Verfügung gestellt.

Bibliografische Information Der Deutschen Bibliothek
Die Deutsche Bibliothek verzeichnet diese Publikation in der Deutschen Nationalbibliografie; detaillierte bibliografische Daten sind im Internet unter http://dnb.ddb.de abrufbar.

Hinweis:
Dieses Buch wurde auf chlorfrei gebleichtem Papier gedruckt. Die zum Schutz vor Verschmutzung verwendete Einschweißfolie ist aus Polyethylen chlor- und schwefelfrei hergestellt. Diese umweltfreundliche Folie verhält sich grundwasserneutral, ist voll recyclingfähig und verbrennt in Müllverbrennungsanlagen völlig ungiftig.

ISBN 978-3-7020-1156-7

Layout und Repro:
Werbeagentur | Digitalstudio Rypka GmbH.,
8020 Graz
Druck und Bindung:
Gorenjski tisk, Kranj-Slovenia
Printed in Slovenia

Inhalt

Region Thayatal

Region Lainsitztal

Region Ysper-/Weitental

Region Kremstal

Lageplan

Die 66 Punkte beziehen sich auf die beschriebenen Kapitel.

Vorwort

Nach einem Jahr der Recherchen im Waldviertel müsste man eigentlich rundum ein Kraftlackel sein. Das Land ist voll mit Kraftplätzen, der Boden durchzogen von Kraftlinien und übersät von Orten der Kraft. Und was steckt wirklich dahinter?

Nach Jahrzehnten der Resignation hat man sich endlich der vorhandenen Stärken besonnen und die gewohnte Umgebung einmal mit anderen Augen beobachtet. Dabei entpuppte sich vieles von dem, was bisher störend gewesen war, als wunderbare, nahezu unerschöpfliche Energiequelle. Sümpfe wurden zum Naturerlebnis und Heilmoor, verlassene Bauernhäuser zu Künstlerateliers und Granitformationen zu Kultstätten der Wackelsteinmystik.

Die Menschen mögen die Verunsicherung der Vernunft, diese Gratwanderung zwischen Wirklichkeit und Fantasie, dieses Spiel mit dem Ahnungsvollen. Und sie fangen an, ins Waldviertel zu kommen – zuerst nur ein Wochenende zum Relaxen, dann schon eine Woche für ein Wünschelrutenseminar bis hin zum ausgiebigen Wanderurlaub; und sie kehren, wie man hier zünftig sagt, „energetisch aufgeladen" in den Alltag zurück.

Die Tendenz der Besucher ist somit steigend, und genau aus diesem Grund kann es nie genug Bücher über das geheimnisvolle Waldviertel geben, in denen neue, spannende Seiten für neue Leser aufgeschlagen werden wie die 66 Geschichten dieses Bandes, von denen einige sogar „gestandenen" Waldviertlern unbekannt sind.

Die Arbeit am „Geheimnisvollen Waldviertel" hat beiden Seiten Spaß gemacht. Gemeindeverantwortliche, Heimatforscher und Kulturschaffende waren bereitwillige „Verräter" ihrer Geheimnisse, und wir, die Fotografin Eva Wrazdil und ich, haben sie begeistert aufgezeichnet und dabei viele Freunde gefunden, die – wie wir – von der magischen Kraft des Waldviertels nicht mehr losgelassen werden.

Hannes Gans
Wien, im Januar 2007

Rätselhafte Sphinx im Garten von Schloss Greillenstein.

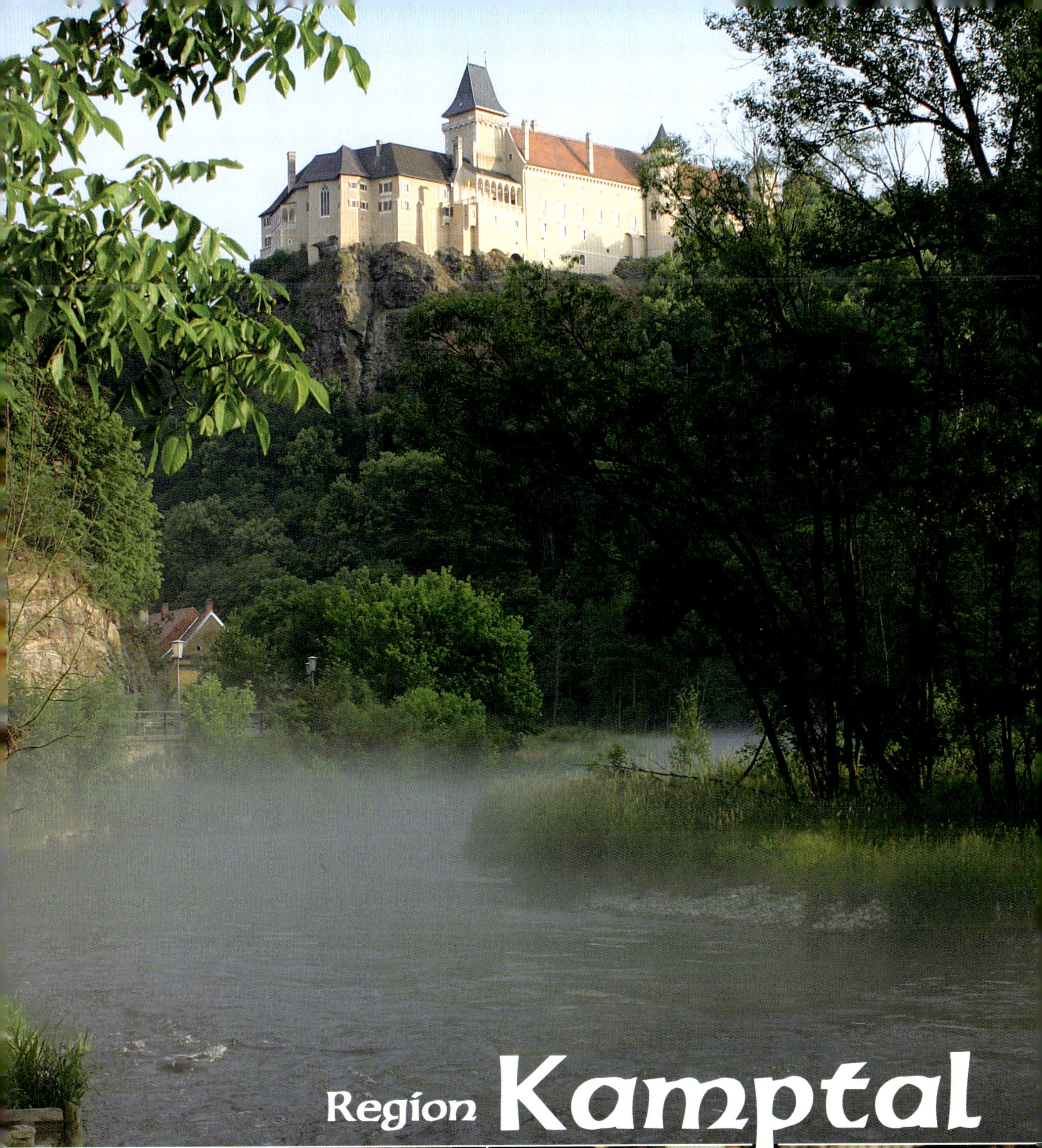

Region Kamptal

1

Rittersleut', Gaukler und tanzende Hexen

Mittelalterfest in Eggenburg – mehr als nur ein Wochenende!

Die Babenberger hatten sich im 11. Jahrhundert bis zu den Flüssen Thaya, March und Leitha nach Norden und Osten vorgekämpft und das neu gewonnene Territorium gesichert. An strategisch wichtigen Punkten wurden Befestigungen gebaut, zum Teil ganze Städte künstlich angelegt. Eine solche Wehrsiedlung, die nach der Mitte des 12. Jahrhunderts, im Hochmittelalter, zur Burgstadt ausgebaut wurde, war Eggenburg. 1180 gab es Marktrechte und von Leopold VI. eine Urkunde mit stadtrechtlichem Inhalt.

Als 1277 schließlich das volle Stadtrecht nach Wiener Vorbild verliehen wurde, herrschten unruhige Zeiten. Zwar war Rudolf von Habsburg schon römischer König (rex Romanorum), aber noch gab es den mächtigen Gegner im Norden, den Böhmenkönig Ottokar II. Přemysl, der sich damit nicht abfinden wollte. Er wurde erst ein Jahr darauf, am 26. August 1278, bei Dürnkrut und Jedenspeigen endgültig besiegt.
Eine ordentliche Stadt brauchte damals eine Kirche, ein Kloster, ein Bürgerspital und eine Burg.

Bild linke Seite:
Stadtmauer von Eggenburg mit Kanzlerturm.

Bilder oben:
Mittelalterfest in Eggenburg: Harfenspieler und nächtliches Treiben.

Bild unten:
Promenade an der Stadtmauer von Eggenburg.

Die Pfarrkirche ist dem hl. Stephanus geweiht. Der wuchtige spätgotische Bau überragt mächtig die Stadt. Auffallend prächtig und zahlreich sind die Grabmäler in und an diesem Gotteshaus. Kein Wunder – Eggenburg verdankte über Jahrhunderte seinen gediegenen Wohlstand der Kunst seiner Steinmetze. Im nahen Zogelsdorf brachen sie reinen weißen Sandstein und verarbeiteten ihn an Ort und Stelle. Der beeindruckende Beweis für das überragende Können der Eggenburger Meister ist die „Kirchenväterkanzel". An ihr wurde dem Stein jegliche Schwere genommen. Mit ihren zarten Ranken erinnert sie an die Pilgramkanzel im Wiener Stephansdom und ist mit 1515 datiert, als zeitlicher Anhaltspunkt für die Wiener Kanzel, die auf 1505 geschätzt wird. Ein Künstler unserer Tage hat den Eingangsbereich der Pfarrkirche gestaltet: Der Wahl-Eggenburger Ernst Degasperi prangert in einem ergreifenden Sgraffito die Schrecken jedes Krieges an.

Zur Besinnung an die Vergänglichkeit allen Lebens mahnt der Karner neben der Kirche. 1299 wurde er erstmals erwähnt, 1792 abgerissen und in jüngster Zeit wieder archäologisch ergraben. Die Gebeine von Eggenburger Bürgern, die hier

Die „Kirchenväterkanzel“ in der Stadtpfarrkirche.

bestattet waren, harren nun, säuberlich gestapelt, ihrer Auferstehung am Jüngsten Tag.

Das Kloster in Eggenburg wurde 1451 nach einem Besuch des hl. Johannes Capistran an der östlichen Stadtmauer als Franziskanerkonvent gegründet. Die Minderbrüder gehörten zum festen Bestandteil der Seelsorge in der Stadt, und ihr Kloster, das mit einer beachtlichen Bibliothek ausgestattet war, wurde Schauplatz wichtiger theologischer Disputationes. 1783 wurde das Kloster aufgehoben; es war kurzfristig ein Fabrikgebäude und fiel 1808 einem Brand zum Opfer. 1833 wurde es vom Redemptoristenorden übernommen und gotisierend wiederhergestellt.

1299 wurde „vor der Stadt“ ein Spital gegründet, 1340 die zugehörende Kapelle geweiht. Die Bürgerschaft fühlte sich den Kranken, Mittellosen und Alten verantwortlich und ermöglichte ihnen in diesem Haus eine bescheidene Bleibe. In der noch erhaltenen „schwarzen Kuchl“ wurde für alle Armen der Stadt aufgekocht. Im ehemaligen Speisesaal findet sich heute ein Ziegelmuseum, in der Kapelle ein „Sakralmuseum“ mit Grabsteinen vom Barock bis zum Empire und im Obergeschoss das Archiv der Stadt mit feinen Pergamentrollen und handtellergroßen Siegeln aus wohl besseren Zeiten als heute.

Die Burg oder, besser, die Reste der Festung ragen auf einem Sporn gen Westen über die Stadtbefestigung hinaus. Hier residierten vom 11. Jahrhundert an bis 1556 markgräfliche Ministerialen und landesfürstliche Pfleger, also Beamte des Landesherrn – ein Umstand, der die Eggenburger bis heute mit Stolz erfüllt. Man war stets nur der höchsten Instanz verpflichtet und musste sich nicht mit irgendwelchen zufällig eingekauften Grundherrn herumschlagen.

Der wichtigste Bau des mittelalterlichen Eggenburg waren jedoch Mauer und Graben. Sie sind zum größten Teil noch erhalten. Die Befestigung folgt über weite Teile dem Lauf der Schmida, einem Flüsschen, das sich eng um diesen Stadtfelsen herumschlingt und einen natürlichen Wassergraben darstellt.

Etliche ungünstige Umstände führten zum Verlust der ehemaligen Bedeutung von Eggenburg. Das Handwerk der Steinmetze erlitt durch Konkurrenz aus dem Leithagebirge spürbare Einbußen, und mit dem Bau der Reichsstraße nach Prag über Horn kam die Stadt abseits der wichtigen Verkehrsströme zu liegen.

Die großen Veränderungen des 19. und 20. Jahrhunderts blieben somit aus. Erhalten hat sich die mittelalterliche Kulisse, die Jahr für Jahr Anfang September Schauplatz einer Zeitreise ins Mittelalter ist. Für ein Wochenende wird die Stadt zur Bühne wahrer Heerscharen von Besuchern, die sich an „vielerlei Kurzweil ergötzen“ und selber zu Akteuren werden. Es ist Ehrensache, sich für das Fest als Ritter, Burgfräulein oder Gaukler zu verkleiden. Gebechert wird aus dem Kuhhorn und gegessen mit den Fingern. Aufgespielt wird dazu auf Drehleiern, Trommeln und Lauten in teils beachtlicher Qualität als ungemein authentisches Erlebnis für Freunde alter Musik. Das Programm ist bunt und mit viel Fantasie zusammengestellt, geradeso wie der Festzug, in dem „edle Herren, Frawen und Maiden, Ritter zu Pferde, Händler und Knappen, Spielleut' und ehnlich liderlich Volk“ in prächtigen Kostümen durch die original mittelalterlichen Gassen von Eggenburg ziehen.

Information

Tourismus-Information Eggenburg,
Krahuletzplatz 1, A-3730 Eggenburg,
Tel. 02984 3400, www.eggenburg.at

Bild rechte Seite: **Geheimnisvolle Fehhaube bei Eggenburg.**

Fehhaube und Kogelsteine 2

Die östlichen Vorposten des Waldviertels

Relikte aus der Erdgeschichte im Krahuletz-Museum: Kiefer eines eiszeitlichen Mammuts und Muschelbank aus der Eggenburger Meeresbucht.

Die Kogelsteine – markante Granitrestlinge rund um die Wartbergkirche bei Eggenburg – sind nichts anderes als Inseln. Zum einen erinnern diese Steingebilde in den sanften Wellen des Weinviertels tatsächlich an schroffe Felsinseln der Ägäis, zum anderen ist es noch gar nicht so lange her, dass hier, am Manhartsberg, richtige Meereswogen angebrandet sind. Das Verhältnis der Zeiträume zueinander muss allerdings im Zusammenhang mit der Erdgeschichte betrachtet werden, bei der Tausende von Jahren tatsächlich nur ein Wimpernschlag im Vergleich zum Alter unseres Planeten sind.

Vor 22 Millionen Jahren drang das so genannte Molasse-Meer aus dem Indopazifik bis in unseren Raum vor. Sande und Küstenschotter wurden abgelagert. In der Eggenburger Meeresbucht herrschte tropisches Klima. Muscheln, Schnecken Krebse, Seesterne, Haie und Krokodile tummelten sich im Wasser neben Seekühen und Delphinen. Ihre große Zeit wird heute als „Eggenburgien" bezeichnet. Was von ihnen übrig blieb, wurde von Sedimenten überlagert und versteinerte.

Beim Bau der Franz-Josefs-Bahn kam etliches davon an die Oberfläche. Der Eggenburger Johann Krahuletz (1848-1928) begann intensiv, diese Überbleibsel zu sammeln und gab sie an mit ihm befreundete Wissenschaftler weiter. Sein Forscherdrang war ansteckend; die Krahuletz-Gesellschaft wurde gegründet und das Krahuletz-Museum in Eggenburg eingerichtet – ausgestattet unter anderem mit den Funden aus der Eggenburger Bucht, anhand derer man die gewaltigen Zeitläufte entsprechend ordnen kann. So schafft man auch den unvorstellbar großen Sprung über 500 Millionen Jahre, als der Maissauer Granit in der Erdkruste abkühlte und auskristallisierte. Im Lauf der Zeit trat dieser Granitstock an die Erdoberfläche und zerbarst zu Quadern und Türmen, an denen die so genannte „Wollsackverwitterung" ansetzte und die heutigen fantastischen Formen schuf: Wächter, Riesensitz sowie Pilzstein bei den Kogelsteinen und, nicht weit davon entfernt, die Fehhaube, welche frappant an einen Kopf mit Helm erinnert und deswegen mit h wie Fehde zu schreiben ist.

Die Fantasie mancher Zeitgenossen überschlägt sich angesichts solch phallischer Formen und hebt in den Weltraum ab. Wenn diese Steine nicht eine Art kosmischer Energiestation sind, ein Ort der Kraft – was dann? Und die Gläubigen strömen her, um sich an diesen Felsen ihre Seelenbatterien wieder aufzuladen. Wenn's was hilft...

Gut geerdet sind hingegen die Erkenntnisse der Biologen. Die Gegend um die Kogelsteine ist ein vom pannonischen Klima geprägter Trockenrasen und wurde zum Naturschutzgebiet erklärt. Im Frühling blühen dort Kuhschelle, Sandschwertlilie und seltene Orchideen. Sie gedeihen zwischen Weingärten, auf denen ebenfalls eine „Feenhaube" reift – ein schlanker Grüner Veltliner, der seinen Namen der wehrhaften Felsformation verdankt, aber im Volksmund vom Klang her mit der guten Fee verquickt wurde, die man bei den Heurigen der Umgebung zu schätzen lernt...

Bild oben links: **Marterl aus Zogelsdorfer Stein.**

Bild oben und unten rechts:
Fantastische Formen der Kogelsteine: Wächter und Pilzstein.

◎ ***Wandertipp:*** Unter dem Motto „Erdgeschichte selbst erleben" gibt es im Krahuletz-Museum in Eggenburg eine Wanderkarte, die uns zu 20 bemerkenswerten Stationen rund um die Stadt führt. Sie enthält eine genaue Beschreibung des Weges und zu jeder Attraktion einen ausführlichen Informationstext. Wichtig: Grabwerkzeug mitnehmen! In der Gemeindesandgrube von Kühnring – dort, wo das berühmte Skelett der Seekuh *Metaxyterium krahuletzi* gefunden wurde – darf auch der Wanderer sein Glück versuchen und nach Haifischzähnen oder ganzen Muschelbänken graben.

Information

Tourismus-Information Eggenburg,
Krahuletzplatz 1, A-3730 Eggenburg,
Tel. 02984 3400
E-Mail: tourismus@info.eggenburg.com
www.eggenburg.at

3 Meister der einsamen Dörfer

Der Maler Prof. Karl Korab macht Unsichtbares sichtbar

„Ich bin kein Künstler, ich bin ein Maler!" Mit dieser kantigen Selbstbeschreibung übt sich Prof. Karl Korab keineswegs in Bescheidenheit. Er setzt vielmehr schlicht eine Grenze zwischen sich und dem Wildwuchs selbsternannter Künstler.

Im Jahre 1937 ist Karl Korab in Falkenstein (NÖ) auf die Welt gekommen. An seiner Berufswahl gab es schon mit 16 Jahren keinen Zweifel mehr: „Mit Ach und Krach habe ich in Horn die Matura geschafft, weil ich g'wusst hab', dass ich an der Akademie in Wien aufgenommen werde." Sein Lehrer war Sergius Pauser, der als Professor die Meisterschule für Bildnismalerei an der Wiener Akademie der bildenden Künste leitete.

Schon im ersten Jahr gab es Preise. „Aber das sagt gar nichts", schränkt Korab die Bedeutung dieser Erfolge ein. Wichtiger ist ihm, dass er schon damals Bilder verkauft und sich damit das Studium finanziert hat.

In diesen Jahren geriet er in das Spannungsfeld zwischen Phantastischen Realisten (Ernst Fuchs, Rudolf Hausner) und Abstrakten (Arnulf Rainer,

Bild linke Seite: **Der Maler Karl Korab in seinem Atelier in Sonndorf.**

Bild links: **Ein neuer „Abstieg in den Untergrund" ist im Entstehen.**

Bild rechts: **Hut und Werkzeug des Meisters.**

Markus Prachensky). Korab: „Unter dem Einfluss der Phantasten habe ich zu malen begonnen, mit ihnen ausgestellt und bin dann eigene Wege gegangen."

Der Großstadt hat er bald wieder den Rücken gekehrt. Karl Korab lebt in Sonndorf in der Gemeinde Burgschleinitz. Er sieht sich als sesshaften Menschen, der es in der Fremde nicht lange aushält. Seine Arbeiten hingegen sind wahre Globetrotter: „Meine wichtigsten Stationen sind London, Paris und Tokio."

Sein Atelier ist ein heller moderner Bau, in dem alles für seine Arbeit bereit liegt. Es bietet die idealen Voraussetzungen, um die Umwelt, die draußen in der Natur gezeichnet wurde, in den Bildern zu verarbeiten.

„Ich war nie ungegenständlich", behauptet Karl Korab aus ehrlicher Überzeugung heraus, die ihn allerdings sehr viel Anerkennung gekostet hat. Seine Arbeitsweise wird gemeinhin als eine vereinfachte, hintergründige Bildsprache bezeichnet. Karl Korab lässt seine Bilder antworten, denn „es ist schwer, das mit Worten zu sagen. Ich male, und mit dem Malen sage ich alles. Ich tu' so ungern reden über die Bilder. Ich male das Unaussprechliche."

Seine Waldviertler Dörfer, von denen nur die Dächer über die Feldkuppen schauen, sind längst zum gängigen Begriff für niederösterreichische Landschaftsdarstellungen geworden, als Auseinandersetzung mit ländlicher Architektur in Kreide oder Aquarell. Mit den Jahren hat sich Korab davon weitgehend gelöst und den Siebdruck als geeignete Technik für sich entdeckt. In seinen Arbeiten zwingt er nun den Betrachter, sich in die Natur hinein zu denken, mit ihm in den Untergrund hinab zu steigen, in die Tiefe hinein zu schauen, hinein zu hören. Korab lässt Erinnerungen von Jahrhunderten sichtbar werden, spürt auf, was unter der Erde liegt, und malt die Reste versunkener Kulturen und Zivilisationen einer unsichtbaren Vergangenheit, die sich unter unserer Gegenwart verbirgt.

Literatur: *Bettina Palmisano: Architettura anomina, Sonndorf* 2005 *(Edition Gschendtner Blätter).*

Information

Prof. Karl Korab, akad. Maler,
Sonndorf 11, A-3730 Burgschleinitz

4 Vom Bildbaum zur Basilika

Maria Dreieichen und das Wunder der Versöhnung

Ein Marienlied singend, zieht die Wallfahrergruppe zwischen den Andenkenstandeln hinab zur Kirche Maria Dreieichen. Die Leute tragen Sportkleidung und Wanderstöcke. Sie folgen dem Kreuzträger, einem jungen Burschen. Bevor sie die Wallfahrtskirche betreten, wird diese noch dreimal umrundet. Drinnen wiederholt sich der Vorgang: Dreimal gehen sie um den Hochaltar mit dem Gnadenbild und vollziehen damit den Ambitus, den Opfergang, an dessen Ende die Kreuzpartikel, eine Reliquie in einem schön gefassten Zeigegefäß, geküsst wird. Die Wallfahrer zelebrieren damit einen alten Ritus, demzufolge sich Pilger einem heiligen Platz nur in entsprechender Ehrfurcht nähern.

Seit der Mitte des 17. Jahrhunderts „wallen" die Menschen betend zu dieser Stelle, genau genommen seit dem 15. August 1656, dem Tag Mariä Himmelfahrt, als der angesehene Kürschnermeister Matthias Weinsberger aus Horn eine wächserne Marienstatue an einer dreistämmigen Eiche anbrachte. Er erfüllte damit öffentlichkeitswirk-

sam ein Gelöbnis für die Heilung von einer schweren Krankheit. Obwohl es in Horn schon damals eine moderne Landschaftsapotheke gab, setzten die Menschen in Gesundheitsfragen doch auch auf himmlischen Beistand. Sie fanden sich in ihrem Gottvertrauen bestätigt, als nach etwa 25 Jahren die Eiche abbrannte, daraufhin aber wieder ergrünte. Das Wachsbild war dabei geschmolzen, wurde jedoch durch eine Skulptur der Schmerzhaften Muttergottes aus Lindenholz ersetzt. Eine Holzkapelle „aus 150 Latten geschlagen" entstand. Betreut wurde sie durch zwei Einsiedler, die damit beauftragt waren, den wachsenden Zustrom der Pilger zu empfangen, vorzubeten und die Opfergaben entgegenzunehmen. Ihre Einsiedelei stand beim Bründl unterhalb des Ortes, unmittelbar neben der Graselhöhle, in die man heute der besseren Anschaulichkeit wegen eine Puppe dieses Räuberhauptmanns hingesetzt hat.
1733 bestand in Maria Dreieichen bereits eine Steinkapelle, und 1744 wurde vom Abt des Stiftes Altenburg, Placidus Much, der Grundstein für die prächtige Wallfahrtskirche gelegt. Die Barockisierung von Stift Altenburg war soeben abgeschlossen worden, und das bewährte Bauteam konnte in Maria Dreieichen eingesetzt werden. Das Hauptgemälde schuf der „Himmelsmaler" Paul Troger. Auf diesem seinem letzten Deckenfresko erklärte er mit geschickter Symbolik den Wallfahrtsort zum spirituellen Zentrum des Waldviertels, indem er die Ordensväter der drei Waldviertler Stifte Altenburg (Benedikt), Geras (Norbert) und Zwettl (Bernhard) in der Kuppel vereinigte.
1784 wurde Maria Dreieichen im Zuge der josephinischen Umstrukturierungen zur Pfarre erhoben. Seelsorglich betreut wird sie von einem Priester aus Stift Altenburg. 1956, zum 300. Jahr des Entstehens der Wallfahrt, erhob Papst Pius XII. die Gnadenkirche zur päpstlichen Basilika. Im Heiligen Jahr 2000 wurde sie durch den Diözesanbischof zur Jubiläumskirche ernannt.
Die Steinkapelle blieb als Schatzkammer bestehen und zeigt in ihrer Fülle an Votivgaben das Urvertrauen in die Hilfe der Schmerzhaften Muttergottes. Wundersam geheilte Körperteile wurden in Silberblech nachgebildet, einfach gemalte Bilder zeigen die Gefahren, aus denen Menschen errettet wurden, und etliche Tafeln tragen schlicht den berührenden Spruch „Maria hat

Bild linke Seite:
Himmlisches Strahlen über dem Gnadenort Maria Dreieichen.

Bild oben:
Kopie der Gnadenstatue an der Außenwand der Wallfahrtskirche.

geholfen, Maria wird weiterhelfen." In der Kerzenkammer brennen ständig die Kerzenspenden der Wallfahrer. Man stellt sich zu allen möglichen Gelegenheiten in Maria Dreieichen ein: ob es die silberne Hochzeit ist, die bestandene Matura des Kindes oder auch weniger Erfreuliches, das man aber niemand anderem als der Gnadenmutter anvertrauen möchte.

Seit 1947 treffen einander am ersten Sonntag im Mai die deutschsprachigen Südmährer in Maria Dreieichen. Sie kommen aus ganz Österreich und Deutschland als „Heimatvertriebene" in ihre „heimliche Pfarrkirche" und folgen dabei derselben Tradition wie die tschechischen Wallfahrer, die seit der Grenzöffnung wieder hierher pilgern. Sie haben seinerzeit Maria Dreieichen für sich entdeckt, als sie auf einer wesentlich älteren Wallfahrt über die „Böhmstraß" nach Mariazell gezogen sind. Die Südmährer-Wallfahrten, egal, ob deutsch- oder tschechischsprachig, rasteten gemeinsam mit ihrem „Binkerlwagen" auf der „Hoad". Den Tschechen erteilte ein Beichtvater aus Znaim die Absolution für ihre Sünden, und die Gnadenmutter hatte gewiss niemals Probleme, beide Sprachen zu verstehen.

Zwischen damals und heute liegt allerdings ein Jahrhundert, das die beiden Gruppen zu erbitterten Feinden werden ließ. Die furchtbaren Geschehnisse, die dazu geführt haben, sind allzu bekannt, um an dieser Stelle aufgelistet zu werden. Zwar kann die Schmerzhafte Muttergottes Geschichte nicht ungeschehen machen – das vermag nicht einmal ein Wunder –, aber der erste Schritt ist getan. Ein fünfarmiger Leuchter in der Wallfahrtskirche erinnert an die Wallfahrt der tschechischsprachigen Katholiken Südmährens 1999. Er soll zur Buße aufrufen „für alle Sünden, die in den Beziehungen zwischen uns (...) geschehen sind".

Bild links:
Zeugnisse des Dankes und der Frömmigkeit in der Ursprungskapelle.

Bild oben:
Chorraum und Hochaltar von Maria Dreieichen.

Literatur: *Robert Bösner: 350 Jahre Wallfahrt zur Schmerzhaften Muttergottes von Maria Dreieichen. Salzburg 2006 (Verlag St. Peter).*

Information

Pfarramt Dreieichen,
A-3744 Stockern,
Tel. 02982 8253
E-Mail: pfr-madreieichen@utanet.at

Schatzgräber am Manhartsberg

5

Die Amethystwelt Maissau

Angeblich wirkt der Amethyst gegen den Rausch… Das wär' doch was, gerade in Maissau mit seinen Terrassenheurigen, diesen gastlichen Balkonen mit Aussicht aufs Weinviertel! Beim pflichtgemäßen Abschied vom Waldviertel kann es schon vorkommen, dass man vom dunklen, samtigen Zweigelt ein Glas zu viel genießt. Und nur wenige Schritte entfernt findet sich in der Erde des Manhartsberges der passende Stein, der den Kopf wieder klar macht. Zu schön, wenn es wahr wäre! Sehr wahrscheinlich wurde einfach ein griechisches Wort ungenau gelesen. „Dem Rausch widerstehend" heißt „amethystos". Das richtige Wort könnte aber „amethysos" gelautet haben, und das bedeutet „weinfarben". In der Amethystwelt Maissau wird auf diese wünschenswert ernüchternde Wirkung selbstverständlich eingegangen. Viel wichtiger erschien deren Gestaltern aber die Darstellung der feinstofflichen Kraft dieses Halbedelsteins, zumal die Anlage direkt am Eingang zum durch und durch mystischen Waldviertel liegt.

Bild oben: **Die freigelegte Amethyst-Ader bei Maissau.**

Um 1845 entdeckte man bei Steinbrucharbeiten oberhalb von Maissau auf der Höhe des Manhartsberges einen violetten Quarzgang. Knapp 150 Jahre mussten vergehen, bis Ende des 20. Jahrhunderts die Krahuletz-Gesellschaft bei wissenschaftlichen Grabungen beeindruckende Amethyststücke zu Tage förderte. Als 1999 systematische Untersuchungen durchgeführt wurden, zeigten sich erfreuliche Ergebnisse. Man war auf eine Amethyst-Ader mit einem gesicherten Verlauf von ca. 400 Metern gestoßen, auf einen so genannten „Gang-Amethyst", der sich nur an wenigen Stellen unserer Erde findet.

Vor 280 Millionen Jahren ist dieser Stein in der Tiefe des Urgebirges entstanden. Der Granit, in dessen Klüften sich dieser Quarz ablagerte, enthält radioaktive Partikelchen, die ionisierende Strahlung aussenden und im Zusammenspiel mit den Spurenelementen eine unterschiedliche Färbung bewirken. So entstand im Verlauf vieler Millionen Jahre das charakteristische Zackenmuster mit dem unvergleichlichen Violett im Maissauer Amethyst.

Man war sich in der Gemeinde Maissau sehr wohl bewusst, dass ein solcher Bodenschatz auch im touristischen Sinn gehoben werden sollte und engagierte den Architekten Dipl.-Ing. Georg Thurn-Valsassina aus Rastenberg im Waldviertel. Seit 1985 beschäftigt er sich mit der Entwicklung einer geomantischen Planungsmethode, die neben gefälligem Äußeren und funktioneller Nutzbarkeit eines Gebäudes auch dessen Schwingungsverhalten mit einbezieht. Die Lage der Amethyst-Ader wurde radiästhetisch bestimmt, ebenso eine geomantische Linie gefunden, die schräg durch das Gelände führte und genau unter einem dort befindlichen Bildstock die Amethyst-Ader kreuzte.

Der Platz für das Zentrum des Amethyst-Pavillons war somit gefunden, gleichzeitig auch seine Form sowie das Material. Dipl.-Ing. Thurn-Valsassina spricht von der Röhre als idealem Hohlraumresonator und von der Kugelform, die sich als sehr wirkungsvoll für gute Reflexion erwiesen hat. Als Baustoff ist Holz besonders geeignet, da es die Feldinformation speichert sowie technisch erzeugte Wellen, die von außen kommen, filtert und deren negative Einflussgrößen mindert.

Der Amethyst wird aber nicht nur als Schauerlebnis präsentiert – seine Kraft soll fühlbar werden. Ein so genannter „Formresonator" soll es dem Besucher ermöglichen, inmitten eines intensiv bespielten Multimediaraumes die feine Information dieses Halbedelsteins unbewusst aufzunehmen.

Heutzutage ist der Amethyst „nur" ein Halbedelstein, einstens aber war er hoch geschätzt. Er wurde den Pharaonen ins Grab mitgegeben, fand sich an der Brusttasche der Hohepriester im Tempel und ist einer der Schutzsteine in der Reichskrone. Dort oben, am Kopf, hat er auch seinen rechten Platz, heißt es in der Ausstellung „Kaiser, König, Edelstein". Wegen seiner blauen Farbe gehört der Amethyst zu jenen Mineralien, die die oberen Schichten des Bewusstseins ansprechen und das Kronen-Chakra anregen, schreibt Thurn-Valsassina. Von eher praktischer Natur sind die Anleitungen der Hildegard von Bingen (1098-1179). Sie empfiehlt den Amethyst vor allem im kosmetischen Bereich.

Vom Pavillon mit der Kulturgeschichte des Steins geht es in den Schaustollen hinab, in den naturwissenschaftlichen Bereich. Man ist beeindruckt, wenn man vor diesem Stück der weltweit größten

Bild linke Seite:
Ein erfolgreicher kleiner Schatzgräber bei der Waschanlage.

Bild oben:
Charakteristisches Zackenmuster und unvergleichliches Violett im Maissauer Amethyst.

Bild oben rechts:
Ein beeindruckender Amethystblock im Garten der Anlage.

freigelegten Amethyst-Ader steht. Unglaublich, dass sie sich so lange unbemerkt knapp unter dem Waldboden befunden hat! Ein gewaltigerer Halbedelstein als dieser wird kaum anderswo bestaunt werden können.

Ohne Frage: Ein solcher Platz hat „Power" und bewährt sich auch als „Energietankstelle"! Im Garten der Kraft wird die Möglichkeit zur mentalen Entspannung geboten. Diese wird auch nötig sein, wenn es im Schatzgräberfeld ans Buddeln geht. Schürfwerkzeug und Steine sind vorhanden – was fehlt, ist nur das Quäntchen Glück, um seinen ganz persönlichen selbst gefundenen Amethyst mit nach Hause nehmen zu können…

Information

Maissauer Amethystwelt GesmbH.,
Tel. 02958 84840 0
www.amethystwelt.at

6 Da Naz auf epischer Reis'

Das Joseph Misson-Haus in Mühlbach am Manhartsberg

Der Hexameter als Versmaß und die feierliche Form des Epos sind üblicherweise den Heroen der Antike vorbehalten. Hier, an der Grenze zwischen Wald- und Weinviertel, in Mühlbach am Manhartsberg, ist der Held nur ein einfacher Bauernbub. Er bricht auf in die weite Welt hinaus – und dort? Dort erlebt er mehr als bescheidene Abenteuer. Die Sprache des Sängers ist weder Griechisch noch Latein, nicht einmal Hochdeutsch. Das Epos „Da Naz, a niederösterreichischer Bauernbui geht in d' Fremd" ist lokaler Dialekt, die ui-Mundart, so wie sie am Osthang des Manhartsberges heute noch manche Leute reden.

Der Dichter ist Joseph Misson, geboren am 14. März 1803 in Mühlbach am Manhartsberg. Sein Vater war ein aus Udine zugewanderter Kaufmann, seine Mutter eine einheimische Weinbauerntochter aus der Nachbarortschaft Zemling. Misson trat nach dem Gymnasium in den Piaristenorden ein und unterrichtete in Schulen dieses Ordens. Er litt unter Schwerhörigkeit, die sich mit

Bild linke Seite: **Geburtshaus von Joseph Misson in Mühlbach am Manhartsberg.**

Bild links: **„Da Naz", ein Epos in der ui-Mundart.**

Bild rechts: **Die Büste des Dichters Joseph Misson.**

zunehmenden Jahren verschlimmerte. Sein Lehrerdasein, aber auch seine literarische Tätigkeit – Misson gilt als bedeutender niederösterreichischer Mundartdichter – waren mehr und mehr belastet. Am 28. Juni 1875 starb Joseph Misson. Begraben ist er in einem Ehrengrab auf dem Wiener Zentralfriedhof.

„Im Lenzmond 1850" erschien in Krems die Erstausgabe seines Hauptwerkes „Da Naz"; ein wahrer Longseller, der nicht weniger als 15 gedruckte Ausgaben erleben durfte. Die jüngste stammt aus dem Jahr 2003. Dort wurde zum leichteren Verständnis dem Original eine Übersetzung ins Hochdeutsche gegenübergestellt. Beigelegt ist ein Hörbeispiel, eine CD, auf der OSR Ernst Sachs die ui-Mundart aufleben lässt und sie mit dieser Aufnahme gleichzeitig konserviert. Die Illustration des Büchleins wurde von Prof. Karl Korab beigesteuert.

Das Augenzwinkern des alten Schulmeisters Joseph Misson ist im gesamten Epos nicht zu übersehen, wenn er – ganz wie es der Form geziemt – die einzelnen Abschnitte als „Gesänge" bezeichnet. Es beginnt mit einer Lehre für den Naz von seinem Vater (A Lehr vo mein Vadern auf d' Roas). Nach einem herzergreifenden Abschied von den Eltern im Zweiten Gesang beschreibt der dritte Teil „Wia da Naz alloan sein Wö weiter antritt u. seini alten Leut z'ruck gehngnan". Er geht somit seinen Weg allein weiter, und seine alten Eltern gehen zurück. Nach einem Gewitter, das ihn beinahe verzagen lassen hätte (VI. Wia 'n Nazn a Wöder dawischt und er sih nöd aus und nöd ein woaß), erfährt der Leser im Achten Gesang, „Wia da Naz auf Bremsendorf kimmt (kommt) und zehm (dort) über Nacht bleibt". Damit endet das Epos gerade so unspektakulär wie es begonnen hat. Und dennoch: Joseph Misson hat damit der „unterennsischen Mundart" ein einzigartiges, man kann sagen: unschätzbares literarisches Denkmal gesetzt, mit dem alltäglichen Sprachgebrauch von damals, mit bäuerlichen Weisheiten und längst vergessenen Redensarten.

Das Geburtshaus Missons in Mühlbach am Manhartsberg wurde zur Gedenkstätte ausgestaltet, mit dem „Muida-Stüberl", das noch ganz genauso aussieht wie die Stube, in der unser Held von seinem Vater die Lebenslehre auf seinen Reiseweg bekommt. Gezeigt wird die Original-Handschrift, 13 handgeschöpfte Papierbögen, beidseitig mit Gänsekiel beschrieben, versehen mit einem letzten Wort auf das „Biachl" – ein letztes Wort, das auch an dieser Stelle dem Dichter gebührt:

„Iatzt pfürt dih Gott, schau, daß da guit geht und mach ma koan Schand nöd!" (Jetzt behüte dich Gott, sieh zu, dass es dir gut geht und mach mir keine Schande!)

◎ ***Wandertipp:*** Das Joseph Misson-Haus ist der ideale Ausgangspunkt für eine Wanderung auf den Manhartsberg, jenen Bergrücken, der zum Namensgeber und zur Grenze der beiden Landesviertel Ober und Unter dem Manhartsberg, also Wald- und Weinviertel, geworden ist. Anno 1110 ist in einer Grenzbeschreibung bereits von einem Meginhartsdorf die Rede, 1156 vom Megenhartsperg und 1164 vom Mainhartsperg. Der Wanderweg führt von Mühlbach zur Silbernen Eiche am Loiser Straßl, einem sagenumwobenen Baum, und von dort zum 537 Meter hohen Gipfel, der erst in jüngster Zeit wieder als solcher entdeckt wurde und auf dem 2005 vom NÖ Joseph Misson-Bund ein Kreuz errichtet und geweiht wurde.

Information

Joseph Misson-Haus,
A-3473 Mühlbach am Manhartsberg 23,
www.missonhaus.at

Öffnungszeiten:
Mai bis Oktober an Samstagen,
Sonn- und Feiertagen von 13-18 Uhr oder nach telefonischer Voranmeldung,
Tel. 02957 216 oder 02957 763.

7 Multimediales Rendezvous mit Gott Bacchus in Langenlois

Das Loisium, eine sinnesfreudige Einführung in die Welt des Weines

Er taucht tatsächlich auf aus den Tiefen eines brodelnden Gärbottichs: der gute alte Bacchus. So nannten die Römer den griechischen Gott Dionysos. Als Schutzherr des Weines und der Fruchtbarkeit wurde er zum Inbegriff heiligen Rausches und göttlicher Ausschweifung. Er steht am Beginn der Führung durch das Loisium, ein Weinzentrum für das breite Publikum.

Es wurde in den Jahren 2003 bis 2006 auf Privatinitiative der drei Winzerfamilien Nidetzky, Haimerl und Steininger sukzessive aufgebaut, um Leben in das bis dahin ein wenig verschlafene Langenlois zu bringen. Schon in den ersten Jahren seines Bestehens konnte es einen erstaunlichen Zulauf an Gästen verzeichnen; mittlerweile ist es zum prallrunden Tourismuspaket gewachsen, mit Weingarten, Kellerführung, Museum und einem Spa Resort im angeschlossenen Hotel.

Das Loisium liegt im Kamptal genau an der Stelle, wo der Kamp die Grenze vom Wald- zum Weinviertel überschreitet. Die erste Silbe seines Namens hat sich das Loisium vom Standort Langenlois geborgt, die Endung wurde vom Elysium, dem Paradies, abgezwackt. Der mit Aluminium verkleidete Kubus des Besucherzentrums ragt unübersehbar aus den Weingärten hervor. Geschaffen wurde die auffällige moderne Architektur vom Amerikaner Steven Holl, als Kontrapunkt zu den bis zu 900 Jahre alten Kellern der Anlage. Diese Spannung zwischen Alt und Neu ist der rote Faden auf dem Weg zum Weinerlebnis in elf Stationen auf der Länge von rund einem Kilometer unter der Erde.

Schon das Abtauchen in die Unterwelt der Keller wird von archaischen Bildzeichen begleitet und rüttelt und bespritzt den Besucher ungeniert im Gärdom im Rahmen einer multimedialen Show, deren Krönung die oben beschriebene bacchantische Begegnung ist. In den stimmungsvoll ausgeleuchteten Kellern liegt alte Gerätschaft. Ein Mensch unserer Tage kann sich zumindest ein grobes Bild von der Arbeitsweise früherer Weinbauern machen. Im 10er Haus in der Ortschaft Langenlois steigt man wieder an die Oberfläche und wird in einem witzig durchgestylten Heimatmuseum in das Alltagsleben eines Winzers in den 1920er Jahren geführt, um wieder zurückzukehren in den Schoß von Mutter Erde. Für den Weinfreund wird es nun Ernst mit dem Erlernen von elementaren Kellerkenntnissen. An einer Reihe von Weinproben werden der Geruchssinn geschult, die Sektherstellung erklärt, und in einem Video stellt Karl Steininger, einer der Initiatoren, die Weintechnologien unserer Tage vor. Das Herstellen eines Spitzentropfens war wohl nie eine romantische Angelegenheit, sondern stets beinharte, arbeitsintensive Umsetzung von Können und Wissen.

In urtümlichen Lössgängen folgt nun die bedingungslose Hinwendung zur Magie des Weines. Ein foucaultsches Pendel demonstriert nicht nur die Erdrotation, sondern auch das Ebenmaß der Zeit im Kosmos des Weines. Allein vom Aussetzen eines jungen Stockes bis zum Jungfernwein, dem ersten Ertrag, vergehen drei Jahre, und wenn der Stock einmal trägt, gibt es auch kein Hudeln. Auf wenig anderen Gebieten legt die Natur so streng das Arbeitstempo und den sich ewig wiederholenden Rhythmus vor wie beim Wein – angefangen vom Schneiden, vom Aufbinden und dem exakten Zeitpunkt der Lese bis zur vollendeten Reife im Fass.

Hat man sich im Kellerlabyrinth des Loisiums einmal mit der Mystik eingelassen, dreht man ganz selbstverständlich buddhistische Gebetstrommeln und entziffert locker die geheimnisvolle Zeichensprache des Schweizer Künstlers Hugo Schär.

Der nächste Raum ist von einem Lichtermeer erhellt. Im Rahmen der „Loisiarte“ wird diese „Basilika“ zum Veranstaltungsort von Konzerten, bei denen jedes Jahr ein lebender Komponist im

Bild linke Seite: **Tolles Lichterspiel in der Station „Wein im Leben“.**

Bild links: **Farbenrausch im Gärbottich.**

Bild Mitte: **Weinranke.**

Bild rechts: **Buddhistische Gebetstrommeln im Kellerlabyrinth.**

Das Loisium, multimediale Kellerwelt in Langenlois.

Mittelpunkt steht und Musiker wie den Geiger Christian Altenburger, den Arnold Schönberg-Chor und das Artis-Quartett in die Weinwelt führt. Im Festsaal wird dem bisherigen Spektakel noch kräftig eins drauf gesetzt. Es geht um nichts weniger als das Leben schlechthin, an dessen wichtigsten Punkten – bei der Geburt, der Heirat und dem Tod – der Wein nicht fehlen darf. Dem Besucher wird mit ausgeklügelter Elektronik der Eindruck vermittelt, dass er durch bestimmte Berührungen zum Dirigenten eines unglaublich aufwändigen Licht- und Klangtheaters wird.
Die Rückkehr führt unter dem Wasser eines von Steven Holl entworfenen Beckens zurück an die Sonne und schnurstracks in die Vinothek im Besucherzentrum, in dem 130 niederösterreichische Weine ihrer Wertschätzung durch Genießer harren.

◎ ***Wandertipp:*** Nach dem Dauerfeuer mit Sinneseindrücken während der Führung und dem anschließenden Weinverkosten ist allerdings ein Lüften des Kopfes angesagt, mit einem Besuch der „Kellergasse". Nein, nein, dort wird nicht schon wieder getrunken! Bei dieser Kellergasse handelt sich um ein Kunstwerk, eine Steinsetzung des Bildhauers Prof. Franz Xaver Ölzant. Die Granitblöcke haben vor über 100 Jahren zum Bau von Flussbrücken im Kamptal gedient und reihen sich nun einträchtig wie Kellerhäuschen am Rand des Loisiums aneinander.
Für etwas ausgedehntere Ausflüge zu Fuß bietet sich ein Spaziergang durch das historische Stadtzentrum von Langenlois an und anschließend ein Aufstieg auf gut markierten und beschilderten Wegen durch Weingärten bis zur Kamptalwarte auf dem Heiligenstein (351 m), dem bekanntesten Weinberg des Kamptals. Einen Schlüssel für die Warte gibt es in den Gasthäusern von Zöbing und im Ursin-Haus in Langenlois.

Information

Loisium Kellerwelt,
Loisiumallee 1, A-3550 Langenlois,
Tel. 02734 32240 0, www.loisium.at

Ein Festival der Gärten 8

Schiltern bei Langenlois: Die Saat für ein blühendes Kamptal ist gelegt

Nach der verheerenden Hochwasserkatastrophe im Jahr 2002 sollte das Kamptal wieder aufblühen. Und in der Tat: die Knospe „Idee" hat sich 2006 zur Blüte entfaltet. Vom Stift Zwettl im Nordwesten entlang des Kamps bis zum Schloss Grafenegg im Süden sorgt das „Festival der Gärten" für wachsende Begeisterung unter Veranstaltern und Besuchern. Mit enormen Ambitionen ist man daran gegangen, eine „neue Dimension zum Thema Gartenphilosophie als Bereicherung der europäischen Gartenkultur" zu erschließen und „eine Fortsetzung des Paradieses mit irdischen Mitteln" zu erreichen – mit dem Ziel, den Garten wieder zum „Ort der Kunst und der Wahrnehmung" zu machen und, in erster Linie, dieser Region einen blühenden Kranz touristischer Anziehungspunkte umzulegen.

Die dafür notwendigen Spezialisten mit den entsprechend grünen Daumen fanden sich in Schiltern, einem kleinen Dorf zwischen Wald- und Weinviertel. Der eine ist professioneller Gärtner, sein Betrieb bekannt als „Kittenberger Erlebnis-

Bild oben: **Wohlfeile Romantik in den Kittenberger Schaugärten.**

gärten". Der andere Betrieb ist die „Arche Noah". Sie pflegt altes Gartenwissen im ehemaligen Lustgarten des Barockschlosses Schiltern.

Die Arche Noah verdankt ihr Entstehen einem kleinen Kreis von engagierten Gartenfreunden, die gerade noch rechtzeitig erkannt haben, dass einer Reihe von Kulturpflanzen das Verschwinden droht. Wer von uns ist noch nicht am eintönigen Obst- und Gemüseangebot unserer Supermärkte verzweifelt? Wo sind die Paradeiser geblieben, die nach etwas schmecken? Gibt es tatsächlich nur die paar Apfelsorten, die sich beim Reinbeißen eher wie Rüben ausnehmen? Vom übrigen Grünzeug und den Beeren ganz zu schweigen. Zwar ist alles jederzeit erhältlich – allerdings um den Preis gleich bleibender Geschmacklosigkeit.

Genug gejammert! In der Arche Noah wird wieder drauflosgezüchtet, ganz so, wie es die Altvorderen getan haben, wenn sie über den Gartenzaun hinweg dem Nachbarn eine besondere Sorte zum Aussetzen gegeben haben. In Schiltern ist ein Refugium für bedrohte Arten entstanden: der Schaugarten, in dem rund 6.000 Sorten vermehrt, selektiert und im Sortenarchiv registriert werden. Das Schöne daran: hier darf gekostet werden! Die Attraktion sind freilich die Beeren in ihrer himmlisch süßen Vielfalt. 80 alte Beerensorten warten, über die Saison verteilt, auf Naschkatzen und können – wie alle Pflanzen und Samen – für den eigenen Garten gekauft werden. Zum ernsthaften Kostgeschäft zählt die Degustation von Cocktailtomaten, die von Besuchern auf ihre Bissfestigkeit und den Geschmack ihres Fleisches getestet werden.

Hinter all dem Spaß, den die Mitarbeiter der Arche Noah bei ihrer Tätigkeit an den Tag legen, ist es doch ein hartes Stück gärtnerischer und wissenschaftlicher Arbeit, einzelne Sorten rein zu züchten. Zu sehen sind im Schaugarten so genannte Vermehrungsquadranten und Isolationstunnel. Nur so lässt sich die Spreu vom Weizen trennen und zum Beispiel eine degenerierte Kerbelrübe wieder zu ihrer ursprünglichen stattlichen Größe ziehen.

Zahlen sind stets beeindruckend: Es gibt 800 (!) Sorten Paradeiser und 60 bis 80 Sorten von Erdäpfeln. An der üppigen Vielfalt in den Salatbeeten im „Kuchlgarten" der Arche kann man sich nicht satt sehen. Im „Krautkeller" staunen wir über Wurzelgemüse wie die Pastinaken, die eventuell noch Oma in die Suppe geschnitten hat.

Geheimnisvoll mutet der „Zwergerlgarten" an, der aber ganz entgegen seinem Namen stattliche Apfel-, Kirsch- und Marillenbäume beheimatet. Im barocken Pavillon in der Mitte des Gartens wartet eine Eistee-Bar. Praktikantinnen der Arche Noah haben aus Kräutern erfrischende Mischungen komponiert und bieten herb-süßen Tee aus Ananassalbei mit Apfelsaft oder einen fruchtig-würzigen Anis-Ysop-Eisdrink mit feinem Lakritzgeschmack an.

Neben all dem Genuss darf eines nicht vergessen werden: Die Arche Noah versteht sich als Bollwerk gegen die Gentechnik und zeigt auf die natürlichste Weise der Welt, eben mit gezielter Auslese und Züchtung, wie man im Sinne der biblischen Arche die wunderbare Vielfalt an Gartenpflanzen über die gegenwärtige Sintflut des Einheitsbreis hinwegrettet.

Um Gartenkunst geht es in den nahen Kittenberger Erlebnisgärten, einer Privatinitiative von Reinhard Kittenberger. Der Besucher wird durch 23 Themengärten geführt, um Anregungen für die Gestaltung des eigenen Stücks Grün zu erhalten. Ist man der Typ für einen japanischen Meditationsgarten, oder sollte doch ein Stück Toskana das Häuschen umgeben? Die Wahl fällt schwer, denn jedes Thema wird hier von geschickten Fachleuten so appetitlich angelegt und die Preisschilder sind so dezent angebracht, dass man beinahe versucht ist, das Grundstück zuhause zu vergrößern, um für Kräuterspirale, Palmenhaus und Biotop noch Platz zu finden...

Bild linke Seite: **Schloss Schiltern mit dem Schaugarten Arche Noah.**

Bild oben: **Der ehemalige Lustgarten des Schlosses Schiltern wurde zur Arche Noah für Kulturpflanzen.**

Bild rechts: **Ein Stück Japan in den Kittenberger Schaugärten.**

Information

Arche Noah-Schaugarten:
Obere Straße 40, A-3553 Schiltern
www.arche-noah.at
Öffnungszeiten:
14. April bis 15. Oktober:
Dienstag bis Freitag 10-16 Uhr (Montag Ruhetag)
14. April bis 25. Juni:
Samstage, Sonn- und Feiertage 10-18 Uhr
Juli bis Oktober:
Samstage, Sonn- und Feiertage 14-18 Uhr

Kittenberger Erlebnisgärten:
Laabergstraße 15, A-3553 Schiltern
www.kittenberger.at
Öffnungszeiten:
1. April bis 20. Dezember täglich geöffnet;
Montag bis Samstag 9-18 Uhr,
Sonn- und Feiertage 10-17 Uhr.

9

Eine Zeitbrücke über Tausende von Jahren

Gars am Kamp: Beliebte Residenz von Fürsten verschiedenster Herkunft

Heutzutage fährt man der Gesundheit wegen nach Gars am Kamp. Willi Dungl, der österreichische Fitnesspapst, hat 1986 das weltweit bekannte Bio-Trainingszentrum eröffnet und damit wieder den matt gewordenen Glanz der Sommerfrische von anno dazumal aufpoliert. Das waren noch Zeiten, als die Erholungsbedürftigen mit dem Busserlzug kamen! Er brachte am Beginn der Saison Frauen und Kinder in den Luftkurort – und zum Wochenende den Gatten, der bei der Ankunft von seinen Lieben mit herzlichen Busserln begrüßt und am Sonntagabend ebenso herzlich verabschiedet wurde.

Der Kurpark ist ein liebevoll erhaltenes Relikt dieser reizvollen, sogar ein wenig mondänen Zeit. In seiner Mitte steht der Kaiser, würdig, fest und scheinbar unverrückbar, jedoch nur scheinbar, denn dieses Denkmal war ursprünglich eine Wanderbüste. Bei diversen Festivitäten anlässlich von Regierungsjubiläen und Geburtstagen von Kaiser Franz Joseph I. wurde sie einfach mitgebracht und aufgestellt.

Die anschließende Kurpromenade ist nach einem Fürsten der Musik benannt. Auskunft gibt eine Gedenktafel mit der Aufschrift „Franz von Suppé * 1819 in Split † 1895 in Wien, Ehrenbürger von Gars am Kamp", und am Haus Nr. 27 ist zu lesen, dass Suppé hier drei Sommer 1876 bis 1878 zugebracht und 1878 den „Boccaccio" komponiert hat.

Der Begründer der Wiener Operette und ungekrönte König der Goldenen Operettenära dürfte sich an seinem Sommersitz ausgesprochen wohlgefühlt haben. Sofie von Suppé, seine Witwe, ließ jedenfalls bald nach seinem Tod in Gars das erste Suppé-Museum einrichten. Seit 2002 befindet sich eine Suppé-Gedenkstätte im Zeitbrücke-Museum, betreut von Dr. Ingrid Scherney, die sich mit großem persönlichem Engagement – man kann sagen: mit ihrem Herzblut – dem Andenken dieses Komponisten angenommen hat.

Das Zeitbrücke-Museum wird seinem Namen durchaus gerecht. Es überbrückt auf zwei Etagen mehr als 1.000 Jahre Ortsgeschichte. Unter dem Titel „Burgen und Babenberger-Raum" findet sich ein mittelalterlicher Fürst, der Babenberger Markgraf Leopold II. der Schöne (1050-1095), Vater von Leopold III. dem Heiligen. Er hatte Gars zu seiner Residenz erkoren und damit den kleinen Ort am Kamp zum Zentrum seiner Herrschaft erhoben. Im Museum steht ein Modell seiner Festung, die später zu einer mächtigen Wehranlage ausgebaut wurde. Die Burg – oder das, was von ihr übrig geblieben ist – steht eigentlich nicht in Gars, sondern am Schlossberg im benachbarten Thunau. Zu ihrer Ehre muss gesagt werden: Sie wurde nicht durch Feindeshand zerstört – sie war ganz einfach unnötig geworden. Der Verfall setzte um 1800 ein, wurde durch einen Brand 1809 beschleunigt und war endgültig besiegelt, als 1812 aufgrund der so genannten „Dachsteuer" die Dächer abgetragen wurden. Der Karner hat sich erhalten, genauso wie die Gertrudskirche; sie war bis Ende des 18. Jahrhunderts Pfarrkirche von Thunau-Gars.

Bild linke Seite:
Gars am Kamp: Burg und Markt.

Bild links:
Erinnerungen an Franz von Suppé im Zeitbrücke-Museum.

Bild rechts:
Kirche der hl. Gertrud in Thunau am Kamp.

Die Mauern der Ruine sind heute gut gesichert und alljährlich Schauplatz bemerkenswerter Opernaufführungen mit dem Fürsten der italienischen Oper, dem großen Giuseppe Verdi.

Bei so vielen gekrönten Häuptern kann leicht eines vergessen werden: der Fürst auf dem Schanzberg in der Garser Katastralgemeinde Thunau. Der zeitliche Bogen spannt sich dort zurück bis in die Jungsteinzeit, mit Funden aus dem letzten Abschnitt der Bronzezeit (1200-700 v. Chr.) und der Jüngeren Eisenzeit. Die nächsten bedeutenden Spuren stammen aus dem 9. Jahr-

Elegante Villen und der Kurpark als Reminiszenzen an die große Zeit der Sommerfrischen in Gars am Kamp.

hundert nach Christus. Kleine, in den Boden eingetiefte Hütten lassen auf slawische Zuwanderer schließen, doch schon im zweiten Drittel des 9. Jahrhunderts war diese Siedlung einem palisadenumwehrten Herrenhof nach fränkischem Vorbild gewichen. Um 900 dürfte eine kleine gemauerte Eigenkirche im Nordosten der Siedlung errichtet worden sein. In den Ungarnkriegen zwischen 907 und 955 wurde die Anlage jedoch zerstört. Seit 1993 wird von Archäologen wieder emsig gegraben. Für die Besucher wurde ein Teil der Schanze wieder so errichtet, wie sie Ende des 9. Jahrhunderts einem Fürsten jener Zeit im Krieg der Ostfranken gegen die Mährer als Sitz und Bollwerk gedient haben könnte.

◎ ***Wandertipp:*** Kunst und Geschichte lassen sich in Gars am Kamp wunderbar mit einem Fitnessmarsch in der nachgewiesen gesunden Atmosphäre dieses Luftkurortes verbinden. Von Thunau am Kamp folgt man den Markierungen Richtung Schanzberg – ein steiler, aber im Ergebnis lohnender Aufstieg zu den Ausgrabungen auf der Holzwiese und dem Schanzberg mit der Rekonstruktion des frühmittelalterlichen Fürstensitzes. Man folgt nun der Straße nach Tautendorf und biegt dort unmittelbar nach dem ersten Haus nach links Richtung Wachtberg ab. Auf diesem Teil der Strecke wird man bereits von „Kunst in der Natur" begleitet, die sich verdichtet, je näher man der „Kulturwerkstätte" Wachtberg kommt. Über die Ruine Schimmelsprung kehrt man wieder nach Thunau und über den Kamp nach Gars zurück.

Literatur: Ingrid Scherney: Franz von Suppé, vielseitiger Komponist und Urheber der Wiener Operette. Gars 2005 (Museumsverein Zeitbrücke Gars am Kamp).

Information

Gästeinformation:
Hauptplatz 83, A-3571 Gars am Kamp,
Tel. 02985 2680
www.gars.at

Zeitbrücke-Museum:
Kollergasse 155, A-3571 Gars am Kamp,
Tel. 0664 9465795
www.zeitbruecke.at

Kunst im Dialog mit der Natur

10

Kulturwerkstätte am Wachtberg bei Tautendorf

Aufmerksamkeit ist gefragt, um all die Kunstwerke, welche am Wachtberg bei Tautendorf in die Landschaft gestellt wurden, auch als solche zu erkennen. Etlichen von ihnen hat die Natur bereits kräftig zugesetzt. Sie verschwinden allmählich unter Büschen und Gras wie die „Freilegungen" des Niederösterreichers Norbert Mahrer, der seine Formen und Figuren als eine Art Negativ in den Boden gräbt. Die hoch aufragenden konzeptionellen Holzskulpturen des Ungarn Imre Bukta zeigen deutliche Verwitterungserscheinungen, und die meisten der abstrakten Eiseninstallationen verschiedenster Künstler sind sichtbar vom Rost angenagt.

Der Übergang von menschlicher Schöpfung in einen natürlichen Zustand ist durchaus gewollt. Die Arbeiten wurden in die Landschaft hinein geschaffen, um ihre Umgebung zu gestalten, mit ihr in Spannung zu treten. Riesenhafte Metallgebilde sitzen scheinbar unmotiviert auf Hügelkuppen, ein Drahtgeflecht in einer Hagebuttenhecke scheint vom Bauern vergessen worden zu sein,

Bilder oben: **Kunst in der Natur: Ignaz Kienast, Engel; Renate Korinek: Glaschristus; Albert Casañé: Katalan** (von links nach rechts).

Dieter Graf, Initiator der Kulturwerkstätte am Wachtberg.

und zwischen den Bäumen wehen gespenstisch mürbe Stoffbahnen.

Alle diese Installationen und Objekte irritieren den Betrachter, der zu Fuß zwischen Wald und Feld unterwegs ist und unwillkürlich in diese Auseinandersetzung mit der Vergänglichkeit hineingezogen wird.

Seit 1994 gibt es die Kunst in der Natur. Initiator ist Dieter Graf, dem ein Teil dieser Landschaft gehört. „Ich komme aus der Musik, mein ganzes Leben ist Kunst", sagt er über die Wurzeln seines Landart-Projektes und bezeichnet es als „spannende Herausforderung". Organisatorisch gesehen im Zentrum steht die Kulturwerkstätte als Treffpunkt und Ausstellungsraum, „ein Recyclinghaus", beschreibt es Dieter Graf treffend, „die Fenster und Türen sind aus einem Altersheim, der Fußboden aus dem Turnsaal der Hauptschule in Gars." Man hat ihn damals nicht recht ernst genommen, als er mit dem Bau und mit der Kunst in der Natur begann.

Mittlerweile geben sich internationale Größen der Objekt- und Installationskunst am Wachtberg ein Stelldichein. Für ein Jahr wird dem jeweiligen Künstler oder der Künstlerin ein Stück Boden zur Verfügung gestellt, um von ihm oder ihr bearbeitet und damit bereichert zu werden. Im Jahr 2006 wurde ein Biotop gestaltet, als Beitrag zum „Festival der Gärten" im Kamptal. Engagiert wurde dafür Georg Miksch, ein Österreicher, der in Japan bereits beachtliche künstlerische Erfolge gefeiert hat.

Auch Dieter Graf hat sich früh fernöstlichem Denken zugewendet und die fruchtbare Polarität von Yin und Yang seinem Leben zugrunde gelegt. Dem Besucher eröffnet er einen Weg dorthin mit dem Zengarten. Auf genau bezeichneten Stellen wurden Steine ausgelegt. Jeder von ihnen stellt ein bestimmtes Symbol dar. Graf: „Wir haben die Anlage nachgebaut, nach einer 700 Jahre alten Darstellung, als Hommage an den ältesten gezeichneten Zengarten."

Auf der Zufahrt zum Kulturzentrum wird an einer Stelle mitten im Wald der Weg durch ein Musikinstrument aus Röhren verengt. Es handelt sich dabei um das Schlapfofon (weil die verschieden hoch gestimmten Röhren mittels Schlapfen zum Klingen gebracht werden) des brasilianischen Perkussionisten João de Bruco. Gespielt wird darauf die Begleitmusik zum bewohnten Baum, einer Tanzperformance auf einer schwingenden Hängebrücke, während in der ZiehTrakMusikperformance ein alter Traktor gegen Schlagwerk und Ziehharmonika knattert.

Zwischen all diesen Werken der großteils prominenten Gäste behaupten sich durchaus die Arbeiten des Hausherrn. Sein Hauptmotiv ist der brennende Baum – ein Stück aus einem Stamm, das durch geschicktes Abbrennen das verbliebene Holz wie Flammen in die Höhe lodern lässt. Daneben winden sich auf einer Wiese die Kampwelle, ein Objekt aus Ruten und darin eingeflochtenen Ästen und Wurzeln. Sie ist die eindrucksvolle Erinnerung an den Schrecken, den das Hochwasser im Jahre 2002 verursacht hat. Wie die meisten der Kunstwerke am Wachtberg ist sie aber unverkäuflich und findet nur dort oben, als Teil dieses 9 km langen Kunstwanderweges, ihren Sinn.

Geldmangel kann Dieter Graf jedoch nicht entmutigen: „Kunst ist immer Geliebtsein, Kunst ist keine Liebelei. Und ich bin eben der Knecht dieses Platzes."

Information

Kunst in der Natur,
Am Wachtberg (bei Tautendorf),
A-3571 Gars am Kamp, Tel. 0664 9707740

Öffnungszeiten: ganzjährig frei zugänglich,
Führungen nach telefonischer Anmeldung.

Im Auge des Falken

11

Die Rosenburg: Top-Ausflugsziel seit 150 Jahren

Schon der sommerliche Turnierhof macht dem Namen seiner Burg alle Ehre. Bunte Wappen zieren die alten Wehrmauern, und dazwischen blühen die schönsten Rosen um die Wette. In solch prachtvollem Rahmen pflegt man die Gäste zu empfangen, die seit gut 150 Jahren die Rosenburg in Scharen stürmen, um jene Romantik zu genießen, die in dieser schier unbezwingbaren Festung aus Mittelalter und Renaissance herüberweht. Unwillkürlich summt man das alte Lied „Es liegt ein Schloss in Österreich, das ist gar wohl erbauet" – die Hymne der Rosenburg, die mit ihren Altanen und Türmen für die Menschen von damals nur „von Silber und von rotem Gold mit Marmelstein gemauert" sein konnte.

Die Burg wurde im 12. Jahrhundert an einer schwer zugänglichen Stelle hoch über dem Kamptal angelegt und bis ins 16. Jahrhundert nach ihren damaligen Besitzern Rosenberg genannt. In der Reformationszeit war sie – neben der Stadt Horn – Sitz von streitbaren Protestanten und kam doch 1611 in den Besitz von Kardi-

Bild oben: **Uneinnehmbar auf einem Felsen hoch über dem Kamptal: die Rosenburg.**

nal Franz Fürst zu Dietrichstein, einem Katholiken. 1678 gelangte sie schließlich an Ferdinand Max von Sprintzenstein und in der Folge an das Geschlecht derer von Hoyos-Sprintzenstein.
Nach dem Dreißigjährigen Krieg hatte Joachim Freiherr von und zu Windhag die Burg als Renaissanceschloss wieder aufgebaut und in diesem Zusammenhang genaue Pläne und Beschreibungen, die „Topographia Windhagiana", hinterlassen. Nach diesen Aufzeichnungen wurde die Rosenburg im 19. Jahrhundert von Ernst Graf Hoyos-Sprintzenstein in ihrem alten Glanz wieder hergestellt, aber nicht mehr als Wohnsitz, sondern bereits als Museum, womit sie zu den ältesten Schlossmuseen in Österreich zählt. Sie wurde im Lauf der Zeit mit diversen Sammlungen ausgestattet: mit einer Waffenkammer, mit prähistorischen Funden und mit Schmiedeeisen in verschiedenster Form als Hufnägel, Gürtelschnallen, Pfeilspitzen oder Sporensterne.
Der interessanteste von all den Schauräumen ist das so bezeichnete „Vogerlzimmer". Die Wandmalerei aus dem 16. Jahrhundert hat sich vollständig erhalten. Die exotischen Tiere, Pflanzen und Früchte sind ein seltenes Dokument dafür, wie sich nach dem Mittelalter die Weltsicht allmählich zur Renaissance hin geöffnet hat. Man holte sich zumindest mit Bildern die neu entdeckten fernen Länder in die eigenen vier Wände, wobei einzelne Darstellungen bereits erstaunlich naturalistisch und treffend sind.
Von draußen dringen immer wieder spitze, hohe Schreie in die Säle herein. Sie kommen vom Falkenhof herauf, in dem eine Reihe von prächtigen Greifvögeln auf ihren Pflöcken hockt – seit 1987 *die* Attraktion der Rosenburg schlechthin! Mehrmals am Tag dürfen sich einige von ihnen vom Arm ihres Führers in den Himmel über der Rosenburg aufschwingen und ihr Können als elegante Jäger der Lüfte demonstrieren.
Die menschlichen Darsteller dieser Flugschau tragen selbstverständlich historische Kostüme, fallweise findet die Show sogar hoch zu Ross statt, und im Herbst dürfen die Greifvögel regelmäßig echte Beute schlagen: im Rahmen einer Beizjagd in den burgeigenen Revieren.
Chef dieser Truppe ist der Falkenmeister Josef Hiebeler. Seine Gattin Monika und er sind gerne bereit, nach einer Vorstellung die vielen Fragen der Besucher zur Falknerei zu beantworten und

über die noble Historie ihres Berufs zu erzählen. Ein bedeutender Falkner war Kaiser Friedrich II. von Hohenstaufen (1194-1250), aus dessen Hand das Standardwerk für jeden Falkner stammt: „De arte cum avibus venandi" (Von der Kunst, mit Vögeln zu jagen), gefolgt von Kaiser Maximilian I. (1459-1519), dem „letzten Ritter", der eigens für die Beizjagd unter großen Kosten Enten und Reiher hegen und hüten ließ. In Österreich gab es sogar ein eigenes Obristfalkneramt, das 1793 jedoch abgeschafft wurde. Es wurde still um die Falknerei im Lande, bis es 1950 zur Gründung des Österreichischen Falknerbundes kam, der dieser edlen Form der Jagd wieder zum Aufschwung verhalf.

Die Vögel auf dem Arm des Falkners tragen maßgefertigte Hauben. Für sie ist es dann Nacht. Wenn die Haube abgenommen wird, ist es Tag – für die Vögel das klare Signal: „Auf zur Jagd!" Die Hauben sind durchaus Moden unterworfen. Manche Falken tragen indische, andere arabische oder holländische Hauben, manche sogar feudale „Prunkhauben".

Bei der Flugvorführung dürfen neben den Falken auch ein Uhu, Geier und Adler auftreten. Sie sind Teil eines engagierten Zuchtprogramms auf der Rosenburg unter der Patronanz des Hausherrn Dipl.-Ing. Hans Hoyos. Nur durch diese Zucht, die unter erheblichem finanziellem und materiellem Aufwand durchgeführt wird, ist Falknerei in Europa überhaupt noch möglich. Als Folge schädlicher Umwelteinflüsse waren die Eier der Greifvögel immer dünnschaliger geworden, sodass der Nachwuchs allmählich ausblieb. Mittels künstlicher Befruchtung und einer Brutmaschine wird auf der Rosenburg für Nachwuchs gesorgt und der Bestand der natürlichen Vorbilder unseres Wappenvogels gesichert. Die frisch geschlüpften Adler wachsen unter größter Obhut auf, bis auch sie vorsichtig für die Falknerei abgerichtet werden können.

Falkner kann an und für sich jedermann werden. Er muss allerdings das nötige Fachwissen mitbringen und sich seiner Verantwortung bewusst sein, denn, so Josef Hiebeler, „das Tier bezahlt jeden größeren Fehler mit dem Leben". Ein weiteres Erfordernis ist die Jagdprüfung und, in machen Bundesländern, zusätzlich die Falknerprüfung.

Während in der nächsten Vorstellung im Falkenhof der schönste und wertvollste aller Beizvögel, der Gerfalke, auf die durch die Luft gewirbelte Beute niederstößt, erfreuen sich im „Garten der Gefühle" verliebte Menschenpaare an der Suche nach der schönsten Rose der Burg und verirren sich dabei auf dem „Weg der Liebe" in ein sechsteiliges stimmungsvolles Gartenensemble, das zwischen symbolhaften Blumen, duftenden Kräutern und schattenspendenden Sträuchern Plätzchen für ungestörte Zweisamkeit, Sehnsucht und Glück anbietet.

Linke Seite, linkes Bild:
Turnierhof in der Rosenburg.

Linke Seite, rechtes Bild:
Seit über 20 Jahren *die* Attraktion schlechthin: Greifvogelschau in historischen Kostümen.

Bild links:
Auch er hat seinen großen Auftritt in der Schau: der Steinadler.

Kulturtipp: Das Renaissanceschloss Rosenburg ist Veranstaltungsort von Kerzenlichtkonzerten in der exzellenten Akustik des Marmorsaals. Im Turnierhof finden jedes Jahr im Juli Shakespeare-Festspiele unter der Intendanz von Alexander Waechter statt. Eine künstlerisch und architektonisch gelungene Überdachung der Rundbühne und der Tribünen schafft einen wetterunabhängigen Theaterraum, der die Weite der Rosenburg als imposante Kulisse miteinbezieht.

Information

Renaissanceschloss Rosenburg,
A-3573 Rosenburg 1, Tel. 02982 2911
www.rosenburg.at

Bild oben:
Adlerküken aus eigener Zucht.

Bild links:
Pulverhorn in der Waffensammlung der Rosenburg.

Vom Kloster unterm Kloster zum Treffpunkt der Religionen

12

Stift Altenburg lädt ein zum Gang durch 900 Jahre Kulturgeschichte

Man hört es gern, wenn Stift Altenburg als „Barockjuwel des Waldviertels" bezeichnet wird, lässt aber die Probleme, die damit einhergehen, nicht unerwähnt. Pracht muss erhalten werden – von einem kleinen Konvent, dessen Patres neben ihrem Klosterleben Pfarren betreuen, Sängerknaben erziehen oder das Stift touristisch vermarkten. „Ora et lege et labora" wurde ihnen vom Ordensgründer Benedikt von Nursia (um 480 bis um 550) aufgetragen, wobei das lege, das erbauliche Lesen, der Kürze wegen gerne gestrichen und die Sentenz auf „bete und arbeite" reduziert wird, im Klosterleben aber seit ihrer Kundmachung in vollem Umfang zu erfüllen ist. Emsig gearbeitet wird mit dem Spaten. Irgendwo im Stift gibt es immer eine archäologische Fundstätte, und sei es nur beim Verlegen von elektrischen Leitungen im Kirchenboden, in dessen Verlauf kürzlich das Grab der Gründerin von Stift Altenburg, der „hochedlen Herrin" Hildburg († 1144), aus dem Dunkel der Geschichte auftauchte.

Bild oben: **Stift Altenburg und der Garten der Religionen.**

Bei gezielten Grabungen wurde seit 1994 ein ganzes Kloster freigelegt. 1380 hatte ein Großbrand dessen mittelalterliche Gebäude vernichtet. Im 15. Jahrhundert tobten die Hussitenstürme. Ihnen folgten aufständische Bauern und kämpferische Protestanten. Im 16. Jahrhundert wird das Kloster als „ein Stainhauffen" bezeichnet, den plündernde Schweden im Dreißigjährigen Krieg vollends zerstörten. Die Reste wurden bestens konserviert, weil man sie einfach zuschüttete und das barocke Stift darüber errichtete.

Heute wandert man durch unterirdische gotische Räume und spürt unmittelbar den Geist dieser fernen Zeit. In der Fraterie mit den Büchernischen haben die schreibenden Brüder die Feder eben erst weggelegt, um durch die feierliche Stille des Kreuzganges zu wandeln und sich danach im Calefactorium aufzuwärmen. Wir bewundern noch nach 800 Jahren die geschickt angelegte Heizung, die den Mönchen den gnadenlosen Waldviertler Winter einigermaßen erträglich gemacht hat.

Olivenbaum im Garten der Religionen als Verbindung zwischen Juden- und Christentum.

Eine Vorratskammer mit verschlossenen Gefäßen wurde entdeckt. Daher weiß man genau, was im Mittelalter in einem Kloster gegessen wurde. Es gab möglichst fleischlose Kost. Die Tierknochen rühren wohl von einer Lockerung der Regeln her, die außerhalb des Refektoriums, des klösterlichen Speiseraumes, den Fleischgenuss unter genau festgesetzten Vorzeichen erlaubten. Überdies gab es detaillierte Fastenregeln. Da über das Jahr sogar für den Laienstand zeitweise an die 150 Fasttage vorgeschrieben waren, gab es einen großen Bedarf an Fastenspeisen. Man wusste sich zu helfen und erklärte kurzerhand Biber, Fischotter und Gewässer bewohnende Vögel zu Wassertieren. Getrunken wurde dazu pro Tag eine Hemina Wein, so viel erlaubte die Ordensregel. Praktischerweise kennt niemand mehr dieses spätantike Maß.

Dass bei diesen jüngsten Grabungen im Alten Kloster der Altan vorübergehend abgetragen werden musste, wurde in Kauf genommen. Es handelt sich dabei um eine mächtige Aussichtsplattform über dem Kamptal, die den schlossartigen Charakter des Bauwerks unterstreicht und Zeichen des uneingeschränkten Herrschaftsanspruches der katholischen Kirche war. Nach Sicherung der Fundstellen wurde sie in alter Pracht wieder errichtet, aber dieses Mal ausschließlich wegen der Vollständigkeit des barocken Ensembles, wie im Konvent versichert wird.

Josef Munggenast war der Baumeister des neuen Stiftes. Als er 1741 stirbt, übernimmt der Maler Paul Troger (1698-1762) in alter Klostertradition die Agenden des Baumeisters. Die Bibliothek stellt er in seinem eigenen Sinn fertig. Er zieht das helle Blau aus seinen Bildern in den Kuppeln über die Architektur der Säulen in den Raum hinunter. Blau als Farbe der Weisheit, dem Geist und der Wissenschaft gewidmet. Ein genialer Kunstgriff, mit dem die anerkannt schönste, im eigentlichen Sinn des Wortes „erhebendste" Stiftsbibliothek Niederösterreichs gelungen ist, als Tribut an das „lege", das Lesen, und an die Musik im Rahmen des Kammermusikfestivals „Allegro Vivo".

Das verzerrte Spiegelbild der Bibliothek ist die Krypta, ein hochgewölbter Raum direkt darunter. Er wurde vermutlich aus einem praktischen Grund angelegt: Man wollte die Bibliothek möglichst weit von der Bodenfeuchte abheben. Ihr Bildprogramm ist eine Totenpredigt von Abraham a Sancta Clara „Über die schön geziert und möblierte Todtenkapelle" mit dem Tod als makaberem Poeten: „O Schönheit, Eitelkeit! Wer sich darin vergafft, der ist dem gleich, der sich in eine schöne Blume verliebet. Wie bald aber verwelken beide, und es bleibt solchen Liebhabern nichts zurück als die Einbildung und Klage ... Je mehr sie sich darüber betrüben, je weniger fragt der Tod danach ... Auch die schönsten Narzissen werden von mir abgerissen." Paul Troger war von diesem Thema angetan und schuf „den originellsten Raum in einem österreichischen Kloster".

Pater Albert Groiß, Prior von Stift Altenburg: „Ein Totentanz. Der Tod überrascht die Menschen." Vanitas! Wohin man schaut, leere Eitelkeit: verwelkende Blumen, die Schöne, die im Spiegelbild ihr Totengesicht erkennt, Sanduhren und rennende Skelette, denen keiner entkommt. Pater Albert: „Hier wurde nie Messe gelesen, niemand wurde hier begraben oder aufgebahrt. Es ist ein Meditationsraum des Todes, wie der heilige Benedikt sagt, dass man sich den Tod ständig vor Augen halten soll."

Pralles Leben erfüllt hingegen die Sala terrena. In klösterlicher Umgebung nimmt sich dieser tief gelegene Raum im Kaisertrakt erstaunlich grotesk verspielt aus. Von mönchischer Weltferne ist hier keine Rede. Anzügliche antike Mythologie wie die Figurengruppe „Leda mit dem Schwan" wird mit leichter Hand als fromme Allegorie gedeutet. In diesem speziellen Fall hätte der Künstler die irdische Liebe und die Verbindung Gottes mit dem Menschen dargestellt. Dass die Gestalt des Schwanes nichts als eine geschickte

Bild links: **Fenster des gotischen Kreuzgangs.**

Bild rechts: **Detail aus der reichbemalten Krypta des Stiftes.**

Verkleidung von Göttervater Zeus war, um mit einer irdischen Frau schlafen zu können, wird mit einem lächelnden Augenzwinkern ergänzt.
Nach diesem Ausflug in den feudalen Teil des Klosters folgt ein Besuch der Stiftskirche, ein an und für sich gotischer Bau, der aber gründlich barockisiert wurde. Er ist Schauplatz für die Auftritte der Altenburger Sängerknaben. Wenn sie in ihren weißen Chorröcken brav im Altarraum Aufstellung genommen haben, erlauben ihre klaren hellen Stimmen durchaus einen Vergleich mit den musizierenden Engelsscharen, mit denen der „Himmelsmaler" Paul Troger die vier Kuppeln der Kirche bevölkert hat.
Das Gotteshaus als geistlicher Mittelpunkt des Stiftes ist der richtige Platz für eine kurze Betrachtung des Tagesablaufes eines Mönches, des „Horariums". Es hat sich seit dem Mittelalter nur unwesentlich verändert und ist in unserer Zeit für einen Außenstehenden kaum nachvollziehbar.
Der Tag beginnt für den Konvent um 6.00 Uhr mit einem Chorgebet, den Vigilien, den Nachtwachen. Sie wurden aus verständlichen Gründen von Mitternacht auf den Morgen verlegt und werden gemeinsam mit den Laudes (Lobgesängen) gebetet oder gesungen. Es folgt die Eucharistiefeier. Nach dem Frühstück ist Zeit für die Arbeit bis zur Mittagshore, dem nächsten Stundengebet. Nach dem Mittagessen bestimmen Ruhezeit und Arbeit den Nachmittag bis zur Vesper um 17.30 Uhr. Abendessen gibt es um 18.00 Uhr. Beendet wird der Tag mit gemeinschaftlicher Rekreation und der Komplet, dem abendlichen Chorgebet, um 19.00 Uhr. Danach herrscht Silentium, Schweigen, Stille, die für Lesen, Studium und Vorbereitung auf den nächsten Tag genützt wird – „ora et lege et labora".
Draußen, vor dem Stiftsgebäude, erstreckt sich ein weitläufiger Park, der in alten Urkunden als „Großer Stiftsgarten" bezeichnet wird. Er entstand während des barocken Umbaus unter Abt Placidus Much (1715-1756). Ausgestattet war dieser Park mit einem zweigeschossigen Salettl, also einem Pavillon, einer Orangerie (1780) und

Bilderleiste von links nach rechts:
Die Iris als Frühlingsbote im gotischen Kreuzgarten; im Zuge der Ausgrabungen aufgetaucht: der „Goldene Ofen"; ein rätselhafter romanischer Kopf im Kreuzgang des alten Klosters; das Kreuz von Erich Pummer im Garten der Religionen; Büchernische in der Fraterie (Arbeitsraum der Mönche).

Steinskulpturen. Zuletzt wurden die drei Hektar des Parks allerdings bescheiden als Christbaum- und Obstkultur genutzt.

Im Jahre 2005 wurden Bagger angesetzt und ein neuer Garten geschaffen. Er besteht aus sieben thematischen Abschnitten. Einer davon ist der Garten der Religionen. Pater Albert: „Wir haben nicht die historische Anlage restauriert. Wir haben ihr ein ganz neues Konzept gegeben. 1965 hat das Zweite Vatikanische Konzil getagt und sich mit der Erklärung ‚Nostra aetate' das erste Mal mit anderen Religionen auseinandergesetzt: mit dem Hinduismus, dem Buddhismus, dem Islam und dem Judentum. Vierzig Jahre danach haben wir versucht, diese Gedanken gärtnerisch darzustellen."

Jede der großen Weltreligionen erhielt ihren Teil des Gartens. Die gestalterischen Elemente wurden zu Symbolen wie die Stufen, die den Buddhisten ins Ich hinabführen, oder das Stück Wüste zwischen Islam und Judentum. „Sie sind Brüder, eng verwandt, aber zwischen ihnen ist kein Dialog möglich", erklärt Pater Albert dieses leider allzu aktuelle Detail.

Der Olivenbaum wurzelt im Judentum, soll aber nach dem Willen der Gärtner mit zunehmendem Wachstum seine Zweige zum Kalvarienberg hin ausbreiten, zum Christentum. Dass sich dort oben das Kreuz über die Anlage erhebt, soll bei Gott nicht den Führungsanspruch des Christentums markieren. Dagegen verwehrt sich Pater Albert:

„Wir sind Christen. Mit der Brille der Kirche schauen wir auf die anderen, lassen deren Meinung gelten, akzeptieren sie, stellen sie dar. Das eine Kreuz steht hier, das andere auf dem Kirchturm gegenüber."

An einem Teich vorbei führt der besinnliche Rundgang zum Andachtsplatz, der erklärten Lieblingsstelle von Pater Albert. Wenn ihm das Management seiner breit gestreuten Aktivitäten, das Labora, Zeit zum Ausruhen und zum Nachdenken erübrigt, lässt sich dort mit dem Blick auf das abendliche Stift sprichwörtlich klösterliche Beschaulichkeit genießen.

Information

Stift Altenburg,
Abt Placidus Much-Straße 1, A-3591 Altenburg,
Tel. 02982 3451, www.stift-altenburg.at
Öffnungszeiten: Palmsonntag bis Allerheiligen täglich von 10.00 bis 17.00 Uhr.

13

Zwischen Traum und Wirklichkeit

Schloss Greillenstein: Mekka der Nanologen (Zwergenkundler) und Heimat der Ahnfrau

Franz Grillparzer soll auf Schloss Greillenstein zu seinem Drama „Die Ahnfrau" inspiriert worden sein. Das ist nur die halbe Wahrheit. Die Literaturgeschichte zählt eine Reihe von Quellen auf, die den österreichischen Dramatiker für diesen gespenstischen Stoff begeistert haben, darunter auch den Aufenthalt auf einem mährischen Schloss des Grafen Seilern. Die Legende hält sich jedoch hartnäckig und ist nicht von der Hand zu weisen, zumal sich auf diesem Schloss in der Nähe von Horn tatsächlich eine Ahnfrau herumtreiben soll. Die Schlossherrin Elisabeth Kuefstein weiß auch von Wahrnehmungen ihrer Angestellten zu berichten, die in der Einfahrt undefinierbare Stimmen gehört haben, und in einem finsteren Gang des Schlosses steht sie leibhaftig, die geisternde Dame, und lässt – wenn auch nur als Puppe – die Besucher zurückschrecken. Was sie dazu veranlasst, sich nächtens als Gespenst herumzutreiben, weiß man nicht mehr.

Die Familie Kuefstein ist ein uraltes, vermutlich aus Tirol stammendes Adelsgeschlecht, das sich von Hans Kueffstainer (1274-1330) herleitet. Sein Nachfahre Hans Lorenz war der erste Herr auf Greillenstein. Seither befindet sich das Schloss in ununterbrochenem Besitz der Familie, die ihren Sitz allerdings über die längste Zeit aus Bequemlichkeitsgründen in Spitz an der Donau aufgeschlagen hatte. Elisabeth Kuefstein: „Wegen der Witterung hat man in Greillenstein nur ein paar Wochen verbracht." Schloss und Herrschaft lagen aber in guten Händen von Verwesern, denn Greillenstein war unter anderem der Sitz des Gerichtes und der Verwaltung, ähnlich einer Bezirkshauptmannschaft unserer Zeit.

Es waren glückliche Umstände, denen wir ein in dieser Vollständigkeit einzigartiges Gerichtsarchiv aus dem 17. Jahrhundert verdanken. Seit den Tagen, als im Gerichtssaal über die Untertanen Recht gesprochen wurde, hat sich wenig verändert. In der Registratur verbergen sich in den Schränken hinter staubigen Kartondeckeln die einzelnen Akten als säuberlich gebundene Papierpacken. Sie sind nur schwer zu lesen, denn die Handschrift eines jeden Gerichtsschreibers war anders und verlangt dem Leser immer wieder eine mühsame Umstellung ab. Frau Kuefstein weiß dennoch einige der kuriosesten Fälle zu erzählen: „Es ist die witzige Geschichte von einem Burschen, der 1699 zu acht Stockhieben und zwei Tagen bei Brot und Wasser verurteilt worden war, weil er einer alten Frau auf der Straße ‚du dreckige alte Sau!' nachgerufen hatte." In einem anderen Fall wird ein Angeklagter gefragt, weshalb er eine Frau von einem Steg in den Teich gestoßen hatte. Seine Antwort: „Man hat kein Recht, auf einem schmalen Steg zu gehen, wenn man so dick ist!"

Ferner gab es Fälle für das Blutgericht und Verurteilungen zum Tod. Möglich, dass auch eine Causa, die unter dem Stichwort „Henkerswagen" bekannt geworden ist, von diesem Gericht abgehandelt wurde. Ein Mädchen war ermordet worden, und bald hatte man auch den mutmaßlichen Täter gefasst. Der Verdächtige leugnete und beteuerte seine Unschuld. Erst die Tortur konnte

Bild linke Seite:
Gartenfront des Renaissanceschlosses Greillenstein.

Bilder oben:
Gerichtsbarkeit im 17. Jahrhundert: Registratur und Verhandlungssaal.

ihn zu einem Geständnis bewegen – kein Wunder bei den Gerätschaften, die noch heute in der Folterkammer des Schlosses gezeigt werden. Der Galgen war außerhalb des Ortes aufgerichtet worden, und der Karren mit dem Verurteilten fuhr über ein Getreidefeld dorthin. Der Mann wurde gehenkt und neben dem Friedhof verscharrt.

Im nächsten Jahr aber, als auf diesem Feld wieder Getreide angebaut wurde, wuchs die Frucht entlang der Furchen, die der Henkerswagen hinterlassen hatte, deutlich höher als am übrigen Feld. Man deutete dies als Zeichen, dass man einen

Unschuldigen hingerichtet hatte. Es heißt, dass seit etlichen Jahrhunderten – gleichgültig, was auf diesem Feld angebaut wird – die Spuren des Henkerswagens im Wuchs der Feldfrüchte sichtbar werden.

Im 16. Jahrhundert wurde der Adelssitz im Stil der Renaissance umgebaut. Die Räume atmen nach wie vor diesen Geist, der sich von Italien nach Norden ausgebreitet hatte. Das Mittelalter mit seiner Gebundenheit an kirchliche und feudale Ordnung war endgültig überwunden. Die Herren auf Schloss Greillenstein waren – wie viele Waldviertler Grundherrn – zu Protestanten geworden und standen damit im Gegensatz zu den katholischen Habsburgern. In der Kapelle mit dem protestantischen Altaraufsatz, dem Predigerstuhl (Kanzel) und dem Taufbecken wurden damals lutherische Gottesdienste abgehalten.

Aus der gleichen Zeit stammt die Holzdecke in der kleinen Bibliothek, zweimal datiert mit 1590. Auf diesem in Österreich einmaligen Zeugnis der Renaissance sind auf 25 quadratischen Feldern Landschaftsbilder und mythologische Szenen von Grotesken und Arabesken im italienischen Stil umgeben.

Im Dreißigjährigen Krieg traten die Kuefsteiner wieder zum katholischen Glauben über und wurden wertvolle Beamte des Kaisers. Der Türkensaal ist Hans Ludwig Graf Kuefstein gewidmet. Er war 1628 von Kaiser Ferdinand II. als Großbotschafter nach Konstantinopel, in die Hauptstadt des damals gefährlichsten Feindes, geschickt worden, um Sultan Murad IV. die Ratifikationsurkunde eines Waffenstillstands zu überbringen.

Ein reizvolles Relikt der Renaissance ist auch die Badestube aus der Umbauzeit des Schlosses um 1590. Sie wurde restauriert, trotz der Schwierigkeit, dass sich in Österreich kaum vergleichbare Anlagen erhalten haben. Man kann sich hier recht gut vorstellen, wie behaglich ein Badetag im Haus Kuefstein Anfang des 17. Jahrhunderts verlaufen ist: In einem hölzernen Zuber, der später durch ein großes Becken aus Sandsteinplatten ersetzt wurde, dürfte das Warmbad zubereitet worden sein. Man saß im Kreis herum, genoss die Annehmlichkeit gemeinsamen Planschens und blieb ungestört, denn beheizt wurde die Anlage von außen.

Die diversen Umbauten konnten dem wehrhaften Charakter des Schlosses nichts anhaben, eher wurde er spielerisch versteckt, wie beim Hauptportal. Man erreicht es nur über eine steinerne Brücke, die einen tiefen Wehrgraben überspannt, der von einer barocken Balustrade mit sich balgenden Putti, Sphingen und hoch aufragenden Obelisken kaschiert wird.

Dem Tor gegenüber liegt der Garten von Schloss Greillenstein, der als die größte profane Anlage seiner Art in Niederösterreich gilt. Sie wurde im Barock angelegt und mit einem Wasserspiel ausgestattet. Vierzig Sandsteinzwerge in der damaligen Mode und ein Drache als Wasserspeier bevölkerten diesen prachtvollen Erholungsraum. Übrig geblieben sind neun der grotesken Gestalten, die samt Drachen aus Sicherheitsgründen ins Schloss hinein übersiedelt wurden.

Zwerge waren damals völlig normale, lediglich krumm und klein gewachsene Menschen, die

dadurch der höfischen Gesellschaft zum Plaisier dienten. Man hielt sich Hofnarren und verspottete mittels derartiger Darstellungen ungeniert die ländliche Bevölkerung, welche wohl aufgrund von schlechter Ernährung und Inzucht immer wieder solche bedauernswerte Kreaturen hervorbrachte.
Auf Greillenstein wird gleichsam „Wiedergutmachung" betrieben, indem man dem Zwergenphänomen auf den Grund geht – unter ernsthafter Aufarbeitung der mythologischen Wurzeln, in denen der Zwerg immer wieder als Hüter unterirdischer Schätze auftritt. Man muss sich nur die Arbeit in einem Bergwerk der damaligen Zeit vorstellen und findet rasch die Antwort: In den niedrigen Stollen wurden kleinwüchsige Menschen gebraucht. Die Bodenschätze wurden in einsamen Gebirgsgegenden abgebaut, und so bekam kaum jemand diese Bergarbeiter zu Gesicht. Sie waren damit auf natürliche Weise von einem geheimnisvollen Nimbus umgeben und wurden zu Märchengestalten, zu Ahnen jener grinsenden Gartenzwerge, die so manchen Garten liebevoll versponnener Zeitgenossen bevölkern.
In einem Teil des Schlossparks hat sich im Jahre 2006 im Rahmen des Festivals der Kamptalgärten die moderne Kunst der Zwerge angenommen. Sechs Künstlerinnen und Künstler haben ihre Sicht von Märchen in das dichte Grün dieses Gartens hineinkomponiert, als Hommage an die Zwerge, die aus gutem Grund zu den prominentesten Bewohnern von Schloss Greillenstein zählen.

Kulturtipp: Auf Schloss Greillenstein erwartet Sie ein umfangreiches Programm, das alle oben aufgezählten Highlights als eigene Erlebnispunkte anbietet. Im Gerichtssaal dürfen Kinder eine Gerichtsverhandlung in historischen Kostümen führen; es gibt abendliche Geistertouren, in deren Verlauf man bei Kerzenlicht durch die Räume streift. Gutes Schuhwerk und starke Nerven werden empfohlen. Sie können aber auch in der Schlosskapelle den Bund fürs Leben schließen, wobei für die anschließende Tafel das stilvolle Ambiente der herrlichen Renaissanceräume zur Verfügung steht.

Bilderleiste von links nach rechts:
Detail der Renaissancedecke aus 1590; Innenhof von Schloss Greillenstein; der Zwerg als Pilger; raufende Putti auf der barocken Balustrade des Schlosses.

Information

Renaissanceschloss Greillenstein,
Elisabeth Kuefstein, Greillenstein 1,
A-3592 Röhrenbach, Tel. 02989 8080 21
www.greillenstein.at

14 Ouvertüre des Mysteriösen

Die Waldviertler Geisterwerkstatt in St. Leonhard am Hornerwald

Jede große Oper hat ihre Eröffnungsmusik, in der all die Themen dieses Werkes anklingen. Der Vorhang ist noch geschlossen, die Klänge des Orchesters beflügeln die Fantasie der Zuhörer im Dunkel des Saales.

Nun, ganz so feierlich geht es in der Waldviertler Geisterwerkstatt nicht zu. Bis zu einem gewissen Grad ist sie aber doch eine Zusammenfassung all dessen, was sich unter den Begriffen „geheimnisvoll", „esoterisch" und „mystisch" mit dem Waldviertel verbinden lässt.

Ihr Erfinder Leonhard Kubizek, ehemals Profimusiker und gefragter Solist an der Klarinette, hat schon in jungen Jahren den Job gewechselt. Er coacht nun seinerseits vielversprechende Künstler. Aufgewachsen ist Kubizek in Thurnberg am Kamp und damit ein gestandener Waldviertler, dem der Reiz dieser ungewöhnlichen Landschaft ein breites Feld an kreativer Betätigung eröffnet. Ein altes Wirtshaus im Wolfshoferamt bei St. Leonhard am Hornerwald erschien ihm als idealer Ort, dem Besucher des Waldviertels diese stim-

mungsvolle Einführung in die Geheimnisse dieses Landesteils zu bieten. Kubizek: „Es ist wichtig, dass die Leute das Geheimnisvolle um die Waldviertler Kultur schätzen und genießen lernen."
Die Menschen mögen das Ungeklärte, Magische, Mystische – kein Wunder in einem Alltag voll beinharter Realität. In der Geisterwerkstatt wird daran nicht gespart. Üppige Begegnungen mit dem Übersinnlichen gibt es im ehemaligen Wirtschaftsgebäude des Wirtshauses. Gespenstische Geräusche dringen nach außen, die von aufgeregtem Kinderlachen übertönt werden, was wiederum Rückschlüsse auf eine wichtige Zielgruppe dieser originellen Ausstellung schließen lässt.
Als Führer empfiehlt sich der Berg-Hans, ein Nachbar der Geisterwerkstatt. Dieser urwüchsige Bursch mit seinem mächtigen Vollbart ist glaubwürdiger Moderator all des Unglaublichen, das nun auf den Besucher zukommt.
Am Eingang pendelt an der Wand der Hexenfuß, ein Reisigbesen in Form eines hängenden Kreuzes. Es war einstens – was heißt einstens, es ist – das Geheimzeichen der Hexen.
Der Berg-Hans weiß eine Geschichte aus der jüngsten Vergangenheit, aus den 1960er Jahren, bei der es um nichts anderes geht als um den Versuch der Verbrennung einer vermeintlichen Hexe. Die alte Dame war traditionell schwarz gekleidet und hatte, was eben auch nicht ungewöhnlich ist, Angst vor dem Gewitter. Wie bei den Bauersleuten bis heute üblich, zündete sie beim ersten Donnergrollen eine geweihte Kerze an und betete, bis das Unwetter wieder abgezogen war. Ihr kleines Anwesen lag auf einer Wetterscheide, und die Gewitter zogen einmal rechts und einmal links daran vorbei. Sie blieb verschont. Der Neid der übrigen Dorfbevölkerung war ihr gewiss. Berg-Hans: „‚Sie tut Wettertreiben', hat es geheißen. Als der Hagel wieder einmal nicht ihren Grund getroffen hat, sondern den der Nachbarn, hat man ihre Hütte angezündet. Sie hat aber überlebt."
Das Hauptinteresse des Berg-Hans gilt den Kräutern und deren Einsatz in der Volksmedizin. Erblich belastet ist er vom Urgroßvater, ebenfalls einem Berg-Hans, „ein spinnerter Kerl, der eine Menge Naturheilmittel gekannt hat", so sein Urenkel. Rezepte sind überliefert: vom Kräutel gegen ungewollte Schwangerschaft bis zur Kräutermischung, die den erhofften Kindersegen bescherte. Aus diesem uralten Wissen hat der Berg-Hans für seine Besucher eine eigene Teezeremonie entwickelt. Man schmeckt, riecht und genießt den Aufguss verschiedenster Kräuter, die auf den Waldviertler Steinen angeblich besonders kräftig gedeihen.
Solche Leute wie der Berg-Hans – Menschen, die am Althergebrachten ihre Freude haben und denen nichts mehr zuwider ist als das Vergessen – haben die Geisterwerkstatt mit Sagen und Geschichten ausgestattet. Kaum anderswo auf dieser Welt gibt es so viele verfallene Burgen, in denen sich Schätze und Ahnfrauen verbergen, und nirgendwo sonst hat sich der Teufel so häufig manifestiert wie in den unzähligen Granitformationen, die in irgendeinem sagenhaften Zusammenhang mit dem Bösen stehen. Obendrein gibt es Sumpfböden, die mit ihren abendlichen Dunstschleiern und finsteren, unergründlich tiefen Wasserlöchern ein wahres Treibhaus an unheimlichen Nachtgeschichten sind. Es gibt sie noch, die Moorweiberl, die Irrlichter oder die Geisterreiter, die heutzutage statt auf klapprigen Gäulen eben auf Motorrädern durch die Gegend brausen, und die versunkene Stadt, deren Kirchenglocke an verwunschenen Tagen bis nach oben klingt.
Als Schutzgeist schwebt über allem die Gestalt des Dr. Wilbald Helbich, eines Arztes, der im 19. Jahrhundert im Wolfshoferamt gelebt und gewirkt hat. Ihm wird nachgesagt, dass er hier, in diesem Ausläufer des Nordwaldes, ein 400 Jahre altes, weitverzweigtes Höhlensystem entdeckt hat und auf eine Sammelstelle geheimen Wissens und magischer Gegenstände gestoßen ist. Er selber verschwand, so heißt es, auf unerklärliche Weise in der Nacht zum 22. Dezember 1878, einer Raunacht vor Weihnachten. Das Buch mit seinen Aufzeichnungen soll noch existieren, werde aber vom derzeitigen Besitzer unter Verschluss gehalten.

Bild linke Seite: Der Erfinder der Geisterwerkstatt: Leonhard Kubizek mit seiner Frau Carolin.

Bild oben: Fürs Gruseln ist gesorgt, unter anderem mittels einer Folterbank.

Bild links: **Der Berg-Hans mit dem Hexenfuß.**
Bild rechts: **Ein freundliches Moorweibchen in der Geisterwerkstatt.**

In der Geisterwerkstatt wird nichts ausgelassen, was nur entfernt nach unheimlichen Phänomenen riecht. Ein Abschnitt ist der Alchemie und der Erzeugung von Homunkuli, künstlichen Menschen, gewidmet. Eine Folterkammer wurde eingerichtet; man zeigt Kornkreise und sinniert über Geisterzeichen, die an der Wand dieses Hofes auftreten. Obwohl sie nichts mit Geistern zu tun haben, werden auch die Freimaurer vorgestellt, mit ihrem berühmtesten Vertreter Wolfgang Amadeus Mozart, dem sogar ein Theaterstück gewidmet ist: „Mozart sucht seinen Mörder". Aufgeführt wird es im Tanzsaal des Wirtshauses, der auch Schauplatz eines wöchentlich stattfindenden Geisterdiners ist. Im Rahmen eines fünfgängigen Abendmahls bei Kerzenlicht – so wird versprochen – werden die Gäste mittels Experimenten in die Welt der Traumakrobatik bis zum Gedankenlesen eingeführt.
Bei der anschließenden Geisterbeschwörung am runden Tisch mit den dreizehn Stühlen unter der Leitung des Hausherrn Leonhard Kubizek verliert sich in völliger Dunkelheit schließlich die Grenze zwischen Sein und Schein in einem angenehm verwirrenden Nebel.
Solcherlei Darbietungen, die möglicherweise nervlich nicht recht stabile Menschen ordentlich durchbeuteln könnten, sind freilich Erwachsenen vorbehalten. Die Kinder bauen draußen im Gelände ihre Seelenpuppe und können an der Zwergenkegelbahn um ihre Seele kegeln. Sie absolvieren den Hexenritt und besuchen eine Zauberschule, wobei letztendlich doch so viel Geheimwissen an diesen Nachwuchsmagiern hängen bleibt, dass sie eine Zeit lang mit Leichtigkeit jeden Erwachsenen durch ihre Kunststücke verblüffen und mit diesen Tricks einen nicht unwesentlichen Teil der Waldviertler Geisterwerkstatt mit nach Hause nehmen.

Information

Waldviertler Geisterwerkstatt,
A-3572 St. Leonhard am Hornerwald,
Tel. 02987 2893, www.geisterwerkstatt.at
Öffnungszeiten: täglich 10:00-18:00 Uhr.

15

Wallfahrt hoch zu Ross

St. Leonhard am Hornerwald: Traditionen mit Überzeugung leben

Im 18. Jahrhundert war der Hornerwald, ein vom Kamp umflossenes Hochland zwischen Altpölla und Gars, kaum bevölkert, abgesehen von einigen Holzfällerkeuschen und den Jagdhütten der High Society. Der kaiserliche Hof hatte sich das Waldgebiet als Jagdrevier vorbehalten. Der gewaltige Holzbedarf der Kaiserstadt und einiger ansässiger Glashütten führte jedoch zu Rodungen und mit den frei werdenden Flächen zur unaufhaltsamen Besiedlung. Nach und nach entstanden als Streusiedlungen das Wolfshoferamt, das Obertautendorferamt und auf der Lamplhöh eine geschlossene Ortschaft, in der 1777 eine für damalige Verhältnisse außerordentlich prächtige Barockkirche geweiht wurde.

Ihr Patron ist St. Leonhard. Er hat dem Ort seinen Namen gegeben und ist als himmlischer Vertreter unter anderem für Schlosser, Schmiede und bei den Bauern fürs Gedeihen ihres Viehs und vor allem der Pferde zuständig. Seiner Verehrung kann er sich gewiss sein, denn in St. Leonhard werden altes Handwerk und bäuerliches Brauchtum gleichermaßen liebevoll gepflegt.

Vom Mai bis nach Leonhardi (6. November) treffen einander nach dem sonntäglichen Kirchgang erfahrene Handwerker nicht im Wirtshaus, sondern – im Museum des Ortes. Sie haben ihre Werkstätten dorthin verlegt, um sich wie ehedem ihren Professionen zu widmen. Zum einen gehen ihre einfachen Maschinen und Werkzeuge damit nicht verloren, zum anderen haben die Damen und Herren Gelegenheit, ihr Gewerbe auch noch im Ruhestand auszuüben. Schuster, Schneiderin, Goldschmied und Wagner, Holzschuhmacher und Schnitzer, Schmied und Korbflechter sind nur eine kleine Auswahl der reichen Palette alten Handwerks, das sich in St. Leonhard auf diese Weise lebendig erhält. Die meist nicht mehr jungen Herrschaften sind damit die besten Vermittler einer Alltagsgeschichte, die noch gar nicht

Bild oben: **Pfarrer Christof Heibler hoch zu Ross beim Leonhardiritt.**

Wagner, Schneiderin und Schuster im Handwerksmuseum „am Berg".

lange verflossen und dennoch beinahe vergessen ist.

Gut ein Teil des Handwerksmuseums „am Berg" wird der Landwirtschaft gewidmet. Die weiten Felder und Wälder rund um die Ortschaft können längst nur mehr unter Einsatz moderner Technik einigermaßen wirtschaftlich bearbeitet werden. Damit wurden Gattersäge, Dreschmaschine, Dengelstock und Sense zum alten Eisen. Sogar der immens lange Brunnenbohrer, der in St. Leonhard in große felsige Tiefen vordringen musste, um ans Wasser zu gelangen, wurde zum bestaunten Schauobjekt und durch maschinenbetriebene Stahlbohrköpfe ersetzt.

Ganz im Gegensatz zu anderen Museen ist hier das Berühren der Objekte ausdrücklich erwünscht. Die Besucher sind eingeladen, selbst Hand anzulegen, um einen Rechenzahn zu schlagen und zu schnitzen oder sich ein Stück Seil als Souvenir selbst zu drehen. Für alle ist es ein Mordsspaß – für die Mädchen und Buben, die erstmals im Leben, mit einem Reifmesser bewaffnet, auf einer Hoanzlbank sitzen, und für die Handwerker, die aus vollem Herzen ihren Enkerln mit gutgemeinten Ratschlägen zur Hand gehen. Als leibliche Stärkung gibt es einen Feuerfleck, der am offenen Feuer im restaurierten Ofen gebacken wird.

Die Handwerker von St. Leonhard sind übrigens Weltrekordhalter im Guinness-Buch der Rekorde. Am 22. Mai 2005 wurde die mit 41,16 m längste Leiter der Welt an den Kirchturm gelehnt, wobei ihr oberes Ende das Kirchturmkreuz noch überragte. Erstbesteiger war der Pfarrer des Ortes. Hochwürden Christof Heibler ist Alpinist und entsprechend fit, um den sportlichen Anforderungen seiner Gemeinde zu genügen, denn mit Leitersteigen allein ist es in St. Leonhard nicht getan. Einmal im Jahr, am Sonntag nach Leonhardi, wird der passionierte Bergsteiger nolens volens zum Reiter.

1937 gab es den ersten Leonhardiritt zu Ehren dieses volkstümlichen Nothelfers, dem die Legende die Entstehung der Pinzgauer, einer österreichischen Pferderasse, zuschreibt. 1946, also bald nach dem Zweiten Weltkrieg, wurde der Brauch wieder aufgenommen. Seither gibt es alljährlich am Sonntag nach Leonhardi die Pferde-

segnung und die feierliche Reiterprozession durch den Ort.
Es ist wohl der guten Konstitution des Pfarrers zu verdanken, dass er, den eisigen Novemberstürmen trotzend, mit dem Allerheiligsten in der Monstranz einen Ritt durch den Ort würdevoll absolviert. Die Straßen sind dabei voll von Menschen, die sich auch nicht durch einbrechenden Winter vom Kirtag, dem Leonhardiritt und einem frommen Wunsch in der Wallfahrtskirche des Viehpatrons abhalten lassen.

◎ ***Wandertipp:*** Gut versteckt im Hornerwald und über einen steilen Wallgraben bis heute schwer zugänglich warten die wenigen Reste der Rundersburg auf ihre Entdeckung. Erbaut wurde sie im Zuge des Festungsgürtels, der im 11. und 12. Jahrhundert entlang des Kamps angelegt wurde. Man kennt noch den Namen der Herren von Ronenberg (Ronneberc). Im 14. Jahrhundert setzte bereits der Verfall ein.
Ausgangspunkt der Wanderung ist der Röckergraben in der Frähn, laut Einsatzkarte des Roten Kreuzes St. Leonhard der Fronbach. Ihm folgt man auf einer Forststraße gut 1 1/2 km und muss sich nun auf gute Augen verlassen, um das Mauerwerk im Walddickicht auf dem Hang links des Baches zu bemerken. Für den Rückweg kann man einen steilen Steig von der Burg aufwärts zum Steinberg in Angriff nehmen. Er führt zur Straße Richtung St. Leonhard und damit zum Ausgangspunkt zurück. Lohnend ist ein Abstecher nach Wilhalm (Wegweiser an der Straße), dem ehemaligen Versorgungsort der Burg, wo unterhalb der Ortskapelle ein freundlicher Brunnen mit Schöpfeimer und sauberem Wasser für Erfrischung sorgt.

Information

Gemeindeamt,
A-3572 St. Leonhard am Hornerwald 130,
Tel. 02987 2220 0
www.sankt-leonhard.at

Handwerksmuseum „am Berg":
A-3572 St. Leonhard am Hornerwald 84,
Tel. 02987 24133
www.sankt-leonhard.at/museum

Das weite Hochland um St. Leonhard.

16 Indianische Kultur in Waldviertler Künstlergärten

Der Jaguar von St. Leonhard

Auf der Suche nach einem geeigneten Ort für seine Arbeit war der Tiroler Bildhauer Peter Bär vom Waldviertel angezogen und auf den weiten Höhen von St. Leonhard am Hornerwald fündig geworden, mit einem kleinen Anwesen, in dem er sein Atelier einrichten konnte und das genug Platz für die Aufstellung der Skulpturen bot. 2001 wurde umgezogen und die Gestaltung der neuen Umgebung energisch in Angriff genommen, vor allem im Außenbereich. Das Haus war von knorrigen Bäumen mit alten Apfel- und Zwetschkensorten umgeben. Sie blieben stehen und wurden durch Neupflanzungen von regionalen Obstsorten und autochthonen Heckensträuchern ergänzt.

Neben seiner schöpferischen Tätigkeit am Stein und seiner Arbeit als Kunsterzieher in Krems wurde Peter Bär damit zu einer Art Landschaftspfleger, der mittlerweile auch für die Erhaltung von Künstlergärten verantwortlich zeichnet. Schuld daran ist seine Frau Ingeborg. Sie hatte Beziehungen zu mexikanischen indigenen Künst-

lern aus Chiapa geknüpft, die seit 2002 nach St. Leonhard eingeladen werden, um hier als Artist in Residence ihre Idee eines Gartens zu verwirklichen. Die Wiese unterhalb des Hauses ist der ideale freie Raum, in dem aus Holz, Metall oder Stein und den natürlichen Farben, Formen und Gerüchen von Blumen und Kräutern völlig unterschiedliche Beete komponiert werden; an sich selbständige Arbeiten, die aber aufgrund ihres gemeinsamen Konzepts zur Gesamtinstallation der Künstlergärten verschmelzen.

Im Jahre 2003 gab es bereits eine Ausstellung in St. Leonhard. Unter dem Titel „La Sonrisa del Lagarto – Das Lächeln der Echse" wurden acht Positionen aktueller Kunst aus dem Süden Mexikos im örtlichen Handwerksmuseum gezeigt. Ein kleines Wunder innerösterreichischer Akzeptanz war geschehen: Die beiden zugereisten Tiroler galten nach kürzester Zeit als Waldviertler und bauten ihrerseits als Einstand einen kulturellen Brückenkopf nach Lateinamerika. Mit einem ausführlichen Artikel einer New Yorker Kunsthistorikerin in einer renommierten Kulturzeitschrift wurde die Welt auf die künstlerischen Aktivitäten in St. Leonhard aufmerksam.

2004 überschritt der Jaguar, ein heiliges Tier der Indianer, die neue Brücke – vorerst mit der Ausstellung „Bajo la piel del Jaguar – Unter dem Fell des Jaguars" im österreichischen Kulturzentrum im Palais Pálffy in Wien. Eröffnet wurde sie durch den mexikanischen Wirtschaftsminister Fernando Canales Clariond. In den Künstlergärten erschien der Jaguar 2006, als Werk des Malers Antun Kójtom Lam. Auf einigen wenigen Quadratmetern hat der Künstler das Gesicht dieser Großkatze als Garten angelegt, der zu jeder Jahreszeit dem Betrachter die gewaltige kultische Bedeutung des Jaguars erahnen lässt.

Mittlerweile wurde von Ingeborg Bär diesseits und jenseits des Atlantiks Knochenarbeit verrichtet, um hier Ausstellungsmoglichkeiten und dort Reisekostenunterstützungen für die Künstler auszuhandeln. Öffentliches Geld für das „Projekt Künstlergärten" gibt es keines – ein Umstand, der sich für die Initiatoren letztlich als Segen herausgestellt hat. Sie haben sich damit Freiheit und Unabhängigkeit erhalten.

Und die Zukunft? Viele neue Künstlergärten sowie ein Textbildband mit Geschichten aus dem Waldviertel und Erzählungen der Indianer. Ingeborg Bär plant die Ausgabe in allen daran beteiligten Sprachen: Indianisch, Spanisch, Deutsch und im Waldviertler Dialekt, ergänzt durch Arbeiten der am Projekt beteiligten Künstler.

Information

Projekt Künstlergärten,
Ingeborg und Mag. Peter Bär,
A-3572 St. Leonhard am Hornerwald 95,
Tel. 02987 2573, www.baer-baer.at

Bild linke Seite:
Der Jaguar in den Künstlergärten bei St. Leonhard.

Bild links:
Aus Tirol ins Waldviertel: der Bildhauer Peter Bär.

Bild unten:
Alter Apfelbaum in den Künstlergärten.

17 Der Teufel als Hüter des Schatzes

Pölla: Sagenhafte Rast am Polansteig

Ein Badeurlaub im Waldviertel ist nach wie vor ein Insidertipp, dem man aber dankbar nachkommen sollte. Östlich von Zwettl wurde der Kamp für eine Reihe von Kraftwerken immer wieder aufgestaut. Dadurch entstanden künstliche Gewässer, die einer gewissen Romantik jedoch nicht entbehren. Die bewaldeten Talhänge sind schroff und felsig, und an den schönsten Stellen ragen Burgruinen aus dem Wasser, die man mit Surfbrett oder Tretboot ansteuern kann.

Diese ehemaligen Festungen entlang des Kamps waren zu einer Zeit angelegt worden, als das Waldviertel gegen Angriffe aus dem nördlichen Böhmen abgesichert werden musste. Bis zum Dreißigjährigen Krieg dienten sie als verlässliche Bollwerke, dann allerdings verloren sie ihre Bedeutung, und die meisten von ihnen verfielen zu Ruinen; ihr Herrschaftsgebiet wurde nicht selten zu einer Ware für windige Spekulanten.

Im Gebiet der Marktgemeinde Pölla liegen einige dieser mittelalterlichen Hinterlassenschaften: im Westen Schloss Waldreichs und die Ruine Dobra,

Bild linke Seite: **Bootsstation am Kamp.**

Bild links: **Baumblüte vor dem Ersten österreichischen Museum für Alltagsgeschichte.**

Bild rechts: **Bäuerliche Küche im Museum.**

im Osten die Ruine Schauenstein. Jede der Anlagen ist einen Besuch wert. Informationen gibt es am Gemeindeamt in Neupölla.

Ist man einmal im Ort, sind es nur ein paar Schritte zum „Ersten österreichischen Museum für Alltagsgeschichte", leicht zu erkennen an einer überdimensionalen eisernen Kerze vor der Einfahrt. Dr. Friedrich Polleroß hat in diesem Hof, dem Kulturhof, eine ungewöhnliche Schau auf Heimatkunde in ihrem eigentlichen Sinn zusammengestellt. Sie bietet einen „Überblick über die Alltagsgeschichte und die sozialen Veränderungen der ländlichen Bevölkerung" (Polleroß) in diesem Teil des Waldviertels in den letzten 300 Jahren. Dabei wird, was vielen anderen weniger wissenschaftlich eingerichteten Heimatmuseen fehlt, ein Blick auf die „Nachtseite der Heimatgeschichte" geworfen – auf Zeiten und Begebnisse, an die man sich nicht so gern erinnert.

Mit Ausstellungsobjekten wird sparsam umgegangen und der Überblick dadurch klarer. In „Herrschaften und Untertanen" beispielsweise stehen barocke Darstellungen von Schlössern und Bildnisse mächtiger Adliger im schroffen Gegensatz zu Steuerverzeichnissen, Sicheln und dem geflickten Unterhemd aus Hausleinen.

Volkskunde pur findet sich auch am alten Kirchensteig zwischen den beiden Pfarrorten Neu- und Altpölla. Er ist dicht mit Marterln bestückt, mit durchwegs frommen Fingerzeigen, die den Kirchgehern über viele Generationen den rechten Weg gewiesen haben.

Altpölla führt seinen Namen zu Recht. Es wurde bereits in der zweiten Hälfte des 11. Jahrhunderts von den Babenbergern gegründet und 1135 im Zusammenhang mit Markgraf Leopold dem Heiligen als „Zehent Polan" bezeichnet. 1139 wird die Straße „Bolensteich, Polansteich (-steig)" urkundlich genannt. Sie führte von Horn über Pölla, Döllersheim, Edelhof bei Zwettl, Alt Weitra und Unserfrau nach Nordwesten.

Altehrwürdiges bewahrt die Kirche von Altpölla mit einem Grabstein aus 1303 und einem Fresko des hl. Martin vom Ende des 14. Jahrhunderts. Die Kapelle am Ortsausgang Richtung Süden ist die Urlaubsmarter, wohl wegen der Wallfahrer, die sich an diesem Marterl verabschiedeten und Urlaub von ihren Lieben nahmen, wenn sie nach Maria Taferl zogen. Die Wandmalereien in der Kapelle zeigen die Gründungslegende dieses Gnadenortes.

Urlaubsstimmung im heutigen Sinn kommt am Stausee Dobra auf, mit Campen, Baden, Bootfahren, Angeln, Tauchen und einem Spaziergang zur Ruine Dobra mit Besteigen des fünfseitigen Bergfrieds. Das Abenteuer lässt sich am Fluss unten fortsetzen. Man folgt seinem Lauf, bis am steilen Ufer hoch oben die Reste der Ruine Schauenstein auftauchen. 1476 lagerten vor ihren Mauern 2.000 kaiserliche Reiter und 1.000 Fußsoldaten, von denen die Burg gebrochen und abgefackelt wurde. Grund dafür war eine politische Fehleinschätzung des Burgherrn Ullrich von Grafenegg. Obwohl kaiserlicher Feldhauptmann, hatte er sich in der Auseinandersetzung zwischen Kaiser Friedrich III. und dem Ungarnkönig Matthias Corvinus auf die Seite des Ungarn gestellt und die Burg zu einem Bollwerk gegen den Kaiser ausgebaut. Er wurde dafür geächtet und für vogelfrei erklärt. Die Burg blieb in landesfürstlichem Besitz und wurde von Burggrafen verwaltet, im Dreißigjährigen Krieg jedoch endgültig zerstört.

Abenteuerurlaub bei Ruine und Stausee Dobra.

Seither rankt sich ein Kranz von Sagen um die Ruine Schauenstein. So erzählt man sich von einem Verwalter, der wegen seiner Strenge verhasst war und aufgrund seiner Missetaten nun ruhelos in den Wäldern der Umgebung umherwandert. Die bekannteste Geschichte betrifft jedoch einen Schatz im tiefen Keller der Ruine. Ein Schatzgräber und seine Helfer bezahlten die Suche nach dem versteckten Gold mit ihrem Leben. Sie wurden von einem geheimnisvollen Wächter, vermutlich dem Teufel persönlich, in Stücke gehauen und die Leichenteile zur Abschreckung ans Tor genagelt.

Falls noch jemand Lust auf einen Besuch hat: Der kürzeste Weg zur Ruine Schauenstein beginnt in der Ortschaft Krug. Der Schlüssel für den Bergfried ist im Haus Nr. 15 erhältlich. Mit Gewissheit findet sich auf der Ruine Schauenstein ein Schatz – allerdings hoch oben auf dem Gemäuer, im traumhaften Blick auf das Kamptal, das sich als sanft geschwungene Linie durch den Wald zieht.

◎ ***Wandertipp:*** Vom großartig restaurierten Schloss Waldreichs am westlichen Ende der Gemeinde Pölla tauchen wir auf einer Teichrunde ins pure Waldviertel ein. Es geht meist recht flach dahin, zuerst nach Norden, vorbei am Steckenteich, übers Teichfeld zum Großen Stronesteich, immer begleitet von einer Mischung aus Schilf und Wald, die genauso gut in einer finnischen Seenplatte sein könnte. Über den Plattenteich kehren wir wieder nach Waldreichs zurück.

Information

Gemeindeamt,
A-3593 Neupölla 4, 02988 6220, www.poella.at

Erstes österreichisches Museum
für Alltagsgeschichte, A-3593 Neupölla 10,
www.regionalberatung.at/museum
Öffnungszeiten: 1. Mai bis 26. Oktober,
jeden Sonn- und Feiertag von 14-16.30 Uhr.

Bild rechte Seite: **Burg Krumau am Kamp.**

Einsamer Witwensitz

Burg Krumau am krummen Kamp

Auf seinem Weg zur Donau muss sich der Kamp – sein Name leitet sich vom keltischen kambos = der Krumme her – östlich der Stadt Zwettl tief in die Landschaft eingraben. Dabei fügt sich sein Lauf dem harten Gestein und wechselt immer wieder in engen Schleifen die Richtung. Auf einer dieser schmalen Landzungen, in den wahrhaft gekrümmten Auen, liegt der Markt Krumau am Kamp.

Auch die Straße nach Krumau ist gewunden. Sie führt von der Hochfläche des Waldviertels in engen Serpentinen in das Kamptal hinab. Erster Blickfang ist die Burg, an die sich Kirche und Häuser des Ortes beinahe ängstlich herandrängen. Beide, Burg und Ortschaft, bilden zusammen ein ungemein schmuckes Ensemble – in seiner Geschlossenheit im engen Raum des Kamptals eine beinahe unwirkliche Szenerie, wären nicht die Stromleitungen Hinweis auf die Gegenwart.

Burg Krumau ist Teil des Wehrgürtels, der in der zweiten Hälfte des 12. Jahrhunderts als Verteidigungslinie gegen die Böhmen entlang des Kamps angelegt worden war. Als frühe Besitzer scheinen die Kuenringer auf. Diese mächtigen Ministerialen, Dienstmänner der Babenberger, waren die Herren des Waldviertels. Ihr verdient guter Ruf hat allerdings im Verlauf der Geschichte arg gelitten. Sie hatten sich immer wieder gegen die Landesherrn erhoben, dabei aber stets den Kürzeren gezogen und erhielten als Verlierer von der Nachwelt den undankbaren Part des Bösewichtes zugewiesen. Erst in jüngster Zeit verblasst allmählich das Image vom Raubritter, der Kaufleute überfällt, Jungfrauen schändet und Untertanen drangsaliert.

Mit der düsteren Hauptfigur einer Krumauer Sage haben die Kuenringer nichts mehr zu tun. Es wird erzählt, dass ein übler Geselle eine Witwe von der Burg vertrieben und sich gegen den Kaiser empört hat. Er wurde gefangen genommen und hingerichtet. Seither treibt er als Gespenst auf der Burg sein Unwesen. Bei der historischen Gestalt hinter diesem Raubritter dürfte es sich um König Ottokar II. Přemysl handeln und bei der Witwe um seine geschiedene Gattin Margarethe von Österreich.

1251 wurde Ottokar von den österreichischen Adligen als Herrscher über das ehemalige babenbergische Gebiet ins Land gerufen. Um seine Stellung zu festigen, heiratete der 23 Jahre alte

Bild links:
Petri Heil am krummen Kamp.

Bild rechts:
Ein schmuckes Ensemble: Burg und Markt Krumau.

König die 47jährige Babenbergerin Margarethe, die älteste Tochter Herzog Leopolds VI. des Glorreichen und Witwe nach dem deutschen König Heinrich VII. Sie war bereits in ein Kloster eingetreten und hatte die Ordensgelübde abgelegt, aber vom Papst die Erlaubnis zu einer neuen Ehe erhalten.

Dieser war kein Kindersegen mehr beschieden, weshalb sich Ottokar von Margarethe scheiden ließ. Als offiziellen Trennungsgrund berief sich der junge Mann auf das Gelübde der Keuschheit, das Margarethe bei ihrem Eintritt ins Kloster abgelegt habe. Er vermählte sich mit der Enkelin des ungarischen Königs Béla IV. und überließ seiner Exfrau Burg und Forstamt Krumau am Kamp. In den folgenden Jahren verbrachte Margarethe hier die Sommermonate; während der kalten Jahreszeit übersiedelte sie nach Krems an der Donau.

Im Oktober des Jahres 1266 verstarb Margarethe in Krumau. Ihr Leichnam wurde ihrem Wunsch entsprechend in der Kartause Lilienfeld beigesetzt.

Der Rest der Geschichte ist bekannt. Ottokar fiel 1278 in der Schlacht bei Dürnkrut und Jedenspeigen. Die Habsburger avancierten zum „Haus Österreich" und hielten sich – mit kurzen Unterbrechungen – bis 1918 an der Macht.

Ihr kleiner Besitz rund um Krumau wurde vergessen, 1601 sogar verkauft, weil die Herrschaft überschuldet war. 1806 scheint die Burg als „Armenhaus" auf. Seit 1976 ist sie in Privatbesitz und wurde gründlich renoviert, wobei sich die Marktgemeinde freien Zugang zum ersten Hof ausbedang.

In alten Zeiten, so genau weiß man es nicht, soll sich von der Burg über die Ortschaft hinweg zum Hungerturm auf dem gegenüberliegenden Felsen eine Brücke mit einer Länge von mehreren hundert Metern gespannt haben. Die älteren Krumauer schwören darauf – sie haben es schließlich alle in der Schule gelernt. Es hätte sich um eine technische Sensation gehandelt, die mit damaligen Mitteln freilich kaum zu verwirklichen gewesen wäre; vielmehr handelt es sich hier um den gedanklichen Versuch, die Festung auf dem einen Berg mit einer rätselhaften Ruine auf der anderen Seite des Tales, dem so genannten Hungerturm auf dem Stoanamäuerl, in Verbindung zu

Bild links: **Gartenidyll am Weg zur Burg Krumau.**

Bild rechts: **Steinfigur auf dem Hauptplatz von Krumau: hl. Josef mit Kind (18. Jh.).**

bringen. Eine grausige Erklärung für diesen Turm liefert die Moritat von drei untreuen Burgfrauen. Sie wurden von ihren betrogenen Ehemännern auf diesem Felsen, dem Steinmäuerl, eingemauert. In stürmischen Nächten leisten sie dem geisternden Raubritter Gesellschaft und lassen die Krumauer durch ihr Wehklagen erschauern. Die historische Deutung vermutet in diesem Steinmäuerl eine Stelle für Kreidfeuer, durch die – lange vor der Erfindung des Telegrafen – die Nachricht von nahender Gefahr sehr rasch über das Kamptal hinweg in das Waldviertel weitergeleitet werden konnte.

Wandertipp: In Krumau wird die Umgebung auf sieben „Frosch"-Wanderwegen erkundet. Nur ein Sprüngerl ist es zum Hungerturm auf dem Stoanamäuerl, von wo Sie einen herrlichen Überblick über Ort und Burg genießen. Sie erkennen von hier oben sehr gut die enge Biegung des Kamps. Ein größerer Hupfer ist der See- und Rundwanderweg „Frosch 2". Ca. 2 1/2 Stunden sind Sie unterwegs, wenn Sie von der Kampbrücke bei der Ortseinfahrt zum Fluss hin abzweigen und den Kamp flussabwärts unter der Burg vorbei und am Thurnberger Stausee entlang gehen. Nach der Talsperre ist es noch ca. ein Kilometer bis Thurnberg, wo der Kamp überquert wird. Auf dem Rückweg empfiehlt sich ein Abstecher zur Ruine Thurnberg, von der Sie am Nordufer auf romantischen Waldwegen wieder zurück nach Krumau gelangen.

Information

Gemeindeamt,
A-3543 Krumau am Kamp 22,
Tel. 02731 8230, www.krumau.at

Eine rätselhafte Ruine: der Hungerturm auf dem Stoanamäuerl.

Ein Baum für vier Viertel 19

Rastenberg: „Das Waldviertel holt sich die Verirrten..."

Der Purzelkamp weist den Weg zum Holzbildhauer Peter Weber. Man braucht nur bei Rastenberg seinem Lauf bis zur ehemaligen Burgmühle entgegen zu gehen und findet dort Atelier, Wohnhaus und Ausstellungsplatz in einem. Rund um das altehrwürdige Gebäude ragen schlanke Holzstelen empor, in sich verschlungene Stränge mit einem abrupten Ende genau an der Stelle, wo man den Wipfel eines Baumes erwartet. Nun erinnert man sich: Inmitten der Kreuzung, an der man von der Gföhler Bundesstraße nach Rastenberg abgebogen ist, steht doch solch ein Baum! Er ist den vier Landesvierteln von Niederösterreich gewidmet, den vier Landesteilen, die wie die einzeln herausgearbeiteten Holzbahnen ineinander und miteinander zur Einheit verwachsen sind.

Dass der Schöpfer dieses Baumes jemals Künstler werden und in dieser Waldeinsamkeit seine tiefste Inspiration finden würde, hatten weder er noch seine Eltern gedacht. Vielmehr waren sie entsetzt, als der Bub Bildhauer werden wollte.

Bild oben: **Burg Rastenberg.**

Bild links: **Bedeutungsvolle Architektur im Seminarzentrum „Die Lichtung".**

Bild rechts: **Vierviertelbaum an der Gföhler Bundesstraße.**

Mit 27 Jahren hat er den Sprung ins kalte Wasser gewagt und sich der Kunst verschrieben, ungeachtet jeder Skepsis, die einer solchen Entscheidung seitens der wohlmeinenden Umwelt entgegengesetzt wird.

Das Waldviertel kannte der in Grieskirchen in Oberösterreich geborene Peter Weber nur von seiner Zeit beim Bundesheer am Truppenübungsplatz Allentsteig. Er erinnert sich: „Ich hab' mir damals geschworen, dass ich niemals mehr hierher zurückkomme. Der Schnee hat quer dahergeweht." Und trotzdem hat es ihn hierher verschlagen. Der Grund waren eine Verwechslung der Ortschaften Rastbach und Rastenberg und die damit verbundene Irrfahrt, die bei dieser Mühle endete. Weber: „Ich wurde im Haus willkommen geheißen und habe es gekauft. Das Waldviertel holt sich die Verirrten und hat auch mich zu sich geholt."

Mittlerweile schaufelt er, wenn es der Winter zu gut meint, meterhohen Schnee aus der Zufahrt, und im Sommer hat er den sonst so friedlichen Purzelkamp schon als reißendes Hochwasser erlebt. Aber wo sonst fände er die geeigneten Bäume, „wobei kein einziger wegen mir geschlägert wurde", will der Künstler festgehalten wissen. Ein Sägewerk in der Nähe kennt die Bedürfnisse Peter Webers und verständigt ihn sofort, wenn besonders schöne Exemplare eingetroffen sind.

Webers Arbeitsweise ist spontan, ohne Vorzeichnen oder langes Vordenken. „Es war ein Quantensprung, als ich von der Planung weggegangen bin. Du schnappst dir den Baum und beginnst zu arbeiten, wie bei der Musik, wie im Jazz, wo auch frei und ohne Noten improvisiert wird", sagt er, während er die Motorsäge anreißt. Vor ihm liegt ein etwa fünf Meter langer Stamm, noch von der Rinde umhüllt, mit den Ansätzen der Äste. Im Gesicht des Künstlers steht deutlich die hohe Anspannung, wenn das Sägeblatt kreischend in das Holz fährt. Peter Weber lässt keinen Zweifel offen, wer hier der Chef ist. Er hat schon zuvor betont, dass man auch vor mächtigen Bäumen keinen großen Respekt haben darf. Nach dem behutsamen Entrinden beginnen sich im Holz Linien abzuzeichnen. Sie scheinen logisch, obwohl sie vorher gar nicht existierten. Millimetergenau holt das Ende des Sägeblattes dabei Details aus dem Holz.

Bild links: **Kennt keinen Respekt vor großen Bäumen: der Holzkünstler Peter Weber.**

Bild rechts: **Holzobjekte in der alten Hofmühle.**

„Wenn ich oben angekommen bin, dann bin ich total gelöst", erklärt der Künstler, nachdem er die Säge wieder abgestellt hat. Seine Hand gleitet beinahe zärtlich über die bearbeiteten Stellen.
Holzobjekte von Peter Weber sind längst zum fixen Bestandteil der Kunst im öffentlichen Raum geworden; seine Ausstellungen füllen bereits eine ganze Katalogseite. Was ihn aber tatsächlich bewegt, aus Bäumen Holzsäulen zu schneiden, „ist das Waldviertel, das in meiner Kunst mitschwingt", sagt er. „Wenn man heute schaut, was aus Holz schon alles gemacht wurde, dann frage ich mich, was man noch dazu geben kann. Irgendwann kommst du auf den Stamm, und der ist vorgegeben."

◎ **Kulturtipp:** Wo heute Holzstelen geschaffen werden, wurde einst für die Herrschaft gemahlen, daher der Name Burgmühle. Sie liegt direkt unter der Burg Rastenberg, die für das Atelier des Holzbildhauers einen recht imposanten Hintergrund abgibt.
Der Festungsbau selbst lässt sich bis 1205 zurückverfolgen. Er ist Besuchern versperrt. Die Schlossherrn Christiane und Giorgio (Georg) Thurn-Valsassina bieten jedoch „Freunden und Gästen" einen Ort der Einkehr.
Im bewaldeten Burgareal wurde „Die Lichtung" geschaffen, ein Seminarzentrum, das nahezu das gesamte Jahr über mehrtägige Veranstaltungen zu den Themen Geomantie, Qi Gong, Schamanismus, Kommunikationstraining bis zum Feuerlauf anbietet. Das helle, runde Seminargebäude mit seinem charakteristischen Kegeldach wurde vom Hausherrn, dem Architekten Georg Thurn-Valsassina, konzipiert. Seiner Intention zufolge sollte es „alleine durch seine Formgebung und seine besondere Lage im Gelände eine heute kaum beachtete Dimension erschließen: ein Haus als Antenne, Resonator und Verstärker für feinste kosmische und terrestrische Schwingungen", kurz gesagt: ein „Ort der Kraft".

Information

Peter Weber, Burgmühle 12, A-3532 Rastenberg,
Tel. 0664 64065 00. E-Mail: peter.weber@wvnet.at

„Die Lichtung", A-3532 Rastenberg 2,
Tel. 02826 312, www.die-lichtung.at

20 Die Suche nach dem Paradies

Tiefes Wissen um die Gartenkunst im Zisterzienserstift Zwettl

Der Kreuzgang ist ein Ort der Stille, aus Stein gebauter Ruhe. Auch muntere Besuchergruppen dämpfen ganz von selbst ihre Stimmen in der sanften Dunkelheit, die das Sonnenlicht draußen im Geviert des blühenden Kreuzgartens heller als gewöhnlich erscheinen lässt.

Bruder Cosmas Riedl, ein Bayer aus Passau und von seiner Ausbildung her Architekt, hat in Stift Zwettl seine Heimat gefunden. Er war wesentlich an der Revitalisierung der Klostergärten beteiligt, mit denen sich das Stift 2006 im Rahmen des „Festivals der Gärten" auf eine seiner besonderen Stärken besonnen hat: auf die große Tradition des Zisterzienserordens auf den Gebieten der Landwirtschaft und der Gartenkunst.

Vor bald 900 Jahren, im Advent Anno Domini 1137, waren zwölf Mönche an den Oberen Kamp ins Waldviertel entsandt worden. Ihr Auftrag lautete: Rodung des Urwaldes, des damals undurchdringlichen „Nordwaldes", Schaffung von Kulturland und Aufbau eines Klosters, das von Hademar I. Kuenring 1139 per Urkunde gestiftet

wurde. Nur Zisterzienser kamen für eine solche mission impossible in Frage. Die Legende berichtet, dass sie noch in jenem ersten Winter 1138 eine grünende Eiche gefunden haben – für diese Gegend ein wahres Wunder.
Gebaut wurde mit dem Gestein, das sich in der Umgebung fand: mit Granit, einem Baumaterial für die Ewigkeit. Zuerst entstanden die Kirche und schon bald darauf der Kapitelsaal sowie der Kreuzgang „herum um den Garten Eden, um das Paradies", erzählt Bruder Cosmas.
Er öffnet das Türchen zum Kreuzgarten. Dort blüht ein Blumenkreis, der in seiner heiteren Farbigkeit in erfrischendem Gegensatz zum Granitgrau der Architektur steht. Die für das Auge durchaus erfreuliche Aneinanderreihung von Farben nach der „Farbenlehre" von Johann Wolfgang von Goethe ist aber nur Äußerlichkeit über einem vielschichtigen Unterbau aus wunderbarer Zahlensymbolik.
Bruder Cosmas: „Der Garten besteht aus gleich großen Feldern, die alle exakt die gleichen Ausmaße haben wie das Brunnenhaus." Dieser Anbau an den Kreuzgang weist sechs Ecken auf und lässt sich sieben Mal im Quadrat des Kreuzgartens ansetzen. In sechs Tagen wurde die Welt erschaffen, und am siebten war sie vollendet, steht es am Anfang des Buches aller Bücher in der „Genesis", und diese Zahlenkombination wiederholt sich am Ende der Bibel in der Offenbarung des Johannes, der „Apokalypse", die nach den Schrecken einer Endzeit in der Zahl sechs mit der Sieben die Aussicht auf ein neues Paradies eröffnet.
Sechs ist die Zahl, die sich aus eins, zwei und drei gleichermaßen addieren wie multiplizieren lässt. Die heilige Zahl sieben wiederum ist die Summe aus drei und vier, aus der Dreifaltigkeit und dem Resultat aus zwei Mal zwei, der lebensbestimmenden Dualität von Mann und Frau. Bruder Cosmas: „Mit dieser Formel haben die Zisterzienser immer wieder gearbeitet. Auch im Kapitelsaal, der aus gleich langen Seiten besteht, ein Kubus wie das himmlische Jerusalem in der Offenbarung."
Der überdachte Kreuzgang, der diesen Garten umgibt, ist Sinnbild unserer begrenzten Welt. Die Säulen in dessen Fenstern sind als Palmen gestaltet. Bruder Cosmas: „Dattelpalmen, die zur selben Zeit welken, wachsen und Früchte tragen. Sie kennen keine Jahreszeit. Ein so kraftvoller Baum muss der Lebensbaum sein." Vom Kreuzgang her gesehen, tragen diese Palmen den Himmel über dem Garten davor, das Firmament des Paradieses, dieser Ursehnsucht aller Menschen, die in der Unendlichkeit zu finden ist und mit unserem endlichen Sinn nicht erfasst werden kann. Sie lässt sich aber ahnen, wenn sich am Abend der Duft der Blumen in manchen Jochen verfangen hat und die Meditation der Mönche mit neuen und wechselnden Sinneseindrücken bereichert.
Stift Zwettl liegt in einer Kampschlinge, an deren Südseite Themengärten angelegt wurden. Im

Bild linke Seite: **Faszinierende Zahlensymbolik im Kreuzgarten von Stift Zwettl.**

Bild links: **Neobarocker Prälatengarten.**

Bild Mitte: **Bruder Cosmas im Hortus vitae (Garten des Lebens).**

Bild rechts: **Turm der Zwettler Stiftskirche.**

Bild oben: **Ein Hort alten Wissens: Handschrift in der Stiftsbibliothek.**

Bild rechts: **Sinnbild unserer begrenzten Welt: Säulen im Kreuzgang von Stift Zwettl.**

Hortus Mariae (Liebfrauengarten) wird der Andachtsuchende auf einem Prozessionsweg zu einer Marienstatue geleitet. Ihn begleiten Mandelbaum, Granatapfel, Iris, Pfingstrosen, Zitrone, Gänseblümchen, Veilchen und Rose, wobei jede Pflanze einen Charakterzug der Muttergottes beschreibt. Sie waren in der griechischen Mythologie für Göttinnen bestimmt und wurden vom Christentum auf Maria umgedeutet.

Am Tag der Himmelfahrt Mariens (15. August), dem Festtag der Blumen, findet im Stift die große Kräuterweihe statt, mit der Ernte aus den Horti vitae, den Gärten des Lebens. Auf ihren Beeten wachsen Kräuter, die sich durch besonders starke Aromen auszeichnen. Als Grund dafür werden die großen Temperaturschwankungen zwischen Tag und Nacht angeführt, von anderen Kräuterzüchtern wieder hört man, dass ausgerechnet der karge Boden des Waldviertels für die ausgezeichnete Güte von Melisse, Koriander und Hibiskus verantwortlich ist. Erhältlich sind diese Kräuter und Tees als Mischungen mit frommen Namen wie „Abendsegen“ und „Helf dir Gott“ unter der Marke „Zwettler Stiftsschätze“.

Es gibt alte Aufzeichnungen, aus denen hervorgeht, dass diese sonnenbeschienenen Terrassen einst dem Felsen abgerungen worden waren. Unter den geschickten Händen der Stiftsgärtnermeister war ein Paradies entstanden, das sogar Pfirsichbäume und Spargel, somit für die raue Gegend ungewöhnliche Pflanzen, gedeihen ließ. Bruder Cosmas: „Einzelne Mitbrüder waren für spezielle Gartenanlagen verantwortlich, haben ihre ganze Passion reingelegt und eigene Züchtungen entdeckt. Dabei ist auch der Zwettler Apfel entstanden.“

Eine völlig andere Sicht des Garten Edens eröffnet sich dem Besucher im Prälatengarten, in dem ein seltener neobarocker Ziergarten nach englischem Vorbild samt original barockem „Sommerstöckl“ von Joseph Munggenast sowie zwei Orangeriegebäuden aus dem 18. Jahrhundert wieder instand gesetzt wurden. Ganz von selbst verlangsamt sich der Schritt im tiefen Kies der Gartenwege zwischen Rosenbeeten, Kamelien und Agaven, bevor man von den Orangerien – sie werden derzeit von Meisterfloristen der Akademie für Naturgestaltung genutzt und kunstvoll belebt – am Rand des Klosterfelsens schaudernd in die Tiefe des Kamptals blickt.

Information

Zisterzienserstift Zwettl,
A-3910 Zwettl, Tel. 02822 550
www.stift-zwettl.at

Zwettler Stiftsschätze Kräuterhandels GmbH.:
Postfach 73, A-3910 Zwettl, Tel. 02875 7256
E-Mail: stiftsschaetze@wvnet.at

„In diesen heil'gen Hallen..." 21

Ein kleiner Blick hinter die Geheimnisse der Freimaurer auf Schloss Rosenau

Seit dem Mozartjahr 2006 ist es wohl kein Geheimnis mehr, dass der angesehene Compositeur Wolfgang Amadé Mozart Freimaurer war und etliches von seinem Wissen um diesen Männerbund in seiner letzten Oper „Die Zauberflöte" verarbeitet hat. Allein seinetwegen müssten uns die Freimaurer sympathisch sein. In Österreichs Öffentlichkeit tragen sie jedoch nach wie vor den Nimbus finsterer Geheimbündelei, die Throne stürzt und die Weltverschwörung vorbereitet. Noch im Jahr 2006 (!) schreibt der „Katholische Nachrichtendienst" über Mozart, dass „es sicher nicht von der Hand zu weisen ist, dass die Zugehörigkeit zu einem Bund, der die Allgegenwart des Todes betonte und letztlich vom Atheismus bestimmt war, seinem geistlichen Leben abträglich sein musste".

Für Dr. Rüdiger Wolf, Freimaurer und Delegierter der Großloge für das Mozartjahr, hat diese dumpfe Angst hierzulande tiefreichende Wurzeln: „Seit 1742 gibt es die Freimaurer in Österreich. 130 Jahre davon waren sie verboten." Die Habsburger

Bild oben: Schloss Rosenau, Sitz des Österreichischen Freimaurermuseums.

waren ihnen gegenüber skeptisch. Während der Regierungszeit von Kaiser Franz Joseph I. musste ein angehender Staatsbeamter sogar per Eid bestätigen, nicht zu diesem Bund zu gehören. Die erste Gegnerin, so wird überliefert, war Maria Theresia. Ihr geliebter Gatte Franz Stephan von Lothringen war Mitglied einer Loge. Ein ehelicher Zwist war unvermeidbar, hat aber zumindest indirekt dazu beigetragen, dass mitten im Waldviertel eine Freimaurerloge entstand. Nur wenige Tagesreisen von Wien entfernt, auf dem kleinen Schloss Rosenau bei Zwettl, konnte man ungestört Treffen abhalten und Rituale pflegen.

Der Logenbruder Leopold Christoph Graf Schallenberg, k. u. k. Wirklicher Geheimer Rat und Oberst-Hof-Stabelmeister am Hof zu Wien, war Eigentümer der Herrschaft Rosenau. Er ließ seinen Landsitz großzügig ausbauen: nach außen hin als barockes Schlössl und nach innen als Freimaurerloge.

Nach einigen Besitzerwechseln scheint Ende des 19. Jahrhunderts Georg Ritter von Schönerer als Gutsherr von Rosenau auf. „Ein Treppenwitz der Geschichte", meint Dr. Wolf, „ein Deutschtümler und Slawenfresser. Sein Schlafzimmer befand sich im Raum des Tempels. An der Tür sind noch die Abmessungen seiner Kinder zu sehen."

Die Spuren der Freimaurer wurden übertüncht oder waren bereits unter neuem Putz verschwunden. Aus Schönerers Herrschaftstagen stammt das Bismarck-Denkmal, ein düsterer Turm auf einer Wiese nahe dem Schloss.

Erst in jüngster Zeit wurde das freimaurerische Erbe wieder entdeckt. Von äußerlichen Symbolen wie den Obelisken hat sich einer im Hof des Schlosses am Brunnen erhalten. Die deutlichsten Hinweise auf den einstigen Verwendungszweck liefert aber die Wandmalerei im Inneren. Sie hat unter ihrer schützenden Schicht nahezu ungestört überlebt und begleitet heute den Besucher über weite Teile des Rundgangs.

Immer wieder tauchen der salomonische Tempelbau auf und die Werkzeuge der „freemasons" (Freimaurer), eigentlich der Steinmetze in mittelalterlichen Bauhütten, die um bauliche Großprojekte herum entstanden. Am dichtesten erscheinen diese Symbole über der nördlichen Tür im ersten Stock: Winkelmaß, Zirkel, Lot, Setzwaage, Maßstab, Hammer und Meißel sowie ein Globus. In einem der folgenden Räume zeigt ein Deckengemälde von Daniel Gran die Verherrlichung des Weltenbaumeisters, wiederum mit den Attributen Winkelmaß und Zirkel neben der Bibel.

Bilderleiste von links nach rechts: **Kamin mit Freimaurersymbolen; „Dunkle Kammer"; Obelisk im Innenhof des Schlosses; der Tempel als Zentrum der Loge; Bismarck-Turm bei Schloss Rosenau.**

Beginnend mit der „Dunklen Kammer", wird auch der Uneingeweihte zumindest ein wenig in die Zeremonien der Freimaurer eingeführt. Dieser kleine Raum mit gemalter Holzvertäfelung und einem Schreibtisch mit Totenkopf diente der Vorbereitung des Kandidaten für die Aufnahme. Es folgen der Speisesaal und der „Raum der verlorenen Schritte", der sich vor dem eigentlichen Logenraum befindet und dem Loslösen des Freimaurers von den täglichen Verstrickungen, zu seiner Sammlung und Besinnung diente.

Der Tempel ist der eigentliche Logenraum mit der Tapis (Teppich), den drei Leuchter tragenden Säulen der Weisheit, der Stärke und der Schönheit sowie dem Altar, auf dem Bibel, Winkelmaß und Zirkel liegen.

Eine Tür führt aus dem Tempel hinaus in das Oratorium der Schlosskirche mit Blick auf den Altar, als deutliche Entgegnung an alle, die in den Freimaurern die Verkörperung des Antichristen sehen wollen.

Entlassen wird der Besucher aus der Welt der Freimaurer durch eine kleine Ausstellung. Gezeigt wird die durch Verfolgungen gezeichnete Geschichte, die Bedeutung der Symbole wird erklärt, einige große Namen werden vorgestellt. Jedes Mitglied darf sich als Freimaurer outen, es aber von keinem anderen verraten. Dieses Einverständnis vorausgesetzt, werden verstorbene österreichische Freimaurer genannt – eine beeindruckende Liste von Persönlichkeiten, wie Hermann Bahr, Leo Slezak, Julius Tandler, Ferdinand Hanusch, Jörg Mauthe, Hans Swarowsky, Hugo Wiener, Ernst Haeusserman und Gottfried von Einem. „Derzeit gibt es in Österreich", so Dr. Rüdiger Wolf, „an die 2.800 Freimaurer, mit starker Anreicherung aus den Bereichen Ärzte, Schriftsteller, Journalisten und Wirtschaft, die bereit sind, die Ideale der Freimaurer mitzutragen, einen hohen Mitgliedsbeitrag zu zahlen und sich diskret für soziale und humanitäre Projekte einzusetzen."

Information

Österreichisches Freimaurermuseum:
Schloss Rosenau bei Zwettl,
A-3924 Schloss Rosenau 1, Tel. 02822 58221
www.freimaurermuseum.at

22 Große Stimmen wachsen in der Stille

Wagner trifft Verdi in Kirchbach bei Rappottenstein

Ruhig ist es im kleinen Dorf Kirchbach bei Rappottenstein. Die dicken Mauern des ehemaligen Nonnenklosters wehren den letzten Rest von Alltagslärm ab und sorgen für die erquickliche Stille, in der Peter Berne, Dirigent und ehemaliger Studienleiter an der Wiener Staatsoper, ein ideales Zuhause gefunden hat. Zwar zwingt ihn sein Beruf zum Pendeln, derzeit nach Berlin oder zu einer anderen Gastprofessur an einer der renommierten Musikhochschulen Europas. Der Sommer jedoch gehört dem Waldviertel und dem Internationalen Studienzentrum für Oper, das Berne im Kloster Kirchbach aufgebaut hat.

Als Lehrer kommen zu ihm Opernstars wie Prof. Otto Edelmann und Prof. Marta Lantieri – und mit ihnen Schüler aus der ganzen Welt, die sich aufs Vorsingen vorbereiten, neue Partien erarbeiten und ihre Stimme in Meisterkursen perfektionieren.

In Peter Berne finden sie die personifizierte Verschmelzung der direkten Traditionen von deutscher und italienischer Oper. Studiert hat er in

Salzburg bei Kurt Overhoff, einem der größten Wagnerkenner. Overhoff hat seinem Schüler vorgezeigt, wie Dr. Richard Strauss diese oder jene Stelle einer Wagneroper dirigiert hat. Berne selbst durfte noch Winifred Wagner (1897-1980), die Schwiegertochter von Richard Wagner, persönlich kennenlernen.

Die zweite große, prägende Gestalt in Bernes Ausbildung war Luigi Ricci, der sein Wissen über die Aufführungspraxis der italienischen Oper wiederum seinem Lehrer Antonio Cotogni verdankte. Cotogni, genannt „il re dei baritoni – König der Baritone", gab sein Debüt 1852 in Donizettis „L'Elisir d'amore – Der Liebestrank", zu einer Zeit, als der Belcantostil noch in voller Blüte stand. Cotogni hatte unmittelbaren Kontakt mit vielen Sängern, die von Rossini, Bellini und Donizetti künstlerisch geformt worden waren. In die Operngeschichte eingegangen ist er jedoch als der bedeutendste Bariton von Giuseppe Verdi (1813-1901). Cotogni pflegte seinen Schülern die Unterweisungen in Stil und Interpretation so weiter zu geben, wie sie ihm von den großen Opernkomponisten – wie Rossini oder Verdi – beigebracht worden waren. Berne schöpft aus diesen Traditionen. Er kann nun seinen Schülern sagen, dass Verdi zu Cotogni, Cotogni zu Ricci und Ricci zum ihm gesagt habe, wie eine bestimmte Stelle zu singen sei.

Im kleinen Kloster in Kirchbach wird der Geist dieser Komponisten lebendig und auf die nachkommende Generation von Opernstars übertragen – nicht als Diktat, sondern als Anregung für die eigene künstlerische Interpretation, verbunden mit dem Respekt vor diesen Genies.

Als Hilfe dazu bietet Berne seit jüngstem Qui Gong an, eine uralte Entspannungs- und Bewegungslehre. Sie scheint dem Musiker geradezu ideal bei der Arbeit eines Sängers, um in der langsamen Bewegung das Qui, die Lebensenergie, und vor allem die richtige Position von Atem und Stimme zu finden. In Zukunft soll der Unterricht in Qui Gong auch abseits des Studienzentrums Leuten angeboten werden, die sich mit diesen Übungen, verbunden mit entspannten Wanderungen, für ein Jahr Großstadtleben wappnen wollen.

Die Abgeschiedenheit des oberen Kamptales führt zu großen Gedanken, die Peter Berne in einem Buch zusammengefasst hat. In einer Werkeinführung für das dritte Jahrtausend betrachtet er Wagners „Ring des Nibelungen" unter dem Aspekt Weltuntergang und Welterneuerung. Die mythischen Bilder und die Musik reichen, so Berne, in Tiefen hinab, die der an Begriffe gebundenen Wortsprache verschlossen sind. „Apokalypse" ist der Titel dieses „wahrhaft bestürzend aktuellen" Buches, als Synonym zur „Götterdämmerung", die von Wagner bereits Mitte des 19. Jahrhunderts im Gesamtkunstwerk des „Rings" vorhergesehen wurde. Sie macht vieles von dem verständlich, was uns heute in einer Zeit ständigen Umbruchs Unruhe und Angst bereitet und gibt, um Wagner persönlich zu zitieren, dennoch Hoffnung: „Ohne Notwendigkeit des Todes keine Möglichkeit des Lebens..."

Literatur: Peter Berne: Apokalypse. Kirchbach 2006 (Wernersche Verlagsanstalt).

Information

Internationales Studienzentrum
für Oper – Kloster Kirchbach:
Kirchbach 24, A-3911 Rappottenstein,
Tel. 02828 7550, www.studienzentrum.at

Bild linke Seite: **Peter Berne beim Notenstudium.**

Bild links: **Freundlicher Empfang im Internationalen Studienzentrum für Oper (Kloster Kirchbach).**

23 In der Werkstatt des Minnesängers

Burg Rappottenstein: Frischer Klang aus düsteren Mauern

Auf einem der größten Felsen des Waldviertels hat Rapoto von Kuenring-Schönberg im 12. Jahrhundert seine Burg erbaut: Rappottenstein, auf dem Stein des Rapoto. Baumaterial war genug vorhanden, der Burgfelsen selbst diente als Steinbruch. An den Schramspuren und Keiltaschen sieht man noch heute die Spuren der mühsamen Gewinnung.

Aus diesen frühen Jahren der Burg Rappottenstein hat sich eine finstere Mordgeschichte erhalten – von zwei Brüdern, die sich wegen der Liebe zu einer Frau im Zweikampf gegenseitig erschlagen haben. Ihre unerlösten Seelen wurden zu Gespenstern, die ihren nächtlichen Kampf immer wiederholen müssen. Aus dem 17. Jahrhundert gibt es den Bericht über einen jungen Adligen, der darauf bestanden hatte, in der Spukkammer zu übernachten und am Morgen, mit starrem Blick auf seinem Bett liegend, aufgefunden wurde. Als er wieder zu sich gekommen war, verabschiedete er sich stumm und verließ eilig die Burg. Was er gesehen hatte, weiß man nicht.

Das Zimmer, in dem sich die grausige Geschichte bis zum Jüngsten Tag wiederholt, ist heute eine Abstellkammer.
Die Kuenringer, ursprünglich tüchtige Ministerialen der Landesfürsten, verloren durch ungeschickte Machtpolitik im 14. Jahrhundert ihre Bedeutung. Rappottenstein, das übrigens nie eingenommen wurde, wurde 1383 landesfürstlich; nach diversen Besitzerwechseln kamen Burg und Herrschaft 1664 an die Familie Abensperg-Traun. Der heutige Burgherr trägt noch stolz diesen Namen. Dr. Johannes Abensperg-Traun wohnt zwar in der Burg, hält sie aber für Besucher und, vor allem, für die Musik offen – ganz im Sinne seiner Vorfahren: „Eine Burg ist zu allen Zeiten für die Bevölkerung da gewesen."
In der Renaissance erhielt die Burg ihr heutiges Aussehen. Über fünf Vorhöfe steigt man zur Hochburg auf. Auf dem Weg dorthin wird man in ein Verlies geführt, mit Zellen und einem angeblichen Hungerturm, in dem der Delinquent hungern musste, bis er sich zu einem Geständnis entschlossen hatte. Unterlagen dazu gibt es keine, doch die Geschichte lässt sich angesichts des düsteren Gelasses gut erzählen.
Über eine Stiege betritt man den Arkadenhof mit dem offenen Knappensaal und der vom Rauch und Ruß geschwärzten Küche. Von den Arkaden aus gelangen wir in die Räume der Hochburg. Der Waffensaal beherbergt das Arsenal früher Kriegsleute. Mit Hellebarde, Morgenstern und Steinschlosspistole wurde der Feind, mit der Saufeder das Wildschwein attackiert. Angesichts der zwar wuchtigen, aber doch einfachen Bewaffnung war in keinem der Fälle der Ausgang des Kampfes gewiss. Der Sieg wurde schließlich im Rittersaal gefeiert. Seine Wandmalereien stammen aus dem 16. Jahrhundert; sie zeigen höfisch gekleidete Paare und die Figur der Venus. Das anschließende Trinkzimmer (Archivraum) wurde um 1530 mit Fresken geschmückt, an denen neben Landsknechten und spielenden Putti in figürlichen Szenen höfisches und bäuerliches Leben jener Zeit abzulesen sind.
In den Räumen, in denen einst die Burgherren lebten, wohnen heute Musiker und Instrumentenbauer. Richard Nupi Jenner, Meister des Streich- und Saiteninstrumentenbaues, sowie seine Partnerin Simone Zopf versammeln Jahr für Jahr in den Sommermonaten eine begeisterte

Bild linke Seite:
Aus dem Granitfelsen emporgewachsen: Burg Rappottenstein.

Bild oben:
Lebensfrohes Fresko im Rittersaal der Burg.

Bild oben links: **Rittergarten auf Rappottenstein.**

Bild oben rechts: **Unter der Anleitung von Richard Nupi Jenner entstehen historische Saiteninstrumente.**

Bild unten: **Erster Hof der unbezwingbaren Festung Rappottenstein.**

Schar von „Lehrlingen", Musiker und Laien, um sich. Unter ihrer Anleitung baut sich jeder von ihnen sein persönliches Instrument nach historischen Vorbildern. Es entstehen gotische Kastenleiern, Barocklauten, Alt- und Diskantgamben, Zister und Renaissancefideln – garantiert vollwertige Instrumente, die durchaus im Konzertbetrieb eingesetzt werden können.

Während der Trompetentage verschmelzen Burg und Musik vollends zur Zeitreise ins Mittelalter. Die jungen Trompeter können nicht der Versuchung widerstehen, von den Zinnen des Rittergartens herab Fanfaren über das Kamptal hin zu schmettern. Ihnen wird bei diesem Workshop auf Rappottenstein die Naturtrompete nahegebracht. Dabei handelt es sich um ein Instrument ohne Ventile, das den Bläser auf die Naturtonreihe beschränkt. Mit entsprechender Ansatz- und Atemtechnik lässt sich dieses Handicap jedoch großartig überspielen – eine Kunst, die im Barock auf die Spitze getrieben wurde und höchste technische Ansprüche an die Musiker stellt. Das bekannteste Beispiel ist die „Feuerwerksmusik" von Georg Friedrich Händel, in der abwechselnd Naturtrompeten und -hörner für festlichen Klang sorgen.

Wo sonst kämen strahlende Bläsermusik und der Minnesänger mit seiner Laute besser zur Geltung als im idealen Ambiente dieser 850 Jahre alten Feste? In den mächtigen Mauern hoch über dem Waldviertel mischen sich die Klänge alter Musik mit Bigbandsound, spanischer Gitarre, Literaturlesungen und den schrägen Gags von Kabarettisten harmonisch zu einem bunten Konzertprogramm, das Rappottenstein zu Recht den Titel „Klangburg" eingetragen hat.

Information

Verein der Freunde der Burg Rappottenstein,
Klangburg Nr. 85, A-3911 Rappottenstein,
Tel. 02828 8250, www.burg-rappottenstein.at

Das mystische Fitnesszentrum

24

Frische Kräfte tanken in der Kraftarena von Groß Gerungs

Wer kennt nicht den Muskelkater nach einem Besuch in der Kraftkammer? In Groß Gerungs bleibt schlimmstenfalls ein leichtes Ziehen in der Wade. Kraft getankt wird hier nämlich nicht beim Wandern selbst, sondern in den Ruhepausen. Rund um die kleine Stadt im Bezirk Zwettl fand sich eine Reihe der so genannten Kraftplätze, die mittels eines Wegenetzes zu einer Kraftarena verbunden wurden. Mit mystischem Hokuspokus, sagt man in der Gemeindestube, will man dabei nichts am Hut haben. Wenn man dennoch vor einer Vielzahl ungeklärter Phänomene steht, wird auf zweifellos seriöse Ergebnisse von zweifellos ebenso seriösen Anstalten verwiesen.

An zwei dieser Kraftstätten, dem Kierlingstein und der Weltkugel, einem kugelrunden Härtling mit sieben Metern Durchmesser und einem Gewicht von 500 Tonnen, wurden im Jahre 2003 durch das Ludwig Boltzmann-Institut Messungen durchgeführt. Dazu kann folgender Text (wörtliches Zitat unter Anführungszeichen), der von den

Bild oben: **Ein ungelöstes Rätsel: die Pyramide bei Groß Gerungs.**

Autoren dieser Studie offensichtlich freigegeben wurde, von jedermann auf der Homepage www.kraftarena.at nachgelesen werden:
Diese Untersuchungen des IBBU (Institut für Biosensorik und Bioenergetische Umweltforschung) mit einem Expertensystem namens IMEDIS brachten erstaunliche Resultate zu Tage. Dort heißt es, dass „zuerst der Ist-Zustand von Probanden gemessen wurde. Dann verweilte jeder Proband ca. je 20 Minuten auf zwei unterschiedlichen, ausgesuchten Plätzen. Unmittelbar nach dem Aufenthalt auf einem der Plätze wurden die Probanden abermals vermessen. Nach einer Erholung auf einem neutralen Platz wurden die Versuchspersonen wieder gemessen, um die anhaltende Wirkung der Plätze abzuklären.

Mit dem Pendel der Lösung auf der Spur?

Zusätzlich wurde jeweils für eine Dauer von 20 bis 40 Minuten mit einem Präzisionsmagnetometer das Verhalten des Erdmagnetfeldes aufgezeichnet. Bei allen Versuchspersonen ist eindeutig, dass die Homöostase (Gleichgewicht der physiologischen Körperfunktionen; Anm. Autor) nach dem Aufenthalt auf beiden Plätzen eine merkliche Reaktion zeigt. Es wurde festgestellt, dass bei allen Probanden beide ausgewählten Plätze eine starke Wirkung auf den Herz- und Kreislaufmeridian haben.
Schlussfolgernd konnte das Versuchsteam feststellen, dass diese beiden Orte Bioinformation besitzen, die die negative Wirkung der elektromagnetischen, radioaktiven und geopathogenen Belastung aufhebt, so lange, als sich die Menschen auf diesen Plätzen aufhalten. Diese Wirkung hält nach Verlassen der Bank noch ca. 30 Minuten an."
Was immer man von diesen Ausführungen halten mag, ein Selbstversuch in Form einer erquickenden Rast kann nicht schaden. Beim Kierlingstein wird eine reizvolle Möglichkeit angeboten, Natur bewusster als sonst wahrzunehmen. Man legt sich zwischen zwei mächtige hölzerne Schalltrichter und hört wie durch einen Verstärker die vielfältigen Geräusche des Waldes.
Der Wackelstein im Pierbichlwald soll sich angeblich von nur einer Person bewegen lassen, vorausgesetzt, dass sie den richtigen Punkt zum Anheben weiß oder einen Wunsch frei hat. In der nahen Klauskapelle braucht man dafür nur die Glocke mit einmal Ziehen dreimal zum Läuten zu bringen, und schon geht ein Wunsch in Erfüllung. Spaßig muten bei dieser Waldandacht die Herzerlfenster an, die vom ursprünglichen Zweck dieser Kapelle herrühren. Sie war das Badehaus einer Fabrikantengattin, die den daran vorbeifließenden Bach vielleicht schon damals als Naturkneippanlage benutzte.
Den Opferstein in der Ortschaft Thal zeichnet eine drei Quadratmeter große Wanne aus, von der man nicht weiß, ob sie durch Menschenhand oder durch natürliche Verwitterung entstanden ist. Um den Wanderer auf das kultische Erlebnis vorzubereiten, werden ihm auf dem Weg dorthin ein Holztelefon zur Schallübertragung und ein Summstein angeboten, der die eigenen Töne in Körperschwingungen umwandeln soll.
Das größte Rätsel ist aber nach wie vor die Steinpyramide im Neuwald bei Oberneustift. In der gleichen Trockenbauweise wie bei Wachauer Weinterrassen wurden vier Steinringe zu einer überdimensionalen Hochzeitstorte übereinandergeschlichtet und das Innere mit Erde gefüllt. Obwohl das Bauwerk nicht zu übersehen ist, war es lange Zeit nicht einmal allen Einheimischen bekannt. Für die Niederösterreichische Landesausstellung 2001 wurde die Pyramide, nachdem sie vom Bundesdenkmalamt als erhaltenswert eingestuft worden war, restauriert und sicherheitshalber umzäunt.
Wozu hat man diesen babylonischen Turm mitten in den Wald hineingestellt? Diese Frage, die übrigens bis heute nicht beantwortet ist, ließ allerhand Spekulationen üppig wuchern. Radiästhesisten machten sich mit Wünschelrute und Pendel über die Anlage her und fanden, so sagen sie, sternförmig zusammenlaufende Kraftlinien, rechtsdrehende Wasseradern und geballte Energie, die der Basilika von Mariazell gleichkommen soll. Ihr Resümee: Es handelt sich um einen Kultplatz erster Güte.
Die Pyramide liegt genau an der Grenze zur ehemaligen Herrschaft Rosenau. Da in diesem Schloss im 18. Jahrhundert eine Freimaurerloge bestand, erhofft man sich von dieser Seite eine Aufklärung, die aber bisher ausgeblieben ist.
Die Sagen, die über diesen Platz erzählt werden, sind bei der Spurensuche nach der Herkunft der

Pyramide genauso wenig hilfreich. Nur einige Schritte davon entfernt, verläuft die einstens stark frequentierte Straße zwischen Rosenau und Rappottenstein. An dieser Stelle soll ein mit Gold beladenes Fuhrwerk stecken geblieben sein. Die Fuhrleute hätten die Pferde abgespannt und über die wertvolle Ladung die Pyramide errichtet. Erzählt wird auch von Räuberbanden, die hier ihre Beute versteckt hätten. Beide Geschichten geben keinerlei Aufschluss darüber, weshalb ein solcher Haufen Steine offensichtlich von weit her auf diesen Hügel transportiert wurde.

Etwas mehr dazu verrät ein Steinbrocken, der nicht weit weg von der Pyramide unübersehbar an dieser Straße zwischen den Bäumen liegt. Er ist mit germanischen Runen versehen, die auch für einen Unkundigen eindeutig den Namen „Bismarck" ergeben. Die unbeholfen in den Stein geritzten Zeichen sind ein klarer Hinweis auf einen Schloss- und Herrschaftsbesitzer von Rosenau in der zweiten Hälfte des 19. Jahrhunderts. Georg Ritter von Schönerer ist – neben seinen unbestrittenen Verdiensten als fürsorglicher Grundherr und Fachmann auf dem Gebiet der Landwirtschaft – als Antisemit und Slawenfresser, als Führer der Los-von-Rom-Bewegung und Deutschnationaler in die Geschichte eingegangen. Er war ein Verehrer des deutschen Reichskanzlers Otto von Bismarck und ließ ihm bei Schloss Rosenau ein Denkmal errichten, einen düsteren Turm inmitten einer freien rechteckigen Wiese.

Sollte nun die Steinpyramide mit dem Bismarck-Denkmal und dem Runenstein in irgendeiner Verbindung stehen, ist mit Sicherheit ein Zusammenhang mit den Freimaurern auszuschließen, denn die Ideale dieses Männerbundes stehen trotz aller Geheimniskrämerei diametral zum Gedankengut Schönerers.

Das Alter der Pyramide kann nicht einmal annähernd geschätzt werden. Steine sind gegen derartige Bestimmungsversuche absolut resistent. Von zwei erhöhten Beobachtungspunkten können Sie sich allerdings ungeniert den eigenen Reim auf die zahlreichen Erklärungsversuche der wahrlich spannenden Rätsel in der Kraftarena von Groß Gerungs machen.

◎ ***Wandertipp:*** Vom Hauptplatz in Groß Gerungs können Sie auf jede einzelne Station der Kraftarena losmarschieren. Informationen und die Wanderkarte dazu gibt es im Gemeindeamt. Angesichts der weiten Entfernung der einzelnen Attraktionen voneinander, die überdies sternförmig um die Stadt herum angeordnet sind, scheint es angeraten, mit dem Auto zu den jeweils vorgesehenen Parkplätzen zu fahren und sich von dort per pedes auf den Weg zum jeweiligen Kraftplatz zu machen. Wer damit umgehen kann, sollte dabei auf Wünschelrute oder Pendel nicht vergessen!

Information

Stadtgemeindeamt,
Hauptplatz 18, A-3920 Groß Gerungs,
Tel. 02812 8611 0
www.gerungs.at oder www.kraftarena.at

Als Kraftplatz ausgewiesen: der Kierlingstein.

25

Das Wunder der Metamorphose

Langschlag: Ein Paradies für Schmetterlinge

Er wollte etwas sehr Positives für die Natur tun, erzählt Friedrich Schopf, oberösterreichischer Unternehmer mit künstlerischer Begabung, und begegnete auf dieser Suche den Schmetterlingen. Er war von ihnen fasziniert. Die hübschen Flatterer aber einfach mit dem Netz zu fangen und wie in alten Zeiten mit der Stecknadel aufzuspießen, das erschien ihm, gottlob, als der falsche Weg. Vielmehr hat er ihnen gleich ein ganzes Grundstück gewidmet, mit dem Vorhaben, den Schmetterlingen darauf ein Paradies einzurichten. Der geeignete Ort fand sich in der Nähe von Langschlag im westlichen Hochland des Waldviertels (ca. 900 m Seehöhe).

Zuerst mussten lockende Vorkehrungen getroffen werden, damit sich wenigstens ein Teil der 3.200 in Mitteleuropa heimischen Arten der Lepidoptera (wissenschaftlicher Name der Schmetterlinge) im Paradies ansiedelten. „Wir lassen Wild- und Kulturpflanzen durcheinander wachsen", ist ein Teil der Strategie von Friedrich Schopf, „und achten darauf, dass immer genügend Blumen blühen." Er gerät ins poetische Schwärmen: „Wie sich der Schmetterling in seiner Metamorphose aus den Eiern zur Raupe und Puppe bis zum prächtigen Falter verwandelt, so ändert auch die Natur ihre Erscheinung – vom Gelb des Huflattichs, des Löwenzahns und der Sumpfdotterblume im Frühjahr, wenn der späte Schnee schmilzt. Der Sommer präsentiert sich in der Farbe Rosa, bis der Herbst die Landschaft rot einfärbt."

Vom Menschen zur Kulturlandschaft veränderte Natur bedarf offenbar wieder intensiver menschlicher Hilfe, um einigermaßen ihren Urzustand wiederzufinden. Die Renaturierung des Schmetterlingsparadieses benötigte an die elf Tonnen Steine, auf denen sich die Schmetterlinge in der Abendsonne wärmen können, zwanzig verschiedene Distelarten wurden ausgesetzt und etliche abgestorbene Bäume für Kletterpflanzen aufge-

stellt, an denen sich Hopfen, Geißblatt und Waldrebe emporranken können. Sogar die Dächer der Gebäude, die in einer solchen Anlage einfach notwendig sind, wurden dicht begrünt und scheinen wie bemooste Pilze aus dem Boden gewachsen zu sein.
Schmetterlinge lieben blühenden Klee, hat Friedrich Schopf erfahren müssen, als sie das ungemähte Feld eines Biobauern in der Nachbarschaft seinen fürsorglich allerorts angebrachten Futterstellen mit Obst und Fruchtsäften vorzogen. Seitdem wird ihnen auch im Paradies

Bild linke Seite:
Ein prächtiger Gast aus den Tropen im Waldviertler Schmetterlingsparadies.

Bild links:
Friedrich Schopf, Begründer des Schmetterlingsparadieses.

Bild rechts:
Natur auch auf den Dächern der Schmetterlingshäuser.

Klee geboten. In den Führungen, die innerhalb kurzer Zeit zum fixen Programmpunkt bei Schulausflügen avanciert sind, sollen schließlich möglichst verschiedene Exemplare hergezeigt werden können.
Im ständigen Umgang mit den Schmetterlingen und nach der Lektüre von Bergen einschlägiger Bücher war Friedrich Schopf zum Experten herangereift, zum Entomologen, der es versteht, die einzelnen Schmetterlinge zu bestimmen und zu zählen. 500 Arten sind bei ihm zu Gast, 50 davon sind Tagfalter, wie Schwalbenschwanz, Kleiner Fuchs und Admiral, die anderen sind Nachtschmetterlinge, welche mittels einer Leuchtstation angezogen werden. Unter diesen Nachtschwärmern befindet sich auch der größte europäische Schmetterling, das Große Wiener Nachtpfauenauge, das sich unter diesen idealen Voraussetzungen erfreulicherweise bereits vermehrt hat.

Als Ergänzung zu den heimischen Faltern werden auf dem Gelände des Schmetterlingsparadieses in Palmenhäusern exotische Arten gezüchtet. Der Besucher hat damit die seltene Gelegenheit, im tiefsten Nordwald prachtvolle tropische Exemplare, wie den Bananenschmetterling oder den *Papilio rumanzovia*, die Schwalbe, bewundern zu können.

Information

Schmetterlingsparadies Friedrich Schopf,
Langschlägerwald 49, A-3921 Langschlag,
Tel. 0732 654057 oder 02814 7346
www.schmetterlingsparadies.at

26

Der Stockzahn des Waldviertels

Arbesbach: Wo Juwelen Tonnen wiegen

Bild oben: **Kuriosität der Rechtsgeschichte: Der Galgen von Arbesbach.**

Bild rechte Seite oben: **Der Stockzahn des Waldviertels: die Ruine Arbesbach.**

Bilder rechte Seite unten: **Haslingerhammer am Kamp** und **Begegnung im Bärenwald.**

Bei Arbesbach im nordwestlichen Hochland ist der Kamp noch ein niedliches Flüsschen, schafft es aber dennoch, stattliche Hammerwerke anzutreiben. Im Haslingerhammer, einem Schmiedemuseum unterhalb des Ortes, lassen sich mit ein paar Handgriffen jene Wasserräder in Bewegung setzen, die wie vor 200 Jahren problemlos den mächtigen Schwanzhammer betreiben.

Der ganze Stolz von Arbesbach sind aber die Steinjuwelen. Man versorgt für deren Besuch die Gäste mit einer sehr genauen Wanderkarte und schickt sie auf eine sportliche Runde zu den kostbarsten Steinformationen im gesamten Gemeindegebiet.

Den Anfang macht die Ruine, deren dürres Mauerwerk die Ortschaft wie ein verfallener einzelner Stockzahn hoch überragt. Im 12. Jahrhundert war die Burg von den Kuenringern als Teil der Verteidigungslinie gegen die Böhmen hin angelegt worden. Von diesen wurde die Festung 1480 zerstört und 1884 der Bergfried zum Aussichtsturm mit Blick bis zu den Alpen gestaltet. Er ist bis heute den mühsamen Aufstieg wert (Schlüssel in der Bäckerei Huber).

Kuenringerkanzel, Frauensitz, Durchschlupfstein, Kreuzstöckl, eine wildromantische Klamm mit dem Höllfall und der Vogelstein sind Juwelen dieser Runde, zu der auch der Galgenberg gehört.

Beklemmung umfängt den Wanderer angesichts der drei Säulen, auf denen bis ins 18. Jahrhundert Hinrichtungen stattfanden. Sie gehören zu einem der wenigen noch nahezu vollständig erhaltenen Galgen in Niederösterreich – als Kuriosität der Rechtsgeschichte und Erinnerung daran, dass die Todesstrafe in Österreich bis 1950 bzw. 1968 Teil des Strafrechts war.

Nahe der Einsiedlerkapelle trifft man im Bärenwald auf die funkelnden Augen von Meister Petz. Auf 11.000 Quadratmetern hat der Verein „Vier

Pfoten" einigen geschundenen Bären ein Stück Freiheit verschafft. Sie waren, wie Vinzenz und Liese, in einer Betongrube als Ausstellungsobjekte gehalten worden, waren Zirkusbären, wie Lara, Tom und Jerry, oder saßen in einem winzigen Käfig wie das Bärenmädchen Brumca, das sich nur langsam an die wiedergewonnene Freiheit gewöhnen kann.

Der Bärenwald wird seit seiner Gründung 1998 von universitären und wissenschaftlichen Einrichtungen unterstützt und begleitet. Damit ist artgerechte Haltung gesichert, und gleichzeitig werden wertvolle Erkenntnisse als Grundlage für weitere Bärenprojekte gewonnen. Auch der Bärenwald zählt zu den Arbesbacher „Steinjuwelen".

Gefasst sind all die edlen Steine in eine sanfte Landschaft, die zwar festes Schuhwerk benötigt, darüber hinaus an die Kondition der Wanderer aber keine allzu großen Ansprüche stellt.

Information

Steinjuwelen Arbesbach:
Hauptplatz 35, A-3925 Arbesbach,
Tel. 02813 7000, www.arbesbach.at
Bärenwald:
Schönfeld 18, A-3925 Arbesbach,
Tel. 02813 76004, www.baerenwald.at
Führungen mit Bärenexperten vom Palmsonntag bis Allerheiligen Montag bis Freitag 15.00 und 16.00 Uhr, Wochenenden und Feiertage 10.00 und von 13.00-18.00 Uhr zu jeder vollen Stunde.

27 Wandern zwischen Irrlichtern und Fuchtelmännchen

Heilsames Moor aus den Wäldern um Altmelon

Ein ganzes Dorf soll vom Herrgott versenkt worden sein. Die Bewohner hatten an seiner statt Naturgeister verehrt. Er ließ Donner, Hagel und Regen kommen, bis der Ort so tief im Schlamm versunken war, dass nur mehr die Kirchturmspitze herausguckte. Einzig und allein der Wetterhahn rettete sich in ein Nachbardorf. Bis heute hören die Holzfäller in der Umgebung von Altmelon das Läuten der Kirchturmglocke, und ein Bauer soll beim Miasmahn (Moosmähen) mit der Sense sogar ins Kirchturmkreuz gefahren sein.

Die Naturführerin Elfi Grünstäudl weiß ihre Gäste zu unterhalten und wartet beim „Wirkstattbrunnen" mit dieser Geschichte auf. Die Sache ist in der Tat ungewöhnlich, denn die kleine Quelle, die eine komplette Ortschaft verschlungen haben soll, ist auch im heißesten Sommer noch nie versiegt. In diesem Zusammenhang werden die Leute gewarnt, nicht den Irrlichtern oder Fuchtelmännchen nachzulaufen, diesen unerlösten Seelen der Roanschinta (Bauern, die beim Ackern gern ins Nachbarfeld geraten).

Bild linke Seite:
Der gewachsene Granit wird als Dach genützt: Steinkeller bei Altmelon.

Bild links:
Typisch für die Waldviertler Moore: braunes Wasser.

Bild rechts:
Ein Steg im Moor, damit des Wanderers Füße trocken bleiben.

Sümpfe waren mit ihrem unergründlichen Gluckern in der Tiefe und den unsteten Lichtern auf der Oberfläche stets dankbare Schauplätze solch unheimlicher Geschichten, die allzu gern als Ergebnis des gerechten Zorns unseres christlichen Himmelvaters gedeutet wurden. Unabhängig davon gibt es für diese Phänomene eine plausible Erklärung. Die Marktgemeinde Altmelon im Hochland an der oberösterreichischen Grenze ist von Moor umgeben, und Sichtungen von blau leuchtenden Flämmchen, die vermutlich durch Selbstentzündung von entweichendem Methan (Sumpfgas) entstehen, sind durchaus nicht ungewöhnlich.

Entstanden ist das Moor, als in riesigen Granitwannen des westlichen Waldviertels nach hohem Niederschlag nach der letzten Eiszeit Wasser stehen blieb. Die Torfmoose begannen üppig zu gedeihen und ließen das Wurzelgeflecht der Bäume ersticken. Torfmoos besitzt die Fähigkeit, etwa das Zwanzigfache seines Trockengewichts an Wasser zu speichern. Es bildeten sich große, geschlossene Polster, die nach wie vor stetig höher wachsen, während die unteren Pflanzenteile absterben und zu Torf werden. Das Hochmoor wölbt sich über seine Umgebung empor. An seiner Oberfläche treten die Schlenken auf, durchtränkte Vertiefungen, und auf den Bulten (kissenförmigen Erhebungen) wächst eine feine Gesellschaft von Moosbeere, Rauschbeere, Siebenstern und Sonnentau, einer winzigen, Fleisch fressenden Pflanze. Sie alle haben sich mit dem unfreundlichen Kleinklima des Hochmoors arrangiert, das ihnen im Sommer sogar Fröste beschert. Ihre Vegetationsperiode beginnt später und endet empfindlich früher als noch in der nächsten Umgebung.

Wir müssen uns bei einer Moorwanderung blind auf Frau Grünstäudl verlassen. Nur sie kennt den festen trockenen Weg zwischen den feuchten Tiefen des Moores. Der Boden schwingt bedenklich, hat aber noch immer gehalten, versichert sie lachend, legt aber Wert darauf, dass man ausschließlich mit ihr das Moor betritt – weniger aus Angst, dass jemand versinkt, als aus Sorge, dass sich Wanderer in den streng unter Naturschutz stehenden Teil des Altmeloner Moores verirren könnten.

Zwei Seelen wohnen, ach, in ihrer Brust, gesteht Frau Grünstäudl. Sie weiß um den Wert des Schatzes, der sich unter den Moospolstern verbirgt. Er hat 10.000 bis 12.000 Jahre zu seiner Entstehung gebraucht, und jedes Stück, das gestochen wird, ist unwiederbringlich verloren. So begrüßt sie es uneingeschränkt, dass niemand mehr den Torf als billiges Heizmaterial im Ofen verfeuert. Genauso wichtig erscheint ihr aber auch der medizinische Nutzen des Moores. Sie verfügt über die Berechtigung, Heilmoor abzubauen sowie aufzubereiten und legt eine Analyse der Balneologischen Abteilung der Bundesanstalt für chemische und pharmazeutische Untersuchungen vor, aus der – sauber aufgelistet – die Inhaltsstoffe des Heilschlamms hervorgehen, ferner seine segensreichen Wirkungen bei Erkrankungen des Bewegungsapparates, bei gynäkologischen Beschwerden und urologischen Leiden. Erhältlich ist diese Naturmedizin bei ihr persönlich, abgefüllt in kleine Kübel, als heilsames Mitbringsel nach einer aufschlussreichen Wanderung durch das Altmeloner Hochmoor.

◎ ***Wandertipp:*** So stolz wie auf das Moor ist man in Altmelon auch auf die mächtigen Steinformationen in den Wäldern ringsum. Sie werden durch den Luaga-Lucka-Weg (4,5 km) miteinander verbunden, der – so wird im Ort versichert – zu Kraft- und Kultplätzen führt. Wir treffen auf dieser Wanderung sogar auf eine Disney-Figur. Auf einem Granitblock thront der König der Löwen, rund um ihn lagert sein tierisches Gefolge: alles Steine, die von den Kindern des Ortes bemalt wurden. Höhepunkt dieser Runde ist die Luaga-Lucka, der Wohnsitz eines Einsiedlers namens Luaga, der von seinen Mitmenschen ausgestoßen ward und in dieser Felsenhöhle Unterschlupf gefunden hat.
Die einschlägige Wanderkarte ist in den Gasthäusern oder im Gemeindeamt erhältlich.

Information

Gemeindeamt,
A-3925 Altmelon 60, Tel. 02813 292,
www.altmelon.at
„So lebt sich's im Torf"
und andere Wanderungen mit Elfi Grünstäudl,
geprüfte Natur- und Landschaftsführerin:
Tel. 02813 7423 oder 0664 2405312.

Mächtige Steinformationen rund um Altmelon: Luaga-Lucka und Pilzstein.

Region Thayatal

28

Diesseits und jenseits der Wasserscheide

Schweiggers: Ein Kraftplatz am Ursprung der Thaya

Wie sonst als mit einem Stein kennzeichnet man im Waldviertel einen bedeutenden geografischen Punkt? Gleich drei Steinblöcke stehen auf einem Bicherl, einer kleinen Erhebung, bei Schwarzenbach nahe Schweiggers, genau an jener Stelle, an der sich die Wasserströme Mitteleuropas teilen. Eine der Quellen nährt die Lainsitz, deren Wasser via Moldau und Elbe dem Fernziel Nordsee zustrebt. Das Wasser der übrigen mündet irgendwann im Schwarzen Meer, entweder über den Kamp oder mit der Thaya, die unmittelbar südlich der Wasserscheide entspringt. Und was steht an ihrer Quelle? Natürlich wieder ein Stein – was sonst? Unter einer Birke entspringt hier die „Deutsche Thaya", anno 995 erstmals als Taja genannt – ein Name, der sich vom illyrischen Wort Dujas, rauschender Fluss, herleitet. Bei Raabs vereinigt sie sich mit der Mährischen Thaya und wird zum Grenzfluss, der seit bald 1.000 Jahren die Nachbarn Böhmen und Österreich gleichermaßen trennt und verbindet. Dass auch alle weiteren wichtigen Örtlichkeiten der Gemeinde Schweiggers säuberlich kunstvoll markiert sind, ist dem Bildhauer Willi Engelmayer zu verdanken. Seinem Heimatort widmete er eine Reihe von Werken: eine steinerne Chronik auf dem Kirchenplatz, ein Sgraffito, das die Lebensspirale darstellt, an der Hauptschule, bei der Volksschule halten die Kinder einander an der Jugendpyramide hoch, und in der Aufbahrungshalle spendet der Auferstandene den Hinterbliebenen Trost.

Willi Engelmayer war Lehrer und veranstaltete Kurse zur künstlerischen Weiterbildung seiner Kollegen. Mit seiner ersten großen Arbeit 1966 setzte er sich für den Frieden ein, mit einer Gedenkstätte für die Gefallenen: „Kein Kriegerdenkmal, sondern eine Mutter mit ihrem gefallenen Sohn in lebensgroßer Darstellung." 1994 engagierte er sich für die Umwelt und wandte sich mit einer eindrucksvollen Aktion gegen das AKW Temelín. Er schnitzte aus einem Baumstamm ein Liebespaar, das öffentlich verbrannt wurde.

Engelmayer: „Ich wollte die Atomgefahr aufzeigen, mit diesem Abschied ohne Wiederkehr. Eine entsetzliche Sache, es verbrennt und steht am Ende nur mehr verkohlt da."

Der Dichterin Imma von Bodmershof (1895-1982) schuf er eine Gedenkstätte aus 17 Steinen, für die 17 Silben des Haiku. Bodmershof, die ihre großen Werke im Waldviertel geschrieben hat, war Meisterin dieser hohen Form japanischer Poesie. Dem Lyriker und Trakl-Preisträger Wilhelm Szabo (1901-1986), der in jungen Jahren Lehrer in der Katastralgemeinde Siebenlinden gewesen war, setzte er zum 10. Todestag einen Gedenkstein neben der Volksschule.

Am Denkmal seiner Musen huscht ein Lächeln über das Gesicht des alten Herrn: „Alle Frauen, die in meinem Leben wichtig waren, finden sich in der Nymphe Thaya wieder, in ihrer Figur, in der Frisur und im Gesicht." Die Summe seiner Weiblichkeit räkelt sich lasziv auf dem Geländer der ersten Brücke, die bei Schweiggers das noch bescheidene Flüsschen Thaya überspannt.

Engelmayer hat stets die schwer zu definierende Kraft des Waldviertels gespürt. Sie hat ihn mit kreativer Unruhe ausgefüllt, hat ihn zur Arbeit, zu Ideen gedrängt, und er hatte als Künstler die Möglichkeit, diese Energie gleichsam sichtbar zu machen.

Bild linke Seite: **Rasenlabyrinth bei Schweiggers.**

Bilder links: **Stationen auf dem Weg „Orte der Kraft am Ursprung der Thaya": Meridianstein und „Moata".**

Das von ihm angelegte Rasenlabyrinth zwischen Wasserscheide und Thayaquelle symbolisiert die verschlungenen Wege des Menschen auf der Suche nach einem Ziel. In diesem Fall steht ein Summstein in der Mitte des Labyrinths. Umgeben wird der Rasenweg von einem Aussichtshochstand, Steigbäumen, einem ausgehöhlten Lebensbaum und einem Glockenlauf.

Durch die Ortschaft Siebenlinden im Gemeindegebiet von Schweiggers verläuft der 15. Meridian östlich von Greenwich. An einem von Willi Engelmayer gesetzten Lochstein kann man dessen Verlauf auf einer Luftlinie von gut 20 Kilometern beobachten.

Alle diese Orte der Kraft wurden durch Wanderwege verbunden. Dabei hat man ein fast vergessenes Marterl wieder entdeckt. 1882 wurde an jener Stelle, an der eine Bauernfamilie aus Siebenlinden beim Holzfällen einen Föhrenstumpf mit dem Bild der Gottesmutter von Mariazell gefunden hatte, eine „Moata" errichtet. In der nun neu gestalteten Kapelle ist diese Laune der Natur, eine Baumscheibe mit dem Harzbild der Madonna, zu sehen.

Eine Spur von Wehmut im Blick: Willi Engelmayer und seine Thaya-Nymphe.

Der Jahrtausend-Lebensturm ist in mehrfacher Hinsicht Höhepunkt dieses Rundgangs um Schweiggers. Zum einen bringt die Ersteigung des Holmberges mit seinen 738 Metern und des darauf errichteten 30 Meter hohen Turmes beinahe schon ein Gipfelsieg, der mit wunderschöner Weitsicht bis zum Schneeberg im Süden, nach Norden weit nach Tschechien und im Westen bis zum Stockzahn von Arbesbach belohnt wird. Zum anderen wird dieser Platz freiweg zum mystischen Zentrum des Waldviertels erklärt – durch eine Ausstellung, die den Besucher in selten konzentrierter Weise mit den sagenhaften Abgründen dieses geheimnisvollen Landesteiles konfrontiert.

◎ ***Wandertipp:*** Unter dem Motto „Orte der Kraft am Ursprung der Thaya" schickt man in Schweiggers den Wanderer auf den Weg, nicht ohne ihn mit einer ausgezeichneten Wanderkarte zu versehen, die ihn zuverlässig auf fünf kurzen Themenwegen zu den durchwegs „starken" Sehenswürdigkeiten der Marktgemeinde führt.

Information

Gemeindeamt,
Hauptplatz 25, A-3931 Schweiggers,
Tel. 02829 8234, www.schweiggers.gv.at

Reifes Wasser aus dem Jungbrunnen

29

Dobersberg an der Thaya: Natur erleben diesseits und jenseits der Wissenschaft

1998 wurde die neu gestaltete Ortsdurchfahrt des Marktes Dobersberg eröffnet. Sie lädt zum Anhalten ein. Man sollte sich ruhig einmal umschauen in dieser freundlichen Ortschaft im nördlichen Weinviertel, bevor man den Weg in eine der vier Himmelsrichtungen fortsetzt.

Dobersberg liegt an einem uralten Kreuzungspunkt. Entlang der Grenze verläuft Ost-West die Thayatal-Bundesstraße, und von Süden her kreuzt eine der Hauptverbindungen von Krems nach Böhmen und Mähren. Zum Anschauen gibt es hier das Feuerwehrmuseum (siehe Kulturtipp) und im Schloss das Informationszentrum des Naturparks Dobersberg mit einem kleinen Naturkundemuseum als Einführung für den eigentlichen Grund des Besuches: In erster Linie reist man nach Dobersberg, um sich an den stillen Ufern der Thaya in die Kunst der Radiästhesie einweihen zu lassen.

Wir befinden uns hier mitten in der Böhmischen Masse, dem Rest eines gewaltigen Bergmassivs,

Bild oben: **Ein Holzsteg als Einstieg in den Naturpark Dobersberg.**

das im Verlauf von 450 bis 300 Millionen Jahren zur heutigen hügeligen Hochfläche abgetragen wurde. Vorherrschendes Gestein sind Gneis und Granit, in deren Gängen und Klüften Schätze wie Bergkristall, Jaspis und Dobersberger Opal in ausgezeichneter Qualität gefunden wurden. Die Flora wird von tiefmontanen Waldgesellschaften beherrscht. Bezüglich der Fauna werden wir im Museum über das Erkennen von Ährenmaus und Weißbrustigel sowie über die Unterschiede zwischen Echtem und Östlichem Feldhasen informiert.

Wir wären somit in der Lage, den Naturpark auf eigene Faust zu durchwandern, mit Einstieg über den überdachten Holzsteg, der 1973 von Pionieren des österreichischen Bundesheeres gebaut wurde, durch die wildromantische Farnschlucht mit der Felsenkanzel zum Wildsaugatter und zum Felsenteich. Damit läuft man jedoch Gefahr, die wahren Feinheiten, die im wahrsten Sinn des Wortes „feinstoffliche" Qualität dieser Gegend zu übergehen.

Der behördlich befugte Rutengänger Wolfgang Hanisch betreibt in Dobersberg eine Wünschelrutenschule, das 1. Österreichische Ausbildungszentrum für Radiästhesie und Baubiologie. Einer seiner Assistenten ist Attila Csallány, ein Spätberufener. Erst nach seiner Pensionierung 1997 hat er sich zum Radiästheten ausbilden lassen. Er zeichnet für die Errichtung des Wünschelrutenweges im Naturpark verantwortlich.

Für seine Kurse im Umgang mit Rute und Pendel liebt Herr Csallány geomantische Vollmondwanderungen am Ufer der Thaya. Fahles Mondlicht zwischen schwarzen Erlenstämmen beleuchtet die Initiation williger Schüler. Für sie ist es das erste Mal, und entsprechend groß ist die Aufregung. „Es hat noch niemanden gegeben, der es nicht erlernt hätte", zerstreut Adept Csallány letzte Bedenken einer zweifelnden Schar. Es folgen elementare Anweisungen wie das richtige Halten des Geräts. Doch in den meisten Händen bleibt trotz korrekt angelegter Oberarme das Pendel reglos, wohin sich der Suchende auch damit

Bild oben:
Kirche und Schloss Dobersberg.

Bild links:
Der Radiästhet Attila Csallány mit der Wünschelrute.

Bilder rechte Seite:
Abendstimmung in den Thayaauen und **Marktspritze aus 1800 im Feuerwehrmuseum Dobersberg.**

wendet. „Bestimmen Sie für sich jeweils ein Zeichen für positiv oder negativ", fährt Csallány fort. „Wenn sich etwas rührt, dann verstärken Sie diese Bewegung ganz bewusst. Wenn nicht, beginnen Sie einfach mit der Bewegung, bis Sie es richtig spüren."

Irgendwann bewegt sich das Pendel scheinbar ohne alles Zutun ganz von selbst in der Hand. Nach und nach wird nun umgestiegen: auf die leichte Hakenrute aus zwei Metallstäben und auf die Gabelrute aus Kunststoff.

Seit Menschengedenken wird die Wünschelrute zur Suche von Bodenschätzen und Wasser eingesetzt, und genauso lang ist sie umstritten. Die einen berufen sich auf alltägliche Erfahrungen, wenn sie sagen: „Und sie bewegt sich doch!", worauf die Gegner schlicht von Humbug sprechen. Es gibt keinerlei brauchbare empirische Untersuchungen, da die Trefferquote für ein ernsthaftes Ergebnis zu gering ist. Von wissenschaftlicher Seite ist somit keine Erklärung dieses Phänomens zu erwarten.

Herr Csallány führt es darauf zurück, dass der Mensch eine Antenne ist und über ein Instrumentarium für binäre (aus zwei Teilen bestehende) Abfragen verfügt. Wenn unter dem Boden Wasser vermutet wird, dann bestätigt oder verneint die Rute diese Annahme. Csallány: „Wenn ich danach frage und ich treffe auf diesen Stoff, dann nehme ich dessen Schwingung mit dem vegetativen Nervensystem auf. Das Gehirn erfährt unbewusst davon, dass ich nach einem bestimmten Stoff frage, erkennt ihn, gibt wieder über das vegetative Nervensystem für Mikrobewegung Befehl an den Halteapparat, damit das Gerät ja oder nein sagt – das ist es und sonst nix!"

Höhepunkt dieser lehrreichen Wanderung ist der Jungbrunnen unmittelbar am Thayaufer. Sein Wasser hat den Ruf eines wahren Energydrinks. Für jeden Molekularbiologen ist es gewöhnliches, reines, gesundes H_2O, nicht aber für Herrn Csallány:

„In einer Vollmondnacht wie heute hat dieses Wasser die zehnfache Intensität als normal und nähert sich dem Heilwasser." Er erzählt von Schwingungen der Materie und dem Verhältnis der Schwingungszahl dieses Wassers zu jener in den eigenen Körperflüssigkeiten: „Gebohrtes Wasser wie das in der Wasserleitung ist negativ besetzt. Der Körper braucht Energie, um die geringere Schwingungszahl auszugleichen. Positiv ist nur Wasser, das aus eigener Kraft zutage tritt, reifes Wasser."

Er tritt den Beweis dafür an – auf seine Art, mit der Wünschelrute, die ihm umgehend mit geheimnisvollem Schwingen Auskunft über Qualität und Schwingungszahl dieses reifen Wassers erteilt.

◎ **Kulturtipp:** Vor dem Schloss wurde auf Betreiben von Brandrat Friedrich Goldnagl im ehemaligen Spritzenhaus der FF Dobersberg ein Feuerwehrmuseum eingerichtet. Nach einem Brand von 1876, der große Teile des Ortes vernichtete, gründete man im Jahr darauf die Freiwillige Feu-

Impressionen einer Wanderung im Naturpark Dobersberg.

erwehr. Aus dieser Zeit stammt die Landfahrspritze (1880), die nach und nach von besseren Geräten und wirkungsvollerer Löschtechnik abgelöst wurde. In Dobersberg ist nichts davon verloren gegangen. Jedes Stück wird in Schuss gehalten und ist jederzeit einsatzbereit, sogar die Marktspritze aus 1800, mit der sich Schüler im Zielspritzen üben dürfen, oder der Canada Ford, ein Militärfahrzeug, das nach dem Zweiten Weltkrieg zum Feuerwehrauto umgerüstet wurde und bei feierlichen Anlässen in den Markt hinausfahren darf.

Information

Gemeindeamt, Schlossgasse 1,
A-3843 Dobersberg, Tel. 02843 2332 0,
www.tiscover.com/dobersberg
Naturpark & Tourismus Dobersberg,
Naturpark-Management,
Hr. Csallány: Tel. 02843 2524 oder 02843 26161,
www.naturparke.at
Der Naturpark Dobersberg ist ganzjährig
frei begehbar.
Wünschelrutenschule Wolfgang Hanisch:
Schuppertholz 23, A-3843 Dobersberg,
Tel. 02843 2890 oder 0664 9879442,
www.estra.at
Feuerwehrmuseum Dobersberg:
Anschrift wie Gemeindeamt
oder BR Friedrich Goldnagl, Tel. 0664 2100519
oder 02843 2537.
Öffnungszeiten: Von Ostern bis Allerheiligen an
Sonn- und Feiertagen 10.00-12.00 und
13.00-16.00 Uhr.

Im Zeichen des Skorpions 30

Kautzen: Kosmische Kräfte und altes Handwerk

Der kleine Ort Kautzen wurde mit einem Schlag bekannt: Dort oben im nördlichen Waldviertel, hart an der Grenze zu Tschechien, hieß es, baue man einen Landeplatz für UFOs. Eine X-Akte wurde geöffnet – und bald wieder geschlossen. Die ganze Sache stellte sich als Gaudi heraus, als kauzige Geschichte des mittlerweile verstorbenen Architekten Manfred Stein. Er hatte gemeinsam mit dem Wünschelrutengeher Guido Koch eine auffällige Steinformation auf einer Hügelkuppe westlich der Ortschaft Engelbrechts im Gemeindegebiet von Kautzen vermessen, dazu Journalisten eingeladen und bei dieser Gelegenheit das Gerücht von nahenden Aliens in die Welt gesetzt.

Beim Steingebilde selbst hört sich in Kautzen jedoch der Spaß auf. Die geomantischen Forscher waren wegen der geheimnisvollen Bezeichnungen für diese

Bild oben: **Auf dem Platz des Skorpions: Opfer- oder Gebärstein.**
Bild rechts: **Holzschuhmacher an der Hoanzlbank im Lebenden Museum.**

Ein Steinkreis als Schauplatz archaischer Riten.

Steine hellhörig geworden. Die Leute erzählten von einem Warzenbründl, einer mit Wasser gefüllten Steinschale, bei der man bei Neumond durch dreimaliges Benetzen der Warzen und Aufsagen eines Zauberspruchs die störenden Hautmale loswerde. Auf dem Herrgottstein soll der liebe Gott auf seiner Wanderung durch die Welt gerastet haben, und im Apostelstein seien die Gesäßabdrücke der zwölf heiligen Männer zu sehen. Der Opferstein sei auf der einen Seite ein Herz und, so raunte man, auf der anderen von Blutrinnen durchfurcht. Es fanden sich ferner ein Schlangenstein und nicht zuletzt der Venusstein als mächtige Manifestation des weiblichen Prinzips. Sie alle wurden vermessen, bewertet, untereinander verbunden und ergaben verblüffenderweise ein terrestrisches Abbild des Sternbildes Skorpion.

Seitdem reisen immer mehr Menschen zum Platz des Skorpions, um in dieser vielleicht vorchristlichen Freiluftkathedrale in weißen Gewändern ihre archaischen Riten zu feiern, und sie sehen es gar nicht gern, wenn diesbezüglich unbedarfte Wanderer ihre Kreise stören.

Elisabeth Schawerda aus Kautzen besucht diesen Platz mit Schulkindern aus Wien und Niederösterreich, um ihnen einen neuen Zugang zur Natur zu eröffnen. Sie geht von erfahrbaren Energien wie Magnetismus und statischer Elektrizität aus, um die Kinder behutsam auf den Eintritt in das Reich der feinstofflichen Kräfte vorzubereiten. Mit der Wünschelrute in der Hand erleben die Kleinen am Ende ihren Körper als das beste und feinste Messgerät, über das die Menschheit verfügt.

Auch in den Forschungen von Ernst Kafka – Wiener und Kautzener – nehmen diese Steingebilde eine immense Bedeutung ein. Er vertritt die Meinung, dass bestimmte Punkte auf der Landkarte in geheimnisvollem Zusammenhang stehen. So hat er entdeckt, dass der Ötscher, Stift Zwettl und der Platz des Skorpions wie Perlen auf einer geraden Nord-Süd-Linie, einer Ley-Linie, aufgefädelt liegen. Mittlerweile hat er zwei gegeneinander liegende Pentagramme (Drudenfüße) erarbeitet, die bedeutende Orte und markante Berge im westlichen Niederösterreich und in Teilen Südböhmens verbinden.

Alle diese Menschen sind davon überzeugt, dass diesem Platz kosmische Dimensionen inne wohnen, die weit vor unsere aufgeschriebene Geschichte verweisen. Ist die Wasserschale auf dem Herrgottstein das Auge Odins, das er an der Quelle der Weisheit geopfert hat? Wer soll diese Frage beantworten? Alte Kautzener erinnern sich noch, dass gebärende Frauen zur Erleichterung der Geburt zum Gebärstein gepilgert sind. Wann haben sie damit begonnen? Die Bauern machten Kraut und Obst mit den Steinen haltbar. Wussten sie gar um die leicht radioaktive Strahlung des Granits? Und weshalb haben seit Menschengedenken an einer Stelle die Zigeuner auf ihrer Durchreise gelagert?

Elisabeth Schawerda: „Weil sich hier jeder seit jeher das geholt hat, was er gebraucht hat."

◎ ***Kulturtipp:*** Das Heimatmuseum Kautzen wird an jedem ersten Sonntag im Monat zum „Lebenden Museum". Noch gibt es hier Handwerker, die Holzschuhe herstellen, die aus Baumstämmen Pfosten hacken, die netzsticken und spinnen können. Die Damen und Herren, welche ihre Kunstfertigkeit zur Schau stellen, sind allerdings alles andere als museal. Der Keramiker Matthias Schawerda erhält seine Familie mit der Herstellung von Kachelöfen, der örtliche Bedarf an Schneiderarbeiten wird durch Elfriede Schlosser und Andrea Wettstein professionell gedeckt, und in der Obermühle, einem Kautzener Textilbetrieb, stellt Hermann Ebner während der Woche am Peitschenwebstuhl Teppiche her. Früher, und damit sind wir wieder im Museum, stand in

jedem Haus ein solcher Webstuhl, auf dem sich die Leute ein kleines Nebeneinkommen zur kargen Landwirtschaft erworben haben – auch in der kleinen, original eingerichteten Küche der ehemaligen Poststation, in der das Kautzener Heimatmuseum untergebracht ist.

Bild links: **Das Herz des Skorpions: Steinschale auf dem Herrgottstein.**

Bild Mitte: **Elisabeth Schawerda auf dem Venusstein.**

Bild rechts: **Bandwebstuhl im Heimatmuseum Kautzen.**

Bild unten: **Küche der ehemaligen Poststation Kautzen im Heimatmuseum.**

Information

Gemeindeamt,
Waidhofnerstraße 14, A-3851 Kautzen,
Tel. 02864 2241, www.kautzen.com

Heimatmuseum:
Waidhofnerstraße 9, A-3851 Kautzen,
Tel. 02864 2980,
Öffnungszeiten: Palmsonntag bis Stefanitag jeden Sonn- und Feiertag von 9-12 und 14-16 Uhr, Lebendes Museum jeden ersten Sonntag im Monat (nur vormittags).

31 Die Wehrkirche in der „oberen Thayinger Pfarr“

Der rätselhafte Erdstall von Kleinzwettl

Bild linke Seite: **Die Kirche zum hl. Jakob in Kleinzwettl hat ihre Wehrhaftigkeit bis heute bewahrt.**

Bild links: **Bäuerin bei der Andacht.**

Bild rechts: **Gotische Säule im Langhaus der Kirche.**

Unverputzte Mauern aus Bruchsteinen sind wie Falten in einem greisen Gesicht. Sie sind verlässliches Zeichen für hohes Alter, in diesem Fall der Kirche von Kleinzwettl in der Gemeinde Gastern im nördlichen Waldviertel. Trutzig sitzt sie auf einem Hügel etwas oberhalb des Dorfes, inmitten von Mauer und Wall. Noch in der Franzosenzeit 1809 haben sich die Leute hierher geflüchtet und erfolgreich verschanzt, während ein über den Torbogen gemaltes Marienbild bis auf den Kopf zerschossen wurde.

Erbaut wurde das kleine Gotteshaus in der Romanik, als eine von fünf Kirchen der „oberen Thayinger Pfarr". In der Gotik wurde sie dem neuen Stil angepasst; die Wehrhaftigkeit ging aber nicht verloren. Erhalten haben sich aus diesem frühen Umbau – neben den Säulen – die gemalten Weihekreuze, die Sitznische, die Kanzel (um 1500) und das Sakramentshäuschen aus Granit.

Die Schlusssteine im Gewölbe des zweischiffigen Langhauses erzählen von neuen Bauherren: Statt Schwert und Aar der Adligen zeigen sie handwerkliche Embleme wie die Schere des Schneiders und die Messerklingen des Fleischhauers als „Wappen" der Bürger, die sich hier verewigt haben.

Die Ausstattung der äußerlich schlichten Kirche ist erstaunlich reich, mit einer spätgotischen Pietà sowie den Heiligen Stefanus und Petrus, einer Schönen Madonna aus 1430 und den Bretterfiguren von Maria und Johannes aus einer Triumphkreuzgruppe um 1440. Aus dem 17. Jahrhundert stammt der rechte Seitenaltar, ein Marienaltar.

Knapp vor dem Dreißigjährigen Krieg bekam Stift Zwettl einen Kapellenaltar, der um 1730 nach Kleinzwettl als Hochaltar übertragen wurde. Von seinen drei Gemälden ist nur mehr das unterste, die Predella, erhalten; eine der seltenen Darstellungen des Gastmahls des Pharisäers, auf dem die Beteiligten, wie zur biblischen Zeit üblich, nicht bei Tisch sitzen, sondern liegen.

Die Steinplatte in der Mitte des Chores vor dem Hochaltar unterscheidet sich kaum von den anderen Bodenplatten, abgesehen von einem Eisenring. An dieser Stelle geht es in einen Erdstall hinab, in einen Stollen von gut 50 Metern

Bild links: **Weihekreuz.**

Bild rechts: **Das Gastmahl des Pharisäers auf der Predella am Hochaltar.**

Länge, der unter die Kirche und den Friedhof bis außerhalb der Wehrmauer gezogen ist und im letzten Drittel in einer Schleife zum unterirdischen Rundgang wird.

Solche Anlagen, die in unseren Breiten gar nicht selten sind, werden zeitlich der Kolonisation durch die Bayern zugeschrieben. Erdställe haben kuriose Formen. Die einen sind einfach Gänge, die manches Mal durch dünne Röhren, kaum 15 cm im Durchmesser, aber zehn und mehr Meter lang, verbunden werden. Wie wurden diese Löcher gebohrt? Andere Erdställe hat man als Labyrinthe angelegt oder sind einfach die Verlängerungen eines Weinkellers. Erdställe finden sich auch außerhalb der Siedlungen, unscheinbar im Wald, mit Eingängen nicht größer als ein Fuchsbau. Kaum hat man sich aber dort hineingezwängt, öffnet sich eine Kugel, in der man gebückt stehen kann. Von hier führen Gänge zu anderen, wesentlich kleineren Kugeln, in denen man nur, zusammengekauert wie ein Embryo, hocken kann und sich von dort, mit den Füßen voran, wieder in einen größeren Hohlraum schiebt.

Der erste Blick lässt an ein Versteck für Belagerungszeiten denken. Diese Annahme stellt sich aber in den meisten Fällen, auch in Kleinzwettl, sofort als Irrtum heraus. Ein längerer Aufenthalt ist wegen auftretenden Sauerstoffmangels nicht möglich. Spuren von gelagerten Nahrungsmitteln finden sich nicht; dazu gibt es die regulären Keller mit ihrer perfekten Lüftung. Für einen Fluchtgang fehlt der zweite Ausgang, und eine kultische Verwendung ist nicht belegt. Und mit einem Stall haben solche Löcher schon gar nichts zu tun; das Wort „Erdstall" kommt von der Stelle im Boden.

Bei der Klärung dieses Phänomens sind der Fantasie freilich keine Grenzen gesetzt; sie ist bis dato aber nicht geglückt. Wer auch immer die Erdställe gebaut hat – wir können ihn nicht mehr fragen, weshalb er sich die mühevolle Arbeit angetan und einen solchen Tunnel in den Waldviertler Felsen geschlagen hat.

Selbstverständlich möchte man in Kleinzwettl zumindest einen kleinen Blick in den Erdstall werfen und versucht forsch, die Abdeckplatte wegzuheben. Sie rührt sich aber nicht, auch nicht bei kräftigem Ziehen. Erst wenn man den Trick kennt, lässt sich der Stein relativ einfach zur Seite rücken. Die Bäuerin aus dem Haus unmittelbar unterhalb der Kirche sperrt diese für Gäste bereitwillig auf. Sie weiß, wie man in den Erdstall gelangt, stellt dazu aber gleichzeitig fest, dass sie keineswegs bereit sei, sich das Kreuz zu verreißen und den Stein wegzuheben – das überließe sie gerne den Besuchern…

Literatur: *Friedrich Schadauer: Die Wehrkirche Klein Zwettl. Kleinzwettl 1981 (hg. vom Kultur- und Museumsverein Thaya; liegt in der Kirche auf).*

Information

Gemeindeamt, Hauptstraße 19,
A-3852 Gastern, Tel. 02864 2338

Basilika und Perlenschnur 32

Aufgewachsen mit den Steinen: Der Bildhauer Franz Xaver Ölzant

Sein Lebenswohnsitz ist das Haus des Großvaters in Pfaffenschlag, erzählt der 1934 im steirischen Oberzeiring geborene Bildhauer Prof. Franz Xaver Ölzant, „ich war als Schüler schon da, und es war für mich logisch, dass ich hier geblieben bin, wo ich mich wohl gefühlt habe". Studiert hat Ölzant in Wien an der Akademie für angewandte Kunst, kehrte aber wieder zurück ins nördliche Waldviertel, zu den Steinen, mit denen er aufgewachsen war, namentlich zum Diorit. Ölzant: „Der dunkle Granit ist seit 30 Jahren mein Lieblingsmaterial. Es gibt ihn nur in einem kleinen Bereich zwischen Pfaffenschlag und Schrems." Er hatte das Glück, einen aufgelassenen Steinbruch ganz für sich erwerben zu können, als ergiebiges Vorratslager für seine mächtigen Steinarbeiten.

Als Beginn seines künstlerischen Werdegangs sieht Ölzant den Spätexpressionismus, beeinflusst von den Klassikern der Moderne. Auf dieser Basis erarbeitete er mit handwerklicher Perfektion seine persönliche Formensprache. Die Steine

Bild oben: **Die Basilika auf dem Gudenusfeld bei Waidhofen an der Thaya.**

wurden größer und größer. Ölzant: „Eine Zeit lang 30 bis 40 Tonnen. Ich hatte dafür einen eigenen 100-Tonnen-Kran im Haus." Daneben entstanden Plastiken und Skulpturen in Bronze und Gips.
In seinen späten Jahren wurde er neuerlich zum Pendler. Prof. Ölzant unterrichtete an der Akademie der bildenden Künste in Wien. „Eine schöne, befruchtende Zeit mit den Studenten", erinnert er sich, „und ich war so alt, dass es wieder Sinn gemacht hat, mich mit den Jungen zu reiben." Mittlerweile ist er emeritiert und hat sich endgültig ins Waldviertel zurückgezogen.
Seine Steinarbeiten sind für den öffentlichen Raum geschaffen. In Schrems wurden Dioritblöcke zur Perlenschnur aneinandergereiht. Der Titel leitet sich dabei nicht von den Perlen ab, was bei einem solchen Wesensunterschied auch verwunderlich wäre. „Die Perlenschnur ist ein Begriff aus der griechischen Architektur. Es war der ‚Überleger' im normalen Baugeschehen und ist an jedem dorischen Tempel vorhanden."
Das Gleiche gilt für die Basilika in Waidhofen an der Thaya. Die in leichtem Rund gesetzten Menhire mögen zu mystischen Deutungen anregen und an megalithische Anlagen der Bretagne erinnern. Der Künstler legte dieser Steinsetzung jedoch ein völlig anderes Konzept zugrunde. Die Basilika, im Griechischen: der Königspalast, war im antiken Rom ein profaner Bau für Markt und Börsenverkehr und fand im Christentum wieder zu seiner ursprünglichen Bedeutung zurück, als Halle für den himmlischen König. Sie ist jetzt, so Ölzant, „ein lebendiges Erlebnis im Naturambiente".
„Ich bin ein formalkünstlerisch orientierter Mensch", beschreibt sich der Künstler, „ich weiß um den Mythos und die Kraft, die Steine im Ensemble vollbringen. Auch meine größten Werke sind eine Anbiederung an den Mikrokosmos, sie sind durchlässig luftig, draußen noch Körper, drinnen fein, dünn", und legt mit seinen Arbeiten ein Bekenntnis über die Verehrung der Steine ab: „Der Stein wird aber nicht korrumpiert, er ist eine Persönlichkeit. Ich warte immer darauf, dass mir der Stein sagt, was er will."

Der Bildhauer Franz Xaver Ölzant inmitten seiner Arbeiten.

Information

Franz Xaver Ölzant, Bildhauer,
A-3834 Pfaffenschlag bei
Waidhofen a. d. Thaya 49,
Tel. 02848 5053

Dem Menschen ein Museum 33

Kulturbrücke in Fratres

Der wahre Kulturgenießer reist nach Fratres. Dort oben, unmittelbar an der Grenze zu Tschechien, findet er ein exquisites Museum mit erlesenen Exponaten in bemerkenswerter Verknüpfung mit moderner Kunst. Untergebracht ist das Ganze in einem ehemaligen Bauernhof, den Peter Coreth in den 1990er Jahren als idealen Platz für grenzüberschreitende Kulturarbeit entdeckt hat: „Jetzt, wo die Staatsgrenze allmählich verschwindet, geht es um die Vermittlung zwischen fremden Kulturen, zwischen Wissenschaft und Kunst, zwischen verschiedenen Weltbildern und Religionen."

Träger ist der „Verein Kulturbrücke" mit Veranstaltungen, in denen eine spannende Verbindung der bildenden Künste mit Musik und Tanz, Literatur und Architektur angestrebt wird, beschreibt Coreth die Tätigkeit des von ihm initiierten Vereins. Mit familiärer Unterstützung – sein Sohn und ein Neffe sind Architekten – wurde das Bauernhaus zum perfekten Veranstaltungsort umgestaltet, als dem einen Zugang zur Brücke. Brü-

Bild oben: **Innenhof der „Kulturbrücke" in Fratres.**

ckenkopf jenseits der Grenze, lediglich zwei Kilometer entfernt, ist das Städtchen Slavonice in der Region Südböhmen – Südmähren mit dem Galeriehaus. Kulturträger von beiden Seiten haben sich als Besucher eingestellt, unter anderem Kardinal Franz König sowie Václav Havel, Dramatiker und ehemaliger Präsident von Tschechien.

Hinter einem romantisch verwachsenen Torbogen öffnet sich ein üppig begrünter Hof als schattiger Treffpunkt für die Gäste. Sie kommen aus aller Herren Länder nach Fratres und finden hier jene Stille der Abgeschiedenheit, die den kreativen Gedankenaustausch beflügelt; dennoch befinden sie sich in einem pulsierenden kulturellen Zentrum.

Bezugspunkt der Ausstellungen und Symposien ist das Museum humanum. Peter Coreth ist Politologe, sein Hobby ist seit 35 Jahren das Sammeln von außergewöhnlichen Kulturerzeugnissen aus einem Zeitraum von gut 30.000 Jahren. Ein Großteil seiner Sammlung war in Kisten verpackt, der Rest der Kleinplastiken, Insignien, Amulette und frühen Werkzeuge befand sich als Leihgaben in diversen Museen der Welt. Eine Auswahl daraus hat nun ihren festen Platz in der Dauerausstellung in Fratres.

Massive Säulen gliedern den Ausstellungsraum in fünf Arkaden, in denen die Exponate präsentiert werden. Sie sind nicht nach geografischen Räumen und Kulturkreisen, sondern nach Gemeinsamkeiten in den Motiven angeordnet. Coreth: „Damit man sehen kann, das ist analog und das ist unterschiedlich. Wo sind die Zusammenhänge? Es soll etwas sichtbar machen, was in herkömmlichen Museen nicht sichtbar wird." Die Objekte stehen als Beispiele für die „Evolution der Kunst in bestimmten menschlichen Bereichen". „Tierbild – Götterbild – Menschenbild" lautet der Leitfaden. Der Besucher erhält einen Arkaden-Plan, der ihm Zugang zu den einzelnen Themen eröffnet.

In der ersten Arkade tritt das Anliegen des Gestalters offen zu Tage. Das Thema lautet „Überleben". Gemeint sind die Versuche des „primitiven" Menschen, auf die feindliche Umwelt einzuwirken. „Wo technische Mittel fehlen, dient als Verstärkung die Magie. Sie soll Jagdglück, Fruchtbarkeit, Geisterabwehr u. ä. garantieren", schreibt Peter Coreth im Informationstext und zeigt dazu Kultgeräte, mit denen Menschen seit der Steinzeit bis herauf zu rezenten Naturvölkern höhere Mächte zu beeinflussen versuchten. Gleichzeitig wird an diesen magischen Werkzeugen deutlich gemacht, dass es bereits im Neolithikum abstrakte Kunst gegeben hat. Coreth: „Keine Form ist zufällig, sie ist immer Ausdruck einer bestimmten Bedeutung."

Jedes einzelne der Objekte in jeder der fünf Arkaden hat zum einen seine Botschaft im Kontext des Museums und ist gleichzeitig eine wertvolle Rarität. Renommierte Völkerkundemuseen beneiden den Sammler in Fratres um seine voll-

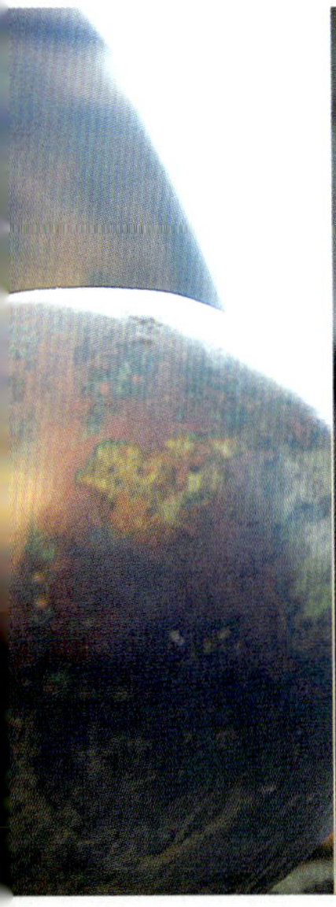

ständige schamanistische Tanzschürze mit Pektorale (Brustschmuck), Armschmuck und Krone aus dem tibetischen tantrischen Buddhismus oder das Perlenkostüm aus Nigeria oder die indische Steinkunst aus dem 11. Jahrhundert oder den Terrakottakopf aus dem 6. bis 5. Jahrhundert v. Chr. aus dem östlichen Mittelmeerraum oder, oder...

Der Staatspreis in Österreich, die Comeniusmedaille in Tschechien und wachsendes Interesse seitens der Kulturverantwortlichen auf beiden Seiten der Grenze sind der Lohn für die Mühe und gleichzeitig wertvolle Werbung für einen Besuch der Kulturbrücke und des Museum humanum in Fratres. Denn, so Coreth, „es gibt keine Laufkundschaft. Niemand kommt hier zufällig vorbei."

Information

Kulturbrücke Fratres,
Fratres 11, A-3844 Waldkirchen a. d. Thaya,
Tel. 02843 2874

Museum humanum:
geöffnet ab 1. Mai bis 30. September
(nur mit Voranmeldung).

Bilderleiste von links nach rechts:
Peter Coreth, Initiator der „Kulturbrücke", im Museum humanum, neben erlesenen Stücken aus seiner Sammlung (Negermutter, Beinlöffel und antiker Steinkopf).

34 Eine Stadt zum Kennenlernen

Drosendorf: Junges Leben in alten Mauern

An drei Seiten ist Drosendorf von einem natürlichen Wassergraben umgeben. Die Thaya kommt von Süden und wird von einem mächtigen Felssporn zu einem Umweg um die Stadt gezwungen. Man sollte annehmen, dass bereits die ersten bayerischen Siedler, deren Spuren ins 8. und 9. Jahrhundert zurückreichen, eine derart günstige Lage genützt hätten. Der ursprüngliche Ort wurde aber am Fuß des markanten Stadtfelsens angelegt. Geblieben ist davon die Civitas antiqua, die Altstadt mit der Pfarrkirche. Die Pfarre wurde um 1153 dem Prämonstratenser-Chorherrenstift Geras inkorporiert. 1188 taucht der Name Drosendorf erstmals in einer Urkunde auf. Der Hausberg wurde schließlich Ende des 12. Jahrhunderts planmäßig besiedelt und zur Festung, mehr noch: zu einer Marktsiedlung (forum) und letztlich zur Burgstadt ausgebaut.

Das wohlbewahrte Erbe aus gut 800 Jahren ist das trutzige Erscheinungsbild des befestigten Bergstädtchens. Drosendorf erfreut sich der Mit-

Bild linke Seite: **Stadtmauer von Drosendorf beim Horner Tor.**

Bild oben: **Der „Prangerhansel" gilt als die höchste Rolandssäule im deutschen Sprachraum.**

Bild unten: **Brunnen im Innenhof des Schlosses Drosendorf.**

gliedschaft im elitären Club der Niederösterreichischen Stadtmauerstädte (u.a. Retz, Hainburg an der Donau, Weitra) und kann sich rühmen, über die einzige vollkommen geschlossene Stadtbefestigung zu verfügen. Noch stehen die Mauern mit 14 Türmen. Am Raabser Tor könnte ein Thorwartl (Torwärter) jederzeit seinen Dienst antreten, so gut ist es erhalten. Das Horner Tor hingegen hat seinen Bogen und die Zugbrücke aus Rücksicht auf LKW und Bus eingebüßt. Die beiden wuchtigen Türme an den Flanken sind aber noch deutlich auszunehmen, und vom dreieckigen Anger, dem Hauptplatz, wo einst die Verteidiger lagerten und mit frischem Wasser aus dem 52 m tiefen Stadtbrunnen versorgt wurden, führen noch immer die strategisch angelegten kurzen Gassln zwischen den alten Häusern direkt hinaus zur Befestigung.

Ihre Feuerprobe hatten die Mauern 1278 zu bestehen. Drosendorf war als Heiratsgut der Babenbergerin Margarethe durch ihre Verehelichung mit Ottokar II. Přemysl an die böhmische Krone gefallen. Auf dem Weg zu seinem unglücklichen Ende an der March belagerte König Ottokar die Stadt mit 18.000 Mann; ohne Erfolg. Der Habsburger Rudolf I. konnte mittlerweile sein Heer bei Dürnkrut und Jedenspeigen sammeln und nicht zuletzt aufgrund dieses Zeitgewinns die Schlacht gewinnen.

Bindenschild und Doppeladler als Insignien einer landesfürstlichen Grenzfeste zieren das Wappen der Stadt. In Stein gehauen, empfängt es den Besucher am Horner Tor und markiert den Ausgangspunkt zweier Promenaden, die sich unterhalb der Mauer als aussichtsreiche Spazierwege anbieten. Im Norden führt die Winterpromenade entlang der Befestigung. Der Reiz dieser Seite sind die freundlichen Gärten, die sich auf und zwischen den Mauern sowie den halbkreisförmigen Vorwerken erstrecken.

Eine Lindenallee, gepflanzt 1740 zum Regierungsantritt von Maria Theresia, begleitet im Süden die Sommerpromenade durch den Stadtgraben. Ein kleiner, fast würfelförmiger Bau, das so genannte „Hexenhaus", fällt ins Auge. Tatsächlich war es aber das Waffenarsenal und Magazin der wehrhaften Bürger. Gegenüber führt eine Freitreppe, einst eine gedeckte Stiege, zum Schloss hinauf.

Die ehemalige Stadtburg hat – im Gegensatz zur übrigen Befestigung – ihre spartanische Wehrhaftigkeit zugunsten wohnlicher Renaissance aufgegeben und beherbergt die NÖ Landarbeiterkammer. Der Brunnen im Hof, auf dem ein Knabe mit einem Hund rauft, war das Ende einer frühen Rohrleitung, durch die Wasser vom gegenüberliegenden Berg in die Anlage geleitet wurde.

Drosendorf hält für den Kulturbeflissenen noch eine Reihe historischer Sehenswürdigkeiten bereit, unter anderem den „Prangerhansel", die Rolandssäule, die sich mit ihren 6,35 Metern als unübersehbares Zeichen hoher Gerichtsbarkeit präsentiert und als die höchste ihrer Art – wohlgemerkt: als Säule, nicht als Gericht! – im deutschen Raum gilt, oder die Marktkirche St. Martin, in der die Märtyrerin St. Valentina als Ganzkörperreliquie in einem Glassarg andächtigen und neugierigen Blicken ausgesetzt wird.

Geradeso wichtig wie die große Vergangenheit ist den Gemeindevätern aber auch die Gegenwart ihrer Stadt. Mehr und mehr der wunderschönen historischen Häuser stehen leer, vom blühenden Handwerk mit allen nur denkbaren Branchen –

Bild oben: **Aquädukt als Rest einer frühen Wasserleitung in die Stadt Drosendorf.**

Bild unten: **Reliquie der hl. Valentina in der Marktkirche St. Martin.**

1840 wurden 66 verschiedene Gewerbe gezählt – ist innerhalb der Mauern kaum mehr etwas übrig. Dennoch gibt es erstaunlich viel junges Leben in der Stadt. Im Keller des Bürgerhauses wird drauflos improvisiert, organisiert vom Jazzclub Drosendorf. Bis zu 80 Leute dürfen in diesem urgemütlichen Gewölbe große Namen des Jazz genauso wie lokale Könner live am Werk erleben. Vor den Toren der Stadt hat sich ein „Circus" etabliert. In den Sommermonaten schnuppern Kinder und Jugendliche „Circusluft". Für sie wird ein kompletter Zirkus aufgebaut, mit großem buntem Zelt und richtigen Wohnwagen, in denen sie nächtigen. Die jungen Leute lernen jonglieren, balancieren und Einrad fahren; sie sind für eine Woche Clown und Zirkusprinzessin.

Das hoffnungsvolle Motto lautet „Jugendtourismus". Ideen, mit denen die Jugend angesprochen wird, gibt es genug: von Workshops für Gaukler bis zu Kennenlern-Wochen im September. In Wiener Hauptschulen sind diese Landaufenthalte längst ein Renner. Jahr für Jahr lernen sich dort Kinder verschiedenster Nationalitäten und Sprachen aneinander zu gewöhnen. In der entspannten und kameradschaftlichen Atmosphäre eines Ferienlagers spielen Hautfarbe und Herkunftsland plötzlich kaum mehr eine Rolle.

Vielleicht entdecken diese jungen Gäste wieder den Reiz der Nähe als sportliche Alternative zu Fernreisen mit all inclusive. Es muss ja nicht gleich die gute alte Sommerfrische sein, zu der man mit dem Zug von Retz her anreist – eine Bahn mit dem launigen Namen „Reblausexpress" verkehrt nach wie vor auf dieser Strecke. Ein weiteres Relikt aus jener Zeit ist das wahrlich erfrischende Kneippbad an der Thaya. Man hält in Drosendorf auf Tradition und hat es in seiner ursprünglichen fashionablen Form erhalten, mit dem nostalgischen Holzpavillon und den Erlenbäumen am Ufer, in deren Schatten man wie seinerzeit ein relaxtes Sommerwochenende fern der Großstadt genießt.

◎ ***Wandertipp:*** Für den Fall, dass sich Ihre Kinder in Drosendorf zu Artisten ausbilden lassen, hält man auch für Sie sportlichen Zeitvertreib bereit. Die alte Poststraße aus dem 18. Jahrhundert wurde zur Mountainbikepiste umgewidmet, und der Fußgänger wagt sich auf einen der Wanderwege rund um die Stadt. Nr. 1 ist der Studentensteig. Er beginnt an der Sommerpromenade und führt von dort links über steile Serpentinen zur Thaya hinunter. Sie überqueren die Brücke und erfreuen sich gleich danach rechts an einem grasbewachsenen – und damit fußfreundlichen – Fahrweg. Er führt in einen Wald, in dem Sie Drosendorf umrunden und wieder zur Thaya gelangen, der Sie bis Unterthürnau folgen. Zurück geht's auf Wanderweg Nr. 2 zur Julienhöhe mit Ausblick auf die Stadt, über den Hausberg, vorbei an einer Ruine bis zur Altstadt und von dort hinauf zum Horner Tor.

Information

Tourismus-Information,
Schlossplatz 1, A-2095 Drosendorf a. d. Thaya,
Tel. 02915 2321 0
www.drosendorf.at oder
www.stadtmauerstaedte.at oder
www.circusluft.at

Seltsames Treiben der Ahnen

35

Ein fürstlicher Sommersitz: Barockschloss Riegersburg

Im Jahre 1730 kaufte Sigismund Friedrich Reichsgraf von Khevenhüller (1666-1742) neben der Grafschaft Hardegg auch die Herrschaft Riegersburg nahe Retz im nördlichen Waldviertel. Er hatte damit offenbar das „ordentliche Schloss" gefunden, dessen Fehlen er noch 1691 in seinem Tagebuch beklagte, und ließ das bereits bestehende baufällige Wasserschloss nach Plänen von Franz Anton Pilgram zum hochbarocken Fürstensitz umgestalten. Mit seiner Ernennung zum Statthalter von Niederösterreich hatte Khevenhüller 1711 eines der höchsten politischen Ämter übernommen und bedurfte eines repräsentativen Sommersitzes, wenn sich der Wiener Hof samt Regierungsgeschäften in den heißen Monaten aufs Land zurückzog.

Schloss Riegersburg befindet sich nach wie vor in Khevenhüllerschem Besitz. Gotthard Sigismund Anton Graf Pilati von Thassul zu Daxberg und seine Gattin Francesca Gräfin Pilati, geborene Comtessa Filo della Torre di Santa Susanna, sehen sich heute jedoch weniger als Schloss-

Bild oben: **Barockschloss Riegersburg.**

Bild links: **Hundefriedhof im Schlosspark.**

Bild rechts: **Weinendes Bild im Spukzimmer.**

herrn denn als Verwalter eines gewaltigen Familienerbes, das in seiner feudalen Pracht erhalten werden will. Die Hausherrin persönlich führt durch die möglichst original eingerichteten Räume des Schlosses und lässt ihre Gäste mit amüsanten Geschichten und Anekdoten am Leben eines Barockfürsten schnuppern.

Das Rokokozimmer wartet mit einer nobel gedeckten Tafel auf – bereit für den Einzug der erlauchten Herrschaften. Geduldig bietet ein hölzerner Diener in bunter Uniform sein mit exotischen Früchten volles Tablett dem Zugriff einer imaginären Gesellschaft dar. Nebenan, im Gelben Salon mit französischer Wandbespannung aus bedrucktem Satin, wird lächelnd über die umständliche Toilette einer Dame in früheren Zeiten erzählt. Sie war gut einen Teil des Tages damit beschäftigt, sich eine Maske aus dicker Wachsschminke anlegen zu lassen, um die damals üblichen Hautkrankheiten zu kaschieren. Es gibt noch den Paravent mit milchigen Glasscheiben, der zwar die Umrisse von Madam durchscheinen lässt, aber nicht ihr wahres Gesicht zeigt, das nicht einmal die Gesellschafterin kannte, welche ihr mit Plaudereien die Zeit des Schönwerdens zu verkürzen hatte. Ein Hitzeschirm vor dem Kamin war mit drehbaren Klappen versehen, um Wärme von Madams Gesicht abzuleiten und damit zu verhindern, dass ihr so kunstvoll gebautes Antlitz angesichts eines Kavaliers zu schmelzen begann. Dass im anschließenden Chinesischen Salon die Reispapiertapete aus dem 18. Jahrhundert in bestem Zustand fernöstliches Landleben in amüsanten Szenen zeigt, ist übrigens eine Meisterleistung des Instituts für Restaurierung an der Wiener Akademie der bildenden Künste.

Durch fürstliche Schlafgemächer, vorbei an der Hauskapelle, begibt man sich hinab zur Küche des Schlosses. Im original verkleideten Backofen könnten dort mindestens 14 Laib Brot oder ebenso viele Gugelhupfe in den Kupferformen auf einmal gebacken oder am Grill, dessen Spieß durch die aufsteigende Warmluft gedreht wird, Wildbret für eine ganze Jagdgesellschaft zubereitet werden.

Entlassen werden die Besucher in eine Sonderausstellung, die von der Hausherrin selbst zu jeweils einem Thema aus Kunst und Handwerk gestaltet wird.

Familie Pilati wohnt in einem angeschlossenen niedrigen Wirtschaftsgebäude. Die Gräfin gesteht aber, dass sie abends gerne ins Schloss hinüber geht und vom Turmzimmer aus für wenige Augenblicke das Gefühl einer richtigen Schlossherrin genießt. Es stört sie nicht, wenn ihr dabei ein Ahnherr Gesellschaft leistet. Am 11. September 1905 verstarb hier Fürst Johann Carl nach einem abenteuerlichen Leben. Er war mit dem unglückseligen Erzherzog Ferdinand Maximilian in Mexiko gewesen und hatte das gewaltsame Ende dieses Kaiserreiches sowie die Erschießung von Kaiser Maximilian mit ansehen müssen. Aufgrund dieser engen persönlichen Verbindung zwischen ihm und Maximilian wird dem unglücklichen Kaiser von Mexiko auf Burg Hardegg eine Dauerausstellung gewidmet.

Das Sterbebett in Riegersburg ist zwar nicht mehr original, die Bettlaken sind dennoch immer wieder zerwühlt, und es gibt keine schlüssige Erklärung dafür, versichert Frau Pilati in ihrem charmanten italienischen Akzent. Um das Bett wurde Mehl gestreut, da man eine Katze oder ein anderes Tier als nächtlichen Besucher verdächtigte. Nichts, keine Spuren, und dennoch sah am Morgen darauf das Bett sichtlich benützt aus.

Frau Pilati ist sich gewiss, dass ihr Fürst Carl schon persönlich erschienen ist. Genauso sicher ist sich ihr Sohn Oktavian, dass er im Alter von fünf Jahren eine als Ritter gekleidete Gestalt ohne Kopf auf dem Hof vor dem Schloss gesehen hat, die später eher zufällig identifiziert wurde. Im Schloss fand sich ein Kupferstich mit der Aufschrift: Ferdinand Graf Hardegg – Am Hof geköpft 1595". Die Grafen von Hardegg waren Vorbesitzer der Herrschaft Riegersburg und genannter Ferdinand Kommandant von Raab, dem heutigen Györ, gewesen. Er hatte nach Meinung des Kaisers die Festung zu früh aufgegeben, war deshalb hingerichtet worden und hat offenbar bis heute nicht zur ewigen Ruh' gefunden – ebenso wenig wie ein unbekannter Kavalier auf einem Gemälde im Turm- beziehungsweise Spukzimmer.

„Es weint", stellt Frau Pilati fest und nimmt das Bild vom Haken. Die Wand dahinter ist trocken und der Rahmen massiv, trotzdem ist die Ölfarbe unter dem linken Auge von Wasserschlieren wie von Tränen aufgequollen. Francesca Pilati – sie stammt aus Neapel – hegt ihre persönliche Vermutung betreffend die Identität des Weinenden: „Der Dargestellte könnte der Jakobiner Antoine Christophe Salicetti sein, der spätere Vizekönig von Neapel. Er wählte das Todesurteil für Marie Antoinette. Es ist das schlechte Gewissen, das ihn weinen lässt." Das Bildnis von Marie Antoinette befindet sich mit ihm im selben Raum, gegenüber an einem Fenster des Turmzimmers.

Die Hunde der Familie haben sich bis dato noch nicht als Gespenster manifestiert, obgleich diese treuen Vierbeiner in der Familiengeschichte eine wichtige Rolle spielen. Johann Carl Fürst Khevenhüller und seine Gemahlin Eduardine haben ihren Hunden im Schlosspark einen Friedhof angelegt, mit Grabsteinen, auf denen die treuen Lieblinge eingemeißelt sind. Später wurde eine erfolgreiche Dackelzucht betrieben, und heute dürfen sogar die Hunde der Besucher gemeinsam mit ihren Herrchen und Frauchen nicht nur durch die großartige barocke Gartenanlage tollen, sondern an der Seite von Francesca Gräfin Pilati von Thassul und der Dackeldame Pamina die fürstlichen Räume des Schlosses besichtigen.

Literatur: *Christoph Bieberger u.a.: Geisterschlösser in Österreich. Wien 2004 (Verlag Carl Ueberreuter).*

Information

Barockschloss Riegersburg,
Tel. 02916 400, www.schlossriegersburg.at

Öffnungszeiten: 1. April bis 30. Juni und
1. September bis 15. November
täglich 9.00-17.00,
1.Juli bis 31. August täglich 9.00-19.00 Uhr.

In der Schlossküche wurden die Köstlichkeiten für die festliche Tafel im Rokokozimmer zubereitet.

36 Im schützenden Schatten des Castrum regale

Hardegg: Ein Bummel durch die kleinste Stadt Österreichs

Die Hochebene im Westen von Retz bricht im Wald bei Merkersdorf unvermittelt zum schluchtartigen Thayatal hin ab. Von der Straße aus blickt man herab auf eine ausladende Burg. Erst spät tauchen eine Kirche und ein paar Häuser auf, die sich im Norden an diese Festung schmiegen. Die einzige Straße im Ort endet an der Thaya in einer schmalen Brücke. Man möchte es nicht glauben, aber man hat soeben die Stadt Hardegg durchquert!

In der Flussmitte verläuft die Staatsgrenze zwischen Tschechien und Österreich. Wer den Pass bei sich hat, kann die Reise per Rad oder zu Fuß nach drüben fortsetzen.

Vor dem Fall des Eisernen Vorhangs war an dieser Stelle jedoch Endstation. Bis zur Hälfte war die Brücke intakt, ab der Mitte erstreckten sich lediglich zwei verrostete Traversen zum anderen Ufer. Es sollte, so hieß es damals von drüben, nur ja niemand ins kommunistische Paradies gelangen können, und man hatte genug damit zu tun, die eigenen Leute durch Stacheldraht und Wach-

türme an der Flucht aus eben diesem Paradies zu hindern.
Die tote Grenze trug aber nur zum Teil Schuld daran, dass die Bürger von Hardegg ihre Stadt verließen. Sie hatte schon zu Beginn ihres Stadtwerdens mit dem Verlust an Bedeutung zu kämpfen.
Im 13. Jahrhundert herrschen hier die Grafen von Plain, die später den Namen Hardegg annehmen. Nach dem Tod des letzten Babenbergers, Friedrich II. des Streitbaren, sind sie als einflussreiches Geschlecht an der interimistischen Leitung des Herzogtums beteiligt und huldigen mit anderen Adligen dem böhmischen König Ottokar II. Přemysl als neuem Landesherrn. Hardegg wird für kurze Zeit Sitz der Regierung. 1260 fallen die Grafen im Kampf gegen die Ungarn, ohne männliche Erben zu hinterlassen. Berthold von Rabenswalde wird der neue Ehemann der Gräfinwitwe. Er ist Gefolgsmann von König Rudolf von Habsburg, lässt Hardegg zur Stadt ausbauen und erweitert die Burg mit gestaffelten Wehranlagen zu einer bedeutenden Festung, die allerdings gegen den gefährlichsten Gegner, die benachbarte Stadt Retz, völlig unwirksam ist. Retz liegt nämlich an einer wichtigen Kreuzung von zwei mittelalterlichen Verkehrswegen und empfiehlt sich als Herrschaftssitz in freundlicher Lage.
Noch kann sich die trutzige Burgstadt unten im Thayatal gegen den Absturz in die Bedeutungslosigkeit behaupten. 1363 wird Hardegg als Castrum regale, als königliche Burg, bezeichnet und bleibt für die Grafen von Hardegg zumindest der emotionale Mittelpunkt ihrer Herrschaft. Der Beleg dafür ist ein Altarrelief in der Schlosskapelle mit der ältesten bildlichen Darstellung der Burg. Es stammt von einem monumentalen Grabmal aus jener Zeit, als die Hardegger Herren zum lutherischen Glauben gewechselt und als führende Protestanten zu einflussreichen Gegnern der katholischen Habsburger geworden waren.
1730 gelangte Hardegg schließlich in den Besitz der Khevenhüller. Johann Carl von Khevenhüller-Metsch ließ die Ruine im Geist der Romantik wiederaufbauen und holte sich dafür den Architekten Carl Gangolf Kayser, einen vielbeschäftigten Mann, der für die Familie Wilczek Burg Kreuzenstein und für die Fürsten von und zu Liechtenstein deren Stammsitz bei Mödling ganz nach mittelalterlichem Vorbild wiederherstellte.
Bis heute ist Burg Hardegg im Besitz der Familie. Mit etwas Glück trifft man dort Francesca Gräfin Pilati von Thassul und würde in der mit einem grauen Arbeitsmantel und festen Stiefeln bekleideten Dame kaum die Burgherrin vermuten. Wenn es nur irgendwie möglich ist, nimmt sie

Bild linke Seite:
Burg Hardegg im Morgenlicht.
Bild links:
Traglaterne in der Burgkapelle.
Bild rechts:
Stadt und Burg Hardegg.

Bild links: **Rätselhaftes Gesicht auf mittelalterlichem Fenstergesims.**
Bild rechts: **Abendhimmel über Burg Hardegg.**

sich Zeit für eine Führung durch das Gemäuer, zeigt die Familiengruft, eine Waffensammlung und eine Ausstellung über Erzherzog Ferdinand Maximilian als Kaiser von Mexiko.
„Der Bergfried muss ein besonderer Kraftort sein", erzählt sie dabei, „jedes Jahr kommt aus Tschechien ein Mann auf die Burg, schwarz angezogen wie ein Magier, ein ganz esoterischer Typ. Er setzt sich auf die Spitze der Burg und lässt sich dort aufladen." Sie ist davon überzeugt, dass Leute, die etwas zu sagen hatten – und meint damit die Grafen Hardegg –, sich ganz bewusst im Wissen um die Geomantie (heute würde man sagen: nach den Regeln von Feng Shui) diesen Platz ausgesucht und danach gebaut haben. „Wahrscheinlich wurde die Burg deswegen nie eingenommen", lautet ihre Schlussfolgerung, „weil die Verteidiger so energetisch aufgeladen waren, dass sie jeden Feind abwehren konnten."
Keine Kraft der Welt konnte jedoch verhindern, dass das Städtchen Hardegg heute nur unter absoluten Insidern als Ferienziel gehandelt wird. Wer aber jemals dort gewesen ist, wird vom Zauber dieses vergessenen Kleinods erfasst. An der Straße steht noch die Rolandssäule als Erinnerung an die Gerichtsbarkeit und unmittelbar daneben die Stadtbibliothek, ein winziges Häuschen, das derzeit als Galerie für heimische Künstler Verwendung findet. Eine Etage höher befinden sich die im Kern romanische Kirche und der Karner aus 1150/60. Der Stadtbummel ist damit absolviert; den Rest des Tages wandert man das romantisch gewundene Tal der Thaya entlang. Ehrensache, dass man sich mit Reiseproviant in der einzigen Greißlerei / Bäckerei des Ortes eindeckt.
Flussabwärts trifft man nach etwa einer halben Stunde Gehzeit den „Einsiedler". An dieser Stelle, so wird erzählt, hat hoch oben im Felsen ein steirischer Ritter in selbst auferlegter Buße gelebt. Er war von einem Kreuzzug nach Hause gekommen, hatte seine Frau in den Armen eines jungen Mannes vorgefunden und beide erschlagen. Im Verbluten sagte ihm der junge Mann, dass er seinen eigenen Sohn ermordet hätte…
Man folgt dem Fluss bis zum Umlaufberg, einem Kegel in einer Thayaschlinge, übersteigt dort einen Sattel und sieht vor sich den Fluss, der hier überraschenderweise von Osten kommt und sich in einer engen Kehre wieder nach Südosten Richtung Burg Neuhäusl (ČZ) wendet.
Flussaufwärts trifft man am Ortsausgang auf Reste der einstigen Stadtmauer und biegt dort hinauf in den Wald, bis sich der Blick auf Burg und Stadt öffnet. Rechter Hand erhebt sich der Reginafelsen, eine markante Felsnase mit Spuren von Mauerwerk, die zu sagenhaften Spekulationen Anlass gegeben haben. Ein Graf hätte das Mädchen Regina aus der Vorstadt begehrt, diese wäre aber nicht willig gewesen, worauf sie der verschmähte Liebhaber kurzerhand auf diesem Felsen einmauern habe lassen. Geologen erklären sich die mauerartige Form des Felsens mit hohem Silikatanteil im Gestein, das vom Flüsschen Fugnitz, das bei Hardegg in die Thaya mündet, ausgeschwemmt und scharf abrasiert wurde. Man steigt nun in die so genannte Vorstadt hinab, in einen Ortsteil, der stets außerhalb der Mauern der Stadt lag. Nach der Rast im Gasthaus „Hammerschmiede" gibt es kein Verirren mehr; nur eine einzige Straße führt zurück in die Stadt Hardegg.

Information

Stadtgemeindamt, Hardegg Nr. 2,
A-2083 Pleißing, Tel. 02948 8450,
www.tiscover.at/hardegg
Burg Hardegg:
Tel. 02949 8225, www.burghardegg.at
Öffnungszeiten: 1. April bis 30. Juni und
1. September bis 15. November
täglich 9.00-17.00,
1. Juli bis 31. August täglich 9.00-19.00 Uhr.

Bild rechte Seite: **Nationalpark Thayatal: Flusslandschaft bei Hardegg.**

Nationalpark Thayatal Podyjí, die verschlungene Grenze

Farbenzauber als Pflichttermin

Bild rechts: **Entenpärchen auf der Thaya.**

Bilderleiste unten: **An der ehemals streng bewachten Staatsgrenze hat sich unberührte Natur erhalten.**

„Zweiundzwanzig verschiedene Waldgesellschaften machen den eigentlichen Reiz unseres Nationalparks aus", erklärt der Nationalparkbetreuer Christian Übl die üppige Farbenpracht des herbstlichen Thayatals. Im Laufe der Erdgeschichte hat sich die Thaya einen 20 bis 25 Meter tiefen Canyon ins Gelände des nördlichen Waldviertels gegraben und dabei zwangsläufig immer wieder ihre Laufrichtung geändert. „Damit sind auf kleinem Raum verschiedene Lebensräume entstanden", deren beachtliche Vielfalt laut Übl einer der Gründe für die Schaffung des kleinsten Naturparks Österreichs bei der kleinsten Stadt Österreichs, nämlich bei Hardegg, gewesen ist.

An der einen Stelle trocknet der Regen rasch ab, unmittelbar daneben bleibt der Boden wieder lange feucht; in die eine Stelle brennt unbarmherzig die Sonne hinein, ein paar Schritte und eine Flusswindung weiter liegt die Landschaft den größten Teil des Tages im Schatten. Im Osten findet sich pannonischer Trockenrasen, der sich wie die Waldsteppen durch besondere Artenvielfalt an Flora und Fauna auszeichnet. In den steilen Schluchten weiter im Westen gedeihen Bergulme und Elsbeere sowie, je nach Gesellschaft, so der Biologe, Heide-Ginster-Traubeneichenwald, Hainsimsen-Eichenwald, Föhrenbestände oder Flaumeichenhochwald.

Die herbstlich sterbenden Blätter verwandeln das Thayatal in die Palette eines Malers. „Die Linden zeigen Gelb, die Eichen sind bräunlich, die Rotbuche wird orange und die Vogelkirsche knallrot", zählt der Naturparkbetreuer nur einige der Farbtöne auf, „und lustigerweise wird die Birne zuerst rötlich und dann schwarz." Zwischen dem matten Grün der Nadelbäume glühen Birken und Ahorn, und auf einer sich am Fluss erstreckenden Wiese leuchten die lila Punkte der Herbstzeitlose.

In Nordamerika, speziell in Neuengland, ist dieses Schauspiel – die Foliage – längst eine Touristenattraktion, der sogar die „New York Times" die Titelseite widmet. Im Thayatal hingegen ist der Farbenrausch Ende September und Anfang Oktober noch ein Geheimtipp für Naturgenießer.

Die Warnschilder „Achtung Staatsgrenze!" stehen noch immer am Ufer der Thaya. Die Grenze zu Tschechien hat ihren Schrecken aber längst verloren. Seit dem Fall des Eisernen Vorhangs gibt es mehr und mehr Grenzübergänge, die den österreichischen Teil, der im Jahr 2000 als Nationalpark Thayatal eröffnet wurde, mit dem Nachbarn im Norden zum „Internationalpark" Thayatal Podyjí verbinden. Das berührendste Beispiel in diesem Zusammenhang ist die Brücke in Hardegg, die noch in den 1980er Jahren bis zur Flussmitte auf österreichischer Seite bestens in Schuss gehalten wurde, drüben aber lediglich aus zwei rostigen Traversen bestand. Gäbe es nicht freundliche Hinweisschilder an beiden Brückenköpfen, würde man heute kaum merken, dass man ins Ausland spaziert – ein Reisepass oder gültiger Personalausweis ist beim Grenzübertritt allerdings nach wie vor erforderlich. Entlang des einst zu Recht gefürchteten Stacheldrahtes verläuft mittlerweile ein Radweg, der jedoch aufgrund seiner Steigungen von bis zu 30% nur außergewöhnlich sportlichen Mountainbikern vorbehalten ist.

Seit 2003 gibt es an der Straße zwischen Merkersdorf und Hardegg das Nationalparkhaus als erste Anlaufstelle für die Besucher, die auf geführten Wanderungen den seltenen Schwarzstorch und den Fischotter beobachten oder sich auf eigene Faust mit der faszinierenden Natur in den verwirrenden Windungen der Thayaschlucht einlassen wollen.

Herbst im Nationalpark Thayatal.

Information

Nationalpark Thayatal Podyjí,
A-2082 Hardegg, Tel. 02949 7005,
www.np-thayatal.at

38

Der König aller Knöpfe

In Felling bei Hardegg liegt die einzige Perlmuttdrechslerei Österreichs

In den 1980er Jahren staunten Biologen nicht schlecht, als sie bei einer Bestandsaufnahme in den Bächen des nördlichen Waldviertels an Stelle der selten gewordenen Flussperlenmuschel auf allerlei Exoten, wie Macassar, Paua-Muschel und die Schnecke Trocas, stießen. Doch nichts wurde aus der Sensation. Die kuriosen Funde stellten sich als entsorgte Reste der Perlmuttdrechslereien heraus, die sich seit dem 19. Jahrhundert in der Gegend um Hardegg zahlreich angesiedelt hatten.
Mit der Erfindung des Polyesterknopfes Ende der 1950er Jahre waren sie zugrunde gegangen, alle, bis auf eine. Rudolf Marchart aus Felling bei Hardegg trotzte der Flaute, trieb immer wieder Geld auf, um Muscheln kaufen zu können. Sein Sohn Bruno übernahm die Perlmuttdrechslerei und führte sie bis zu seinem Tod vor wenigen Jahren. Sein Enkel Rainer Mattejka ist jetzt Chef der Firma, die sich am Markt bestens etabliert hat und nicht nur in der Textilbranche ein Begriff für beste Qualität ist.
Zwar ist Perlmutt im Augenblick nicht reißend gefragt. Nach wie vor hat aber ein gutes Hemd oder ein echter Wachauer Kalmuckjanker ausschließlich solche Köpfe, die von österreichischen Bekleidungsherstellern natürlich von Mattejka bezogen werden, und an einer Knopfharmonika aus der Werkstatt von Ernst Spirk in Laxenburg wird selbstverständlich nur Perlmutt aus Felling verwendet.
In der Firma sind acht angelernte Kräfte beschäftigt, von denen sich jede auf jeden Arbeitsschritt versteht. Es riecht nach Zahnarzt, wenn sich beim ersten Arbeitsgang der Diamantstahlbohrer in die Muschelschalen frisst. Die so erzeugten Rohlinge werden gewaschen, gründlich nachgereinigt und über eine Stärkensortiermaschine geschickt. Lange Rundlinge spaltet man mit behutsamen Schlägen in flache Scheibchen. Mit einem Diamantwerkzeug wird die Fasson gemacht, schließlich hat jeder Maßhemdenschneider seine eigene Vorstellung. Der eine will ein Schüsserl, der andere hingegen bevorzugt einen Spitzerlwulst. Eine nicht ungefährliche Millimeterarbeit ist das Lochen. Größere Stücke müssen nach wie vor mit der Hand unter den feinen Bohrer gehalten werden.
In einer Trommel schleifen sich die Knöpfe wie in einer Waschmaschine gemeinsam mit Wasser, Schwefelsäure und Bimsmehl so lange ab, bis sie glatt sind. Über Nacht kommen sie schließlich in die Poliertrommel, gemeinsam mit Holzwürferln und Polierpaste, um ihren wunderbar haltbaren Nachglanz zu erhalten.
Über einem Spiegel werden die fertigen Winzlinge sortiert. Der Knopfdrechsler will auch die Unterseite jedes einzelnen Exemplars sehen können, schiebt wie ein Bankbeamter beim Kleingeldzählen die Knöpfe hin und her, begutachtet sie und lässt sie schließlich für den Verkauf verpacken.
Der junge Chef setzt vermehrt auf Schmuck aus Perlmutt. Die Designs werden in der Firma selbst erarbeitet. Unter dem vielsagenden Firmenmotto „Mut zur Perlmutt" werden sie in einem eleganten, dem edel schimmernden Material entsprechenden Verkaufsraum der schönen Welt präsentiert oder nach der Führung durch diesen außergewöhnlichen Handwerksbetrieb den Besuchern als Souvenir angeboten.

Information

RM Austria-Perlmuttdesign, R. Mattejka,
A-2092 Felling 37, Tel. 02916 203,
www.perlmutt.at

Bild linke Seite: **In Felling bei Hardegg entstehen aus tropischen Schnecken edle Perlmuttknöpfe.**

Bilder unten: **Ausfräsen der Knöpfe.**

39

Geheimnisvolle Zeichen an der Wand

Die Windmühle von Retz: Wahrzeichen und Geschichtsbuch

Wo beginnt und wo endet das Waldviertel? Im malerischen Retz verläuft die Grenze zwischen den beiden Landesteilen genau durch die Stadt. Nach Osten hin erstrecken sich die Weinberge des Retzerlandes, deren Ernte in den weitläufigen Kellern der Stadt gelagert wird. Der Boden besteht aus kompaktem Sand und ermöglicht relativ einfach das Ausgraben von unterirdischen Gängen. Man hat davon Gebrauch gemacht – in einem Ausmaß, dass man ohne Übertreibung von einer „Stadt unter der Stadt" sprechen kann. Die ältesten Teile stammen aus der Gotik, deutlich zu erkennen an der spitz zulaufenden Decke, und stellenweise werden sie noch heute erweitert. Der Fremdenführer Heinrich Prohaska kennt den Grund für die Jahrhunderte lange Stabilität der einfachen Röhren, die großteils nicht gewölbt, also ausgemauert sind: Ein unterirdischer Wasserstrom, der aus dem Hochland im Westen herabfließt und verlässlich diesen Sand befeuchtet, wodurch die Keller in Form und die dort gelagerten Weine für den Export frisch gehalten werden.

Schon im 11. Jahrhundert war „Rezze" Schnittpunkt zweier mittelalterlicher Handelswege. Ost-West verlief der Thayatalweg, der an dieser Stelle den Nord-Süd verlaufenden Rittsteig von Krems nach Znaim kreuzte. Auf diesen Straßen wurde Retzer Wein in die Welt hinaus geliefert. Er gelangte 1373 an die päpstliche Tafel in Avignon, erzählt Herr Prohaska, fand dort als schlanke Abwechslung zu den üppigen Weinen des Südens Gefallen, wurde aber genauso gut tausend Kilometer in den Nordosten Europas bis Litauen geliefert.

Im Westen von Retz beginnt der Wald und bedeckt das Land durchgehend vom Manhartsberg bis ins Thayatal. Wie Grenzsteine stehen dazwischen der Kalvarienberg mit seinen eindrucksvollen barocken Figuren aus der Hand von Jakob Seer, einem Eggenburger Steinmetz, und die wuchtige Windmühle, ohne die eine Stadtansicht von Retz nicht vollständig wäre.

Maria Theresia und ihr Sohn Joseph II. waren bemüht, jeden Teil ihres Reiches entsprechend mit Lebensmitteln – und daher auch mit Mühlen – zu versorgen. Für die Retzer Gegend bot sich nur die Windkraft an. Es gilt der alte Spruch, dass Retz mehr Wein als Wasser hat. Ende des 18. Jahrhunderts wurden auf 320 m Seehöhe über der Stadt zwei Windmühlen errichtet, von denen sich eine erhalten hat, da sie bereits ein Jahr nach Beendigung des Betriebes 1927 unter Denkmalschutz gestellt wurde.

1830 hatte der gelernte Müller Johann Bergmann diese Mühle gekauft. Er ließ sie zur heutigen Form einer holländischen Mühle umbauen: Auf einem steinernen Kegelstumpf liegt eine kreisrunde Schiene, auf der sich die Kappe (Dach) mit den Windflügeln in jede Windrichtung drehen lässt.

Der Name Bergmann blieb bis heute auf der Mühle. Die Tochter des letzten Müllers, Therese Bergmann, bringt ihren Besuchern die faszinierende Technik dieser noch voll betriebsfähigen Anlage nahe – ein unschätzbarer Beitrag für das Wissen um die Herkunft eines unserer elementarsten Lebensmittel.

Seit dem Bestehen der Mühle haben die dort tätigen Menschen Spuren hinterlassen: versteckte kleine Notizen, ins Holz geschnitzte Jahreszahlen oder eine komplette Buchhaltung, die mit Bleistift auf einem Pfosten notiert wurde. Therese Bergmann hat sich mit großem Eifer und dem heißen Anliegen, dass nur ja nichts verloren gehe, auf die Suche begeben und findet nach wie vor neue Botschaften aus der Vergangenheit.

Am 12. Oktober 2000 wurde die Inschrift FZ 1772

Bild linke Seite: **Das Wahrzeichen von Retz: die Windmühle.**

Bild links: **Am Kalvarienberg über der Stadt Retz.**

Bild rechts: **Gosstrüherlhand am Rüttelwerk der Windmühle.**

Bilderleiste von links nach rechts: **Gotischer Gang** und **Statue des hl. Urban im weit verzweigten Kellersystem von Retz; alte Kornmaße auf einem Metzen; geschnitzter Fisch auf dem Mehlkasten der Windmühle.**

entdeckt. Diese wenigen Zeichen haben viel zu erzählen. Sie sind die Initialen des Erbauers der Mühle, Ferdinand Zinner, und das Baujahr. Der Balken, auf dem sie sich gefunden haben, gehörte zu einer Bockwindmühle, dem ersten Bauwerk auf dem Retzer Kalvarienberg.

Aus der Zeit des Umbaus stammt das Reißbrett mit Ziffern und Zeichen der Zimmerleute. Es zeigt eine geometrische Vorzeichnung und Berechnungen, die in Zoll angestellt wurden, einem Maßsystem, das sich neben Schuh und Fuß in der Windmühle erhalten hat. Bewundernswert, mit welch einfachen Mitteln ein derartiger Bau geplant werden konnte!

Die Gewichtseinheit früherer Tage war der Metzen. Benutzt wurden geeichte Holzschaffel, die nach heutigem Maß etwa 61,5 Liter oder 42 kg Weizen entsprechen. Der Kunde konnte auf die Rechtschaffenheit des Müllers bauen, denn die beiden Metzen aus 1833 bzw. 1844 tragen das behördliche Eichzeichen und, quasi als Amtssiegel, den Doppeladler.

Die Jahreszahl 1857 auf einem Holztram des Untergeschosses wurde von Johannes Tobias Bergmann nach Fertigstellung der Turmwindmühle angebracht – zu einer Zeit, als diese Form europaweit eine Hochblüte erlebte, bevor die unzuverlässige Windkraft von Dampfmaschinen, Diesel- und Elektromotoren abgelöst wurde.

„Es klappert die Mühle", heißt es im Volkslied. Das monotone Geräusch rührt vom „Rüttelwerk" her, bei dem ein Hebel gegen das „Gosstrüherl" schlägt. In Retz ist dieser Hebel als Hand ausgebildet, Symbol für die mühevolle Arbeit des Müllers.

Kreuz und Fisch sind christliche Zeichen. In den Katakomben von Rom benutzten die frühen Christen den Fisch als Geheimzeichen; auf dem Beutelkasten der Mühle lässt er an die biblische Brotvermehrung denken, bei der ganze Volksscharen mit sieben Brötchen und einigen Fischen gesättigt wurden – „Gib uns unser täglich Brot!" als frommes Anliegen des Müllers in der Windmühle zu Retz.

◎ ***Wandertipp:*** In Retz beginnt jede Wanderung auf dem Hauptplatz mit Blick auf Rathaus, Stadtbrunnen, Mariensäule und Sgraffitohaus. Für den 7,4 km langen Wenzelsteig verlassen wir die Stadt durch das Verderber- und Znaimertor, biegen links in die Windmühlengasse ein. Von der Windmühle aus sehen wir hinter Weingärten bereits die Kreuzigungsgruppe des Kalvarienbergs und ein Hinweisschild auf den Soldatenfriedhof. Wir folgen nun dem Weg hügelan entlang eines Föhrenwaldes bis zum „Büd'lbaum", wo wir uns nach rechts wenden, nach ca. 600 m wieder rechts abbiegen und durch den Haidgraben zum Reiterhof „Schwarze Föhre", einer Jausenstation, gelangen. Über den Wenzelsteig erreichen wir die Bundesstraße, überqueren diese und gehen entlang des Retzer Altbaches durch die Kaiserallee bis in die Lange Zeile. Nach einem Heurigenbesuch gelangen wir (hoffentlich!) wieder zurück auf den Hauptplatz.

Literatur: *Therese Bergmann: Die Retzer Windmühle. Ihre Geschichte in Ziffern und Zeichen. Retz 2006 (Verlag Günther Hofer), erhältlich bei der Autorin in der Retzer Windmühle.*

Information

Tourismusverein Retz, Hauptplatz 30,
A-2070 Retz, Tel. 02942 2700, www.retz.at

Region Laínsítztal

40 Durch den Feuerlauf zur Reinkarnation

Großschönau: Der Lebensenergie auf der Spur

Die Bioenergiemesse (BIOEM) zieht seit Jahren umweltbewusste Zeitgenossen nach Großschönau im nordwestlichen Waldviertel. Das Dorf mit gerade 300 Einwohnern und 13 Katastralgemeinden ist damit jenen Beweis angetreten, dass es in vielerlei Hinsicht auch anders gehen kann:
Anders als üblich mit der Umwelt umzugehen – sie ist schließlich unsere einzige.
Anders zu denken als üblich in einer Gegend, die vom Tourismus nicht unbedingt verwöhnt wird. Man braucht dazu nur gute Ideen und ausreichend Optimismus.
Anders die Welt zu betrachten als üblich. Den Schritt wagen, der abseits von Wissenschaft und Realität führt.
Die Natur um Großschönau ist noch intakt. Landwirtschaft wird hier behutsam betrieben, keine Industrie verpestet die Luft, und der Wald ist noch für alle da, die sein Angebot an schattigen Wanderwegen und schmackhaften Pilzen zu würdigen wissen.

Für den Tourismus gilt in Großschönau der alte Spruch, dass alle in die Kirche hineingehen, wenn nicht alle hineingehen. Dass sich Massen von Besuchern einstellen, hat man ohnehin nicht zu befürchten. Denjenigen aber, die kommen, werden genügend stille Attraktionen geboten, die allerdings beachtliche Anforderungen an den Gast stellen. Die folgende Checklist soll behilflich sein, sich für eine Ferienwoche in Großschönau entsprechend zu rüsten.

Im Reisegepäck sollten genügend Kunst- und Kulturinteresse verstaut sein. Keine Angst – es erwartet Sie keine teure Hochkultur! Ein simpler Erlebnisweg verschafft Ihnen Kunstgenuss. Über das Gemeindegebiet verteilt, finden sich Holzskulpturen, die im Verlauf von drei Symposien von insgesamt 19 international anerkannten Künstlern (u. a. aus Finnland, Japan, Litauen) geschaffen wurden. Sie sind schön zum Anschauen und gleichzeitig angenehme Rastplätze auf der zirka fünf Kilometer langen Tour.

Mitzubringen ist auch ein Blick, der sich an den aufsteigenden Nebeln erfreut, die am Ende eines sonnigen Wandertages über die Landschaft schleichen. In diesem geheimnisvollen Grau wurden die alten Geschichten geboren, die abends an der Schank des Schönauerhofes erzählt werden.

Die wichtigste Reiseausrüstung für Großschönau ist jedoch der Wille, einen Blick hinter die gewohnte Wirklichkeit zu tun. Die Bereitschaft dazu ist schon genug – alles andere wird im BETZ (BioEnergetisches TrainingsZentrum) erledigt. Das umfangreiche Seminarprogramm bietet Kurse in Nuad-Thai Bodywork, Pentalogie, Lichtmeditation, Lomi Lomi und Massage nach Dorn und Breuss.

Wer mit diesen Begriffen nichts anzufangen weiß, erhält umgehend das Kursprogramm mit ausführlichen Erläuterungen zugeschickt. Verständlicher werden in diesem Zusammenhang die Vorhaben Gesund-Fasten, Erfolg-Reich-Sein und Kreative Entscheidungsfindung. Neugierig machen Veranstaltungen wie Reinkarnation, Engel begleiten dich durch dein Leben sowie der Feuerlauf.

Dauerbrenner ist die Einschulung in die Radiästhesie, in den Umgang mit Wünschelrute und Pendel. An der Hand von Profis wie Klaus Brudny, Paul Jonas und Alois Melber taucht der Seminarist in die Welt der Energien und Schwingungen ein. Wer bis dahin noch gezweifelt hat, wird von der Überzeugungskraft dieser Herren überwältigt, zumal sich unter ihrer fachkundigen Anleitung die Wünschelrute auch in der Hand eines Laien tatsächlich am richtigen Ort in der richtigen Weise zu bewegen beginnt. Man erfährt von der praktischen Anwendung beim Brunnensuchen und der Bauplatzmutung, erlernt die Wesenheit von Globalgitternetz und Curry-Gitter und setzt sich mit Verwerfungen, geologischen Brüchen, Energiefeldern und geomantischen Zonen auseinander.

Das neu erworbene Können wird auf dem 1. niederösterreichischen Wünschelrutenweg getestet. Er führt über den Kreuzberg zur Johannesbergkirche und zurück vorbei an Felsformationen wie der Steinernen Stube zur Pfarrkirche von Großschönau, deren Altar laut Geomanten entlang von Strahlenfeldern liegt. Dieses im Kern romanische Gotteshaus mit den sonderbar gewundenen Säulen unter dem Singchor und ungeklärten

Bild linke Seite: **Abendnebel bei Harmannstein (Gemeinde Großschönau).**

Bild unten: **Tabernakelpfeiler (15. Jh.) an der Straße nach Oberwindhag.**

Stationen auf dem Wünschelrutenweg: **Modernes Holzkunstwerk** und **romanischer Kreuzstein.**

gotischen Symbolen an den Konsolsteinen des Triumphbogens steckt voller Mystik.

Die einzelnen Stationen des Wünschelrutenweges sind bestens beschildert. Der Inhalt dieser Informationstafeln – geheimnisvolle Zeichen, Linien und Gitter – erschließt sich vollends jedoch nur demjenigen, der sich mit nötigem Ernst und entsprechender Aufmerksamkeit einem Kurs im BETZ unterzogen hat.

Information

Tourismusbüro Großschönau,
Harmannsteiner Straße 120,
A-3922 Großschönau, Tel. 02815 7003,
www.gross.schoenau.at oder
www.wuenschelrute.at oder www.betz.at

Bild rechte Seite: **Gotisches Kircherl auf dem Johannesberg bei Harmannstein.**

Vom Hannsberg angezogen

Johannesberg: Ein Kircherl statt der Burg

Bilderleiste von links nach rechts: **Malerischer Aufgang zum Haupteingang der Kirche; Steinschale neben dem Gipfelkreuz des Johannesberges; das himmlische Jerusalem (Fresko 15. Jh.) im Chor der Johannesbergkirche.**

Das Kircherl auf dem Gipfel des Johannesberges (839 m) bei Harmannstein ist von unten kaum zu sehen, nur die Spitze des kleinen Dachreiters ragt über die Wipfel hinaus. Trotzdem kommt man nicht drum herum – man muss zu ihm hinauf steigen! Den Schlüssel dazu gibt es beim letzten Bauernhaus am Fuß dieses Bergerls. Von dort sind es nur ein paar Minuten, bis man vor einer abweisenden hohen Mauer und einer gotischen Apsis steht, deren kantige Stützpfeiler sich an einen Felsen klammern, den man auf einer schmalen Balustrade umrundet. Eine enge, steile Stiege führt schließlich zum Eingang der Kirche hinauf.

Gegenüber dem niedrigen Portal erhebt sich ein Felsmassiv mit einem nackten hohen Gipfelkreuz, das sich in einer mit Wasser gefüllten Steinschale spiegelt. Man steht nun vor einer Opferstätte und dem Tummelplatz von Zwergen, den kleinen Geistern des Steines, wird einem von durchaus vernünftigen Leuten versichert, und sie schwören darauf, bei ausgezeichnetem seelischem und geistigem Wohlbefinden während einer Rast diese rätselhaften Gestalten beobachtet zu haben.

Erdgeister haben offenbar keine Scheu vor dem katholischen Gotteshaus, das ihnen im späten Mittelalter vor die Nase gesetzt wurde. 1162 wird an dieser Stelle eine Burg des Kuenringers Hadmar II. genannt, die allerdings bereits 1319 als „öde" bezeichnet wird. Die Zisterzienser des Stiftes Zwettl errichteten auf den Trümmern 1381 eine Filialkirche der Pfarre Großschönau, die nach dem Hussitensturm um 1425 neu gebaut werden musste und 1452 geweiht wurde.

In den Mauern des Gebäudes ist das Mittelalter noch zu spüren: im Granit des Netzrippengewölbes, des Sakramentshäuschens und der Sitznische, allesamt Zeugnisse hoher Steinmetzkunst der Gotik. An den Wänden im Chor tauchten bei gründlichen Reinigungsarbeiten Reste von spätgotischen Fresken auf, unter anderem das Abbild des himmlischen Jerusalem aus der Apokalypse und ein mächtiger Christophorus. Interessant ist die seltsame Symbolik, mit der sein Bild bereichert wurde. Während der Heilige, auf einen Baumstamm gestützt, das Christuskind trägt, versucht ein dicker Skorpion dessen Schritt zu hemmen.

Das Fresko wird teilweise vom Hauptaltar verdeckt, einer Schnitzarbeit mit der Taufe des Johannes und anbetenden Engeln vermutlich aus dem 18. Jahrhundert. Als in den 1990er Jahren Experten die wertvollen Fresken besser zur Geltung bringen und den Altar aus der Johannesbergkirche entfernen wollten, stießen sie auf Widerstand der Bewohner von Harmannstein, die auf ihrem Johannesaltar beharrten. Er wurde in der Folge restauriert und präsentiert sich nun in ungewöhnlicher Farbenpracht.

Die „Madonna vom Hannsberg", eine Schnitzarbeit aus der Zeit um 1450, ist nur mehr als Kopie zu verehren; das Original befindet sich im Diözesanmuseum in St. Pölten – aus leider allzu verständlichen Gründen, denn 1981 wurden von einem der beiden Seitenaltäre eine Taufe-Christi-Skulptur aus dem 19. Jahrhundert sowie vier geschnitzte Kerzenleuchter gestohlen.

Über den Sängerchor erreicht man den Dachboden und kann von dort in den Dachreiter zur Glocke hinaufsteigen. Vorsicht ist allerdings bei einem aufziehenden Gewitter angebracht. 1746 wurde Adam Göschl beim Wetterläuten vom Blitz erschlagen. An einem sonnigen Tag wird die Mühe des Aufstiegs zum höchsten Punkt der Johanneskirche jedoch mit einer nahezu unbeschränkten Fernsicht über das nordwestliche Waldviertel belohnt.

Information

siehe Großschönau.

An der Quelle des Bieres

Weitra: Der Nachtwächter erzählt

Im Brauhotel am Rathausplatz werden der Humpen gehoben und ein Hoch ausgebracht: auf Hademar II. Kuenring. Er hat zwischen 1201 und 1208 Weitra als planmäßige Burgstadt gegründet, nachdem er dieses Gebiet 1177 für seine Unterstützung im Kampf gegen den Böhmenherzog Sobieslaw II. erhalten und vorerst im nahen Alt-Weitra in einer ehedem versumpften Niederung seine Verwaltung eingerichtet hatte. Sie fand mit dem Entstehen von Stadt und Burg oben auf dem felsigen Berg ihren neuen Sitz. So berichtet es die Landeschronik von Niederösterreich (Karl Gutkas, 1990), die sich auf historische Quellen stützt.

Ganz anders erzählt das Deckengemälde im Rathaus von Weitra die Gründung der Stadt. Ein gewisser Veit Ursini sei 638 aus dem Süden über die

Bild oben: **Der Nachtwächter von Weitra in der frühgotischen Zisterne.**
Bild rechts: **Bierspezialität im Brauhotel: ein „Gestacheltes".**

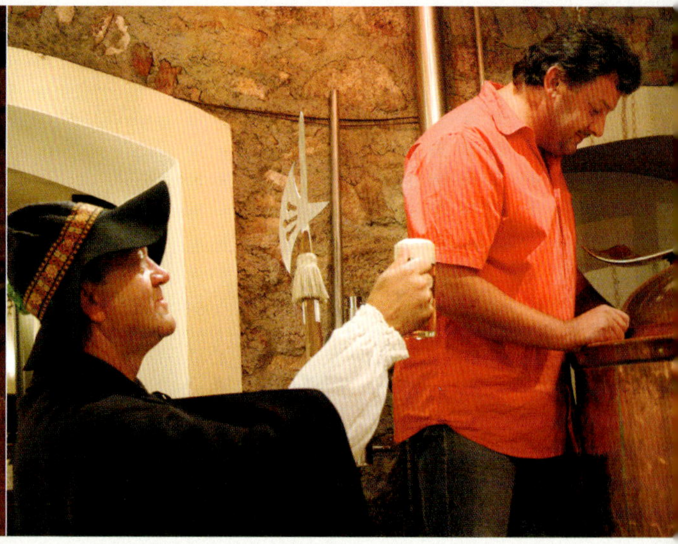

Bild links: **Sudkessel in der Brauerei des Brauhotels.**

Bild rechts: **Nachtwächter und Braumeister bei der „amtlichen Bierverkostung".**

Donau gekommen und habe hier eine Schlacht gegen die Heiden geschlagen. Mit Veitrach (der „Rache des Veit" als Herkunft des Namens Weitra) wurden die Feinde christianisiert. Seine fünf Söhne habe er mit der Rose belehnt: in Tschechien Krumau, Neuhaus, Tabor und Gratzen sowie in Österreich Weitra.

Jenseits der Staatsgrenze gibt es eine dritte Version zu den Anfängen von Weitra. Im Norden des heutigen Österreich habe der slawische Fürst Vitorad oder Vitoraz gelebt. Seine Herrschaft soll von der heutigen Grenze zu Tschechien im Norden bis zur Donau im Süden gereicht haben. Nach seinem Tod sei das Reich zerfallen und soll von deutschsprachigen Ansiedlern besetzt worden sein.

Historiker beider Seiten stimmen mittlerweile überein, dass es sich dabei um einen Mythos handelt, der im 19. Jahrhundert im Zuge der unseligen Nationalisierungswelle Mitteleuropas aufgekommen ist.

Anlass war eine Eintragung in den Annalen eines Klosters in Fulda aus 857. Sie berichtet von der Eroberung der Burg des Wiztrach, die von den Urhebern des Mythos an der Stelle von Alt-Weitra vermutet wurde. Aus Wiztrach entwickelten sich Vitorad und Weitra sowie in der Folge – nach dem Zerfall der Habsburgermonarchie – der Landstrich Vitorazsko. Er umfasst die Region der so genannten 14 Gemeinden (siehe Gmünd, S.138), die nicht zuletzt aufgrund dieser Sage von der Tschechoslowakischen Republik gefordert und mit dem Vertrag von St. Germain-en-Laye (10. September 1919) an diese abgetreten wurden.

Nachdem der Eiserne Vorhang gefallen ist, wird wieder miteinander geredet. Wachtürme und Stacheldraht sind spurlos verschwunden. Aber noch immer sind beiderseitig gewaltige Bemühungen notwendig, um die „Grenze im Kopf" zu überwinden. In diesem Sinn lädt die Ausstellung „Schauplatz Eiserner Vorhang" im Schloss Weitra zu einer „Reise entlang der ehemaligen Bruchlinie Europas" ein.

Aus dem anfänglich munteren Biergelage wird also mit einem Schlag besinnliches Aufarbeiten der Geschichte. Heiterkeit stellt sich erst wieder ein, wenn der Nachtwächter zur Gesellschaft stößt. Mit weitem Mantel, Kniebundhose und einem Schlapphut, bewaffnet mit Laterne und Hellebarde, ist er zur nächtlichen Führung durch die Stadt bereit. Zuvor wird noch ein Hoch ausgebracht: auf Friedrich III. den Schönen, Herzog von Österreich, später deutscher König.

Nach dem Niedergang der Kuenringer war Weitra landesfürstlich geworden. Die Stadt hatte jedoch nichts von ihrer Bedeutung als Grenzfeste eingebüßt. Der Nachtwächter Egon Haumer weiß zu berichten: „Deswegen hat es bereits früh das Stadtrecht gegeben, 1321. Es war mit Privilegien verbunden, mit dem Zoll- und Mautrecht, und" – verschmitzt lächelnd hebt er das Glas mit Gerstensaft – „dem Recht der Bürger, ihr eigenes Bier brauen zu dürfen." Innerhalb der Bannmeile

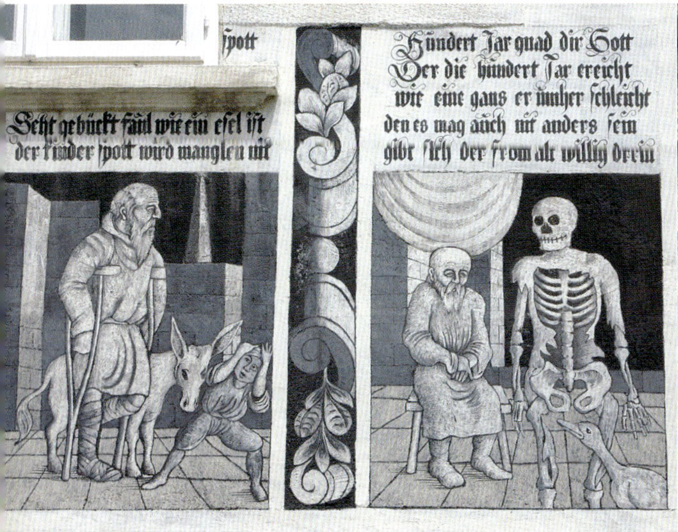

(7,58 km) durfte kein anderes Bier als solches aus Weitra ausgeschenkt werden. Im 16. Jahrhundert gab es die erste Brauzunft in Niederösterreich, und bis in die jüngste Vergangenheit legten Brauer ihre Gesellenprüfung in Weitra ab, erzählt der Nachtwächter: „Das Recht selber wurde nicht an Personen vergeben, sondern an die Häuser gebunden, radiziert, verwurzelt." Nahezu jedes Haus trägt die Tafel „Braugerechtigkeit seit 1572".

Im Brauhotel in der ältesten Braustadt Österreichs hat man auf dieses Recht zurückgegriffen und im Keller eine Brauerei eingerichtet. Zuschauer sind ausdrücklich erwünscht, wenn Braumeister Johann Führer Malzschrot in Wasser einmaischt oder den Sud von der Pfanne in den Läuterbottich und wieder zurück in die Sudpfanne füllt, um dort den Hopfen zuzugeben. Wenn die Würze ordentlich gekocht ist, kommt sie in den Gärtank und wird mit Hefe versetzt. Man kann sich davon überzeugen, dass außer Hopfen, Wasser, Malz und der Zuchthefe sonst nichts dazugegeben wird. Zur gebotenen Reinheit gesellt sich die Güte des Getränks, die, je nach Gusto, mit einem „Gestachelten" gesteigert werden kann. In das Glas wird ein erhitzter Eisenstachel getaucht, das Bier schäumt auf, verliert überschüssige Kohlensäure und wird um eine Spur süßer als zuvor.

Nach einem Hoch auf den kundigen Braumeister mahnt der Nachtwächter zum Aufbruch: „Liebe Leute, lasst euch sagen, was sich hier einst zuge-

Bild oben links: **Szene aus den Lebensaltern auf dem Sgraffitohaus am Hauptplatz.**

Bild oben rechts: **Ein architektonischer Schatz von Weitra: Balkendecke aus 1500 im Auhof.**

Bild oben: **Erstaunlich prächtig gestaltet: das Schlosstheater von Weitra.**

tragen, jeder Stein seine Geschichte hat, auf dem gebaut worden ist unsere Stadt."
Nach wenigen Schritten wird bereits Halt gemacht, vor dem Haus Rathausplatz 4. Sgraffitomalerei aus 1580 schmückt dessen Fassade. Im Obergeschoss wird der Mann in zehn Lebensjahrzehnten jeweils mit einem Tier verglichen: mit einem Ziegenbock der junge, mit einem Kater vor dem Ofen der alte. Dem Neunzigjährigen werden Esel und Affe zugesellt und dem Hundertjährigen der Tod und die Gans mit einem wenig trostvollen Spruch, der da lautet: „Lieber Freund, füge dich willig drein, jetzt wirst gerupft." „Ich bin mir sicher, dass der Künstler ein unverheirateter Mann war, sonst wären die drei letzten Bilder leer", macht sich der Nachtwächter seinen eigenen Reim auf dieses eigenwillige Curriculum vitae.
Hinter dem Rathaus in der Mitte des Platzes, der in zwei Etagen von wunderschönen historischen Fassaden gerahmt ist, öffnet der Nachtwächter die kleine Tür zur Zisterne. Im Mittelalter wurde dieses Wasserreservoir für die Stadt angelegt. Gespeist wird das frühgotische Gewölbe durch drei „Quellen": vom Regenwasser, das von oben hereinsickert, vom Grundwasser, das sich trotz felsiger Höhe einstellt, und vom Überlauf eines Brunnens im Gasthaus schräg oberhalb der Zisterne. Die Wirtin wundert sich längst nicht mehr, wenn Scharen von Besuchern im Keller verschwinden, um sich bei der Wasserversorgung ihres Lokals umzusehen.
Zurück im oberirdischen Weitra, geht es nun zum Auhof zwischen Rathaus- und Kirchenplatz. Der seinerzeitige Sitz der herrschaftlichen Wirtschaftsverwaltung hütet einen der größten Schätze der Stadt. Um 1500 wurde ein Tonnengewölbe mittels einer Balkendecke verkleidet. In 19 Trame sind Blüten, Blätter und Sternmuster in Kreisformen geschnitzt. Der Nachtwächter meint, dass der Künstler ein begeisterter Weintrinker gewesen sein müsse, da sich so viele Weinsymbole fänden. „Und in dem Vogel, der an Weintrauben pickt, hat sich der Meister selbst verewigt, nimmt man an." Die dunkle Farbe, abgesehen von einigen Brandspuren, erhielt das Holz durch die Behandlung mit warmem Stier- und Ochsenblut, das mit Galle vermischt wurde. Wohlig beheizt wird der Raum durch einen Kachelofen, damit es Brautpaaren, die im spätgotischen Ambiente standesamtlich heiraten, beim Jawort nicht fröstelt.

Während die Gesellschaft dem Schein der Laterne durch die Stadt folgt, ist hinreichend Zeit für Plaudereien vorhanden. Seit dem Jahre 2000 gibt es in Weitra wieder drei Nachtwächter, allerdings nur zur Betreuung von Besuchern. Der letzte „echte" Nachtwächter hatte den Dienst vor dem Ersten Weltkrieg quittiert, und dennoch wurde die Tradition persönlich weitergegeben. Egon Haumer erinnert sich: „Wir sind beisammengestanden und haben die Route besprochen. Eine Frau hat zugehört und geschmunzelt. Ihr Großvater war der letzte Nachtwächter von Weitra gewesen."
Von einem Aussichtsplatz auf der Stadtmauer überblickt man die nächtliche Vorstadt beziehungsweise die Reihe der Straßenlaternen. Dort wurden früher all jene Gewerbe angesiedelt, die man wegen des Gestanks und des Wasserverbrauchs nicht in der Stadt herinnen litt, wie den Färber, den Gerber und den Lederer. Trotz der Finsternis sieht man dahinter die Lainsitz und den Verlauf der Böhmstraße, eines alten Handelsweges, der, vom Süden kommend, durch

Bild linke Seite:
Weitra, die Stadt am Fuß des Schlossberges.
Bild links:
Die Vorstadt außerhalb der Stadtmauern.

Weitra über den Böhmberg zur nächsten Station nach Gratzen führte.

Die Nachtwächterrunde dreht sich über den Hofgraben und die Schlossgasse ihrem Ende zu. Das Schloss selbst, ein Musterbeispiel der Renaissance, ist um diese Stunde freilich versperrt, wenn nicht gerade eine Vorstellung stattfindet. Sommer für Sommer treffen namhafte Schauspieler in Weitra ein, um lustvoll das kleine Schlosstheater zu bespielen. 1885 wurde es nach Plänen von Helmer und Fellner, den Architekten der Grazer Oper und des Wiener Volkstheaters, erbaut und ausgestaltet.

Für das Besichtigungsprogramm des nächsten Tages gibt es vom Nachtwächter noch Anregungen: Bürgerspital und Spitalskirche mit frühgotischem Chor und gotischer Wandmalerei im Inneren, die Bleikristallschleiferei Ruß, die Zwirnknopffabrikation oder das Museum Alte Textilfabrik als Andenken an die großen Zeiten von Teppich-, Möbelstoff- und Dekorweberei im Waldviertel. Im Schloss selbst ist es das Braumuseum, das Egon Haumer zum Hoch auf seine werten Gäste inspiriert: „Liebe Leute, lasst euch sagen, den Nachwächter tut der Durst jetzt plagen. Nehmt das Bier und füllt den Krug und trinkt ihn aus in einem Zug!"

Information

Gästeinformation Weitra,
Rathausplatz 1, A- 3970 Weitra,
Tel. 02856 2998, www.weitra.at

Schloss Weitra: Tel. 02856 3311,
www.schlossweitra.at
Öffnungszeiten: Mai bis Oktober,
täglich von 10.00 bis 17.30 Uhr,
dienstags geschlossen.

Brauhotel Weitra:
Rathausplatz 6, A-3970 Weitra,
Tel. 02856 2936 0, www.brauhotel.at

43

Prellbock der Geschichte

Gmünd: Eine geteilte Stadt wächst zusammen

Gmünd, Hauptplatz.

Bis zum Fall des Eisernen Vorhangs war in Gmünd Endstation, diesseits und jenseits der schwer bewachten Grenze. Ein Übertritt war nur möglich, wenn man sich zuvor umständlich ein Visum besorgt hatte. Die Reichsstraße und die einst gefeierte Eisenbahnverbindung nach Prag, die Franz-Josefs-Bahn, waren unterbrochen. Die Leute erinnern sich noch, dass es gefährlich war, im Winter auf der Straße nach Litschau von der Fahrbahn auf die falsche Seite hin abzurutschen. Sie erzählen, dass die Wageninsassen festgenommen und „drüben" tagelang verhört wurden – Alltag in einer geteilten Stadt; Berlin an der Lainsitz, dessen düstere Attraktion tschechoslowakische Wachtürme mit schwer bewaffneten Posten waren.

Es sind nur etwas mehr als eineinhalb Jahrzehnte seit der Wende 1989. Sie scheint jedoch unendlich fern zu liegen, weil man als Besucher der Stadt heute nichts mehr davon merkt. Denn in Gmünd-Neustadt herrscht rege Betriebsamkeit. Den historischen Hauptplatz der Altstadt mit seinen freundlichen Geschäften und gemütlichen Lokalen genießen die Einwohner als Treffpunkt zum entspannten Plausch, und man unternimmt einen Spaziergang nach České Velenice, um sich im Kulturhaus Beseda in einer Ausstellung in die gemeinsame Vergangenheit der beiden Städte zu vertiefen.

Aufgrund seiner Grenzlage wurde Gmünd immer wieder von Truppen und kriegerischen Scharen heimgesucht. In den Hussitenstürmen brannte die Pfarrkirche St. Stephan ab, in der folgenden Reformation lag Gmünd zwischen den Fronten der tschechischen Protestanten und des katholischen Kaiserhauses. In den Napoleonischen Kriegen wurden die Bürger gezwungen, durchziehenden Truppen Unterkunft und Verpflegung bereit zu stellen. Die gleiche Heimsuchung wiederholte sich in den 1860er Jahren im Krieg

Bilderleiste von links nach rechts:
Kultplätze unter sich: spätgotische Fresken in der Pfarrkirche; Detail der neugotischen Einrichtung der Pfarrkirche; mystische Steinschale in der Blockheide.

Kirche erhielt in den 1950er Jahren ihr heutiges Aussehen.
Vom Ende des Ersten Weltkriegs und dem Zerfall der Monarchie war Gmünd in besonderer Weise betroffen. Am 10. September 1919, als in St. Germain-en-Laye die Friedensverträge unterzeichnet wurden, musste Österreich mit der Anerkennung der Tschechoslowakischen Republik an diese gleichzeitig das Gebiet der so genannten „14 Gemeinden" mit einer Fläche von 118 km² abtreten. Als Folge der neuen Grenzziehung wurde von der Gemeinde Wielands das Areal mit dem Bahn-

Österreich gegen Preußen, als Gmünd wieder von Soldaten beider Seiten überströmt wurde.
Im Ersten Weltkrieg wurden bereits im Jahr 1914 zehntausende Einwohner aus den österreichischen Kronländern Bukowina und Galizien evakuiert. In nächster Nähe zur Stadt Gmünd entstand auf einem landwirtschaftlich kaum genutzten Areal eine Barackensiedlung für die heimatlos gewordenen Österreicher, großteils Ruthenen aus der Ukraine. Innerhalb kurzer Zeit war ein Flüchtlingslager errichtet worden, mit Werkstätten, kulturellen Institutionen und einer Holzkirche in orthodoxem Stil. Betreten konnte man das Lager nur durch das Lagertor, das bis heute an den eigentlichen Anlass für die Gründung von Gmünd-Neustadt erinnert. Alles andere hat sich durchaus zum Vorteil gewandelt. Aus den Baracken an den schnurgerade angelegten Straßen wurden moderne Wohnhäuser, Industrie wurde angesiedelt und ein Krankenhaus gebaut. Die

hof und der Eisenbahnwerkstätte, ehemals Kaiser Franz Josephs Bahn Central Werkstätte-Gmünd, abgetrennt. Neues Zentrum wurde České Velenice.
Kurios ist der Grund für den Streit um diese Gemeinden, die durchwegs gemischtsprachig waren, seit der Gründung von Gmünd durch die Kuenringer jedoch zu Niederösterreich gehörten. Der heutige Name dieses Grenzgebietes ist Vitorazsko, der wiederum auf einen Mythos zurückgeht. Im Norden des heutigen Österreich, etwa in den Grenzen des Waldviertels, soll im 9. Jahrhundert ein slawischer Fürst Vitorad oder Vitoraz geherrscht haben. Seine Hauptstadt sei Weitra gewesen. Nach seinem Tod sei das Fürstentum, so berichtet die Sage, zerfallen. Es wurde von der Donau her von deutschen Ansiedlern in Besitz genommen.
Von tschechischer und österreichischer Seite wurde gemeinsam der Geschichte nachgegan-

Glasbläser im Glas- und Steinmuseum.

gen. Das Ergebnis: In den Fuldaer Annalen gibt es eine Eintragung aus 857, derzufolge in der ersten Hälfte des 9. Jahrhunderts ein böhmischer Magnat lebte, der Witzrach genannt wurde. Aus Witzrach wurde Vitorad und das nach ihm benannte Land Vitorazsko.

Die Historiker sind sich einig, dass die Namensumwandlung und damit der Mythos erst im 19. Jahrhundert entstanden sind – in einer Zeit, als Mitteleuropa in einen nationalistischen Taumel gefallen war und die gegenseitige Abneigung mit Göttersagen und Heldengeschichten begründet wurde. Die verhängnisvolle Wirkung dieses allseitigen Kramens im Dunkel der Vorgeschichte ist hinlänglich bekannt. Auf der einen Seite war es der Nationalsozialismus, der Europa in Brand steckte, auf der anderen tödlicher Hass, der sich letztlich in gewaltsamen Vertreibungen deutschstämmiger Tschechen – Gmünd wurde wieder zum Flüchtlingslager – und in den Benesch-Dekreten manifestierte.

Die Dornen sitzen noch immer im Fleisch, wenngleich die Wunden vernarbt sind und die Auseinandersetzung auf der Ebene von möglichst sachlichen Diskussionen verläuft. Auch die Grenze ist offen. Als Reisender wird man bald nichts mehr von ihr merken. Bis allerdings Stacheldraht und Grenzbalken auch in den Köpfen abgebaut sind, werden noch einige Zeit und mehr als ein Generationswechsel vergehen müssen.

◎ ***Wandertipp:*** Was wäre ein Besuch von Gmünd ohne den Naturpark Blockheide Gmünd-Eibenstein? Die entsprechende Einführung vermittelt das Glas- und Steinmuseum auf dem Stadtplatz. Von dort ist es nicht weit zum Naturdenkmal Malerwinkel am Ufer der Braunau, einem der Ausgangspunkte zu einer Blockheidewanderung. Man peilt die Grillensteine an und steigt dort in die große Runde ein, die zu all den fantastischen Attraktionen dieses Naturparks führt: Christophstein, Wackelstein (wackelt leider nicht!), Mondteiche, Gedenkstein „Lutherische Kirche“, Eibenstein und Hausstein.

Höhepunkt im wahrsten Sinn des Wortes ist der Aussichtsturm mit Informationszentrum. Gezeigt wird dort „Die Geburt der Wackelsteine“, eine Ausstellung mit großem Erlebnisfaktor. In begehbaren Modellen reist man zurück in die Erdgeschichte, lernt einen sprechenden Stein kennen,

der über seine Entstehung erzählt, und erlebt ein Gewitter in der Eiszeit.
Für Kinder wurde der Marienkäferweg ausgesteckt, mit 20 Stationen, an denen die Kleinen Natur pur erleben können.
Da auch das beste Informationsmaterial angesichts dieser Fülle an Attraktionen einen guten Geschichtenerzähler und kundigen Begleiter nicht ersetzen kann, ist es empfehlenswert, sich zumindest beim ersten Besuch einer Führung anzuschließen.

Literatur: Jirí Oesterreicher: Ge(h)schichte(n) zweier Städte als Reiseführer zum Themenweg. České Velenice 2005 (České Velenice, Hg.).

Information

Tourismusamt Gmünd, Schremser Straße 6, A-3950 Gmünd, Tel. 02852 52506, www.gmuend.at

Blockheide und Glas- und Steinmuseum Gmünd: Informationsbüro der Stadtgemeinde Gmünd, Stadtplatz 34, A-3950 Gmünd, Tel. 02852 5250638, www.blockheide.at

Bilderleiste von links nach rechts:
Begegnungen in der Blockheide: Heidegras, Aussichtsturm und **Steinformation.**

44

Ein Blick in die Unendlichkeit

Die Sternwarte bei Höhenberg: Weltraumforschung im Waldviertel

Für viele von uns längst ein ungewohnter Anblick: Über dem Dorf Höhenberg nahe Gmünd ist der Himmel klar und voller Sterne. Einen davon darf man sich aussuchen, seinen persönlichen Glücksstern, und einmal ganz aus der Nähe anschauen, dank der vor kurzem dort errichteten Sternwarte.

Die Auswahl überlässt man dem Astronomen Hermann Lahofer, der mittels eines Lichtlasers das Sternbild Herkules nachzeichnet und das Teleskop darauf einrichtet: „Ein Trapez aus vier Sternen. Genau in der Hälfte, mit freiem Auge nicht sichtbar, befindet sich ein Kugelsternhaufen, ein Überbleibsel aus der Entstehung unserer Galaxie." Die Milchstraße zieht sich als feiner Lichtschleier von Horizont zu Horizont, und wir stehen hier heroben im Waldviertel mitten drin, als unvorstellbar kleiner Punkt, und machen uns auf, Tausende von Jahren in die Vergangenheit zu blicken. „25.000 Lichtjahre ist dieser Sternhaufen entfernt", versucht Lahofer endlich Ordnung in die Unendlichkeit des Kosmos zu bringen,

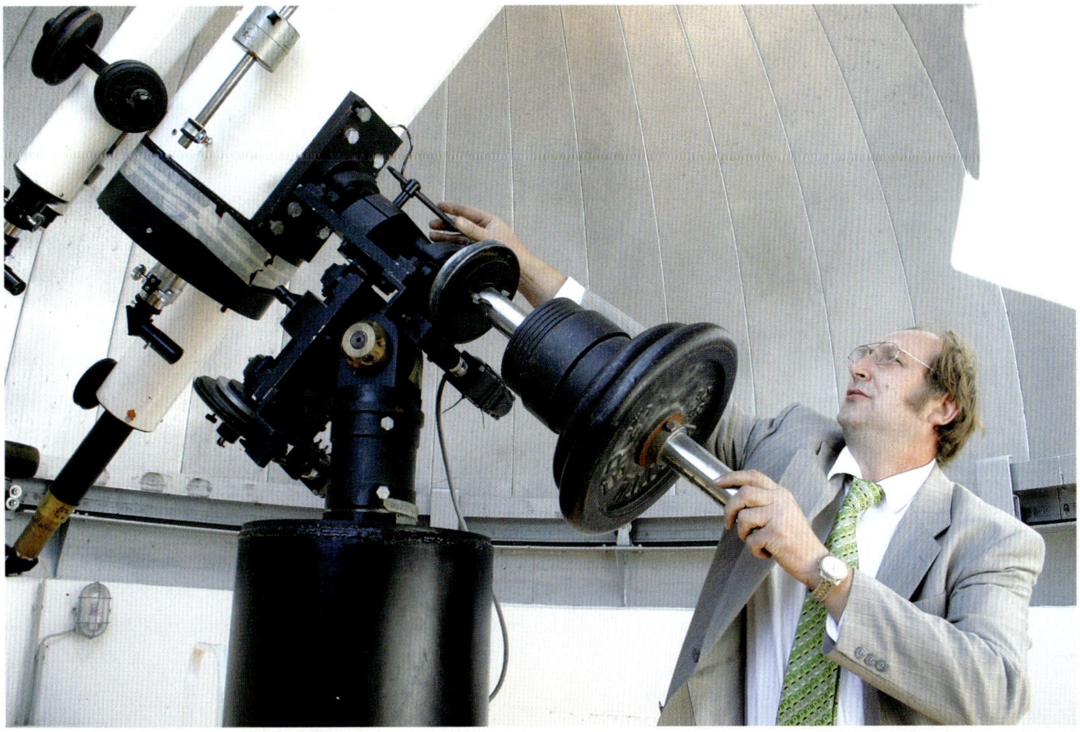

Bild linke Seite: **Die Sternwarte von Höhenberg bei Gmünd.**

Bild links: **Verliebt in den Weltraum: Malermeister Günter Stöckl.**

„astronomisch bedeutet diese Entfernung noch gar nichts. Die Milchstraße hat einen Durchmesser von 120.000 Lichtjahren mit 150 Milliarden Sonnen, von denen man nur einen Bruchteil sieht."
Lahofer: „Der Sternhaufen besteht aus sehr alten Sonnen, die zur Mitte hin dichter werden" und von einem Schwarzen Loch beherrscht werden, „das verhindert, dass die Sterne auseinanderfliegen." Ein Schwarzes Loch ist der Rest eines Sternes, dessen Masse – und damit die Anziehungskraft – so groß ist, dass nicht einmal Licht entweichen kann.
Das Fernrohr, ein 14-Zoll-Spiegelteleskop, wandert weiter auf ein anderes Objekt, auf die Wega, den hellsten Stern im Sternbild Leier. In der Vergrößerung werden zwei Sterne sichtbar: eine bläuliche und eine orange Sonne, die dem Astronomen mit ihren Farben ihr verschiedenes Alter, aber auch ihre chemische Zusammensetzung verraten. Lahofer kommt dabei zugute, dass er im Hauptberuf Chemiker ist: „Jedes thermische Element strahlt eine bestimmte Farbe aus. Mit einem Prisma wird ein Spektrum sichtbar gemacht. Man schaut damit ins Atom hinein. Die verschiedenen Farben im Spektroskop sind nichts anderes als die Fingerabdrücke der Elemente."
Mit dem Blick durchs Teleskop werden seine Erklärungen auch dem Laien verständlich, womit bereits eines der Vorhaben erfüllt ist, das dem Bau dieses Oberservatoriums bei Höhenberg in der Gemeinde Dietmanns zugrunde gelegt wurde. „Es soll auch eine Volkssternwarte sein", sagt Lahofer. Schulklassen und Amateursterngucker sind zum Blick ins All herzlich eingeladen. Der eigentliche Grund für den Bau war aber die Leidenschaft einiger Sternenverrückter, der Gmünder Weltraumfreunde, allen voran Malermeister Günter Stöckl, die sich 2001 mit dem studierten Astronomen Lahofer zur Waldviertler Astronomischen Gesellschaft zusammengetan haben. Nach einer Nacht am Teleskop versteht man ihre Passion, der man selbst ganz leicht verfallen kann. Auslöser war der Gelegenheitskauf eines Observerdomes, einer Kuppel, die sich auf den bedeutendsten Sternwarten der Welt findet. Nach ihren Ausmaßen wurde die Waldviertler Volks- und Vereinssternwarte errichtet. Bestückt ist das Observatorium mit drei Fernrohren, dem oben erwähnten Spiegelteleskop und zwei kleineren Linsenrefraktoren.

Teleskope des Waldviertler Observatoriums.

Ausgesucht wurde der Platz in erster Linie wegen der ungestörten Dunkelheit. Die wenigen Häuser der Ortschaft Höhenberg zählen nicht. Die nächste Stadt ist Gmünd, deren ohnehin bescheidener Lichtschein durch ein Waldstück abgedeckt wird. Im Norden erstreckt sich eine kaum besiedelte Teichlandschaft in Tschechien. Nach Süden ist die himmlische Aussicht nahezu unbegrenzt. Es wird versichert, dass man von dieser Warte aus am 39. südlichen Breitengrad den Himmel über Südafrika beobachten kann.

Während man in der beißend kalten Waldviertler Nachtluft in der offenen Kuppel eine Ahnung von der Kälte des Weltraums erfährt, wendet sich das Gespräch mit dem Astronomen Lahofer ins Philosophische. Was ist der Äther? Was befindet sich in den unendlichen Entfernungen zwischen den Sternen? Trotz aller Forschung konnte diese Frage bis heute nicht geklärt werden. Sicher ist lediglich, dass Licht zu seiner Reise durch die Weiten des Alls zwar kein Transportmedium, sehr wohl aber Zeit braucht.

Im Okular des Spiegelteleskops ist nun unterhalb der Wega ein feines weißes Rauchringerl zu sehen. „M57, ein Ringnebel." Lahofer ist begeistert. „Einer der schönsten planetarischen Nebel!" Was sich dort draußen im Moment vor unseren Augen abspielt, ist zu einer Zeit passiert, als es uns Menschen noch gar nicht gegeben hat. Lahofer: „Sterne sind inzwischen explodiert, ihre Substanzen wurden in den Weltraum hinausgeschleudert und haben einen neuen Planeten gemacht. Irgendwann ist dessen Sonne ebenfalls explodiert, bis ein Planet kommt, auf dem wieder Leben entstehen kann. So besehen, sind wir nichts als Sternenstaub."

Information

Sternwarte am Höhenberg,
Waldviertler Volks- und Vereinssternwarte,
Waldviertler Astronomische Gesellschaft,
Hermann Lahofer, Tel. 0664 2407048,
hermannlahofer@hotmail.com oder
Günter Stöckl, Tel. 0664 1340325,
stoeckl-farbenhaus@aon.at, www.w4ag.at

45

Im Zeichen der Mistel

Günther und Margarete Lassi – zwei Priester der Gottheit „Natur"

„Lasst mich euch nun eine Geschichte erzählen – eine Geschichte dieses besonderen Ortes und gleichzeitig auch eine Geschichte der Begebenheiten, die sich hier einst zugetragen haben, sich immer noch zutragen oder sich zutragen werden, denn hinter den trügerischen Spiegeln der Welt aus festen Dingen – was ist da die Zeit? Schließt also für einen Moment die Augen, und folgt mir in eine Welt zwischen den Welten, wo die Zeit nur ein Lidschlag ist und die Welt nicht mehr als ein Staubkorn, das man sich mit einer beiläufigen Handbewegung aus dem Augenwinkel wischt."

Mit dieser geistvoll-poetischen Einladung zu einer fantastischen Reise beginnt „Der Drachenkönig", eines der Märchen von Morgane, mit bürgerlichem Namen Margarete Lassi. Die gelernte Kindergärtnerin und Heilmasseurin ließ sich gründlich zur Landschaftspflegerin ausbilden, bevor sie sich gemeinsam mit Merlin – gemeint ist Ehemann Günther – nach Stadlberg bei Karlstift ins nördliche Waldviertel zurückgezogen hat. In der Einsamkeit dieser archaischen Gegend denkt sie sich Geschichten und Märchen aus, die sie in Kindergärten und Schulen im Rahmen der Aktion „Natur im Garten" der Niederösterreichischen Umweltberatung erzählt.

Die Fee Morgane ist ein Teil von Margarete Lassi, genauso wie die Hexe im Sinn der weisen Frauen. Ihre Religion ist Wicca, nach eigener Aussage eine eklektische (aus bereits Vorhandenem auswählende) Neoreligion, die 1930 in England gegründet wurde. Beide, sie und ihr Gatte Günther Lassi, bezeichnen sich als Hohepriester dieser Religion.

Im Jahreskreis der keltischen Feste, die großteils in abgewandelter Form bis heute überlebt haben, feiern sie das Sterben und die Wiederauferstehung eines Gottes. Die Geburt der Sonne heißt bei ihnen Jul, ein Winterfest der Germanen, von

Bild oben: **Merlin, ein Priester der Natur.**

Bild links: **Morgane und Merlin an ihrem Kultstein bei Stadlberg.**
Bild rechts: **Die kupferne Sichel fängt den Regenbogen.**

dem Bräuche für Weihnachten übernommen wurden. Die gleichen Wurzeln verbinden Morgane und Merlin mit Mariä Lichtmess, dem Imbolc-Fest der Göttin Brigit, wenn das Licht spürbar an Kraft gewonnen hat, oder dem Maibaum, einem phallischen Symbol des jugendlichen Gottes, und den Sonnwendfeiern als dessen Mannwerdung. Merlin: „Am Tag der Tag- und Nachtgleiche am 23. September sind Tod und Leben gleich stark. Samhain, das christliche Allerheiligen, gilt als Abstieg in die Welt der Ahnen, in die Anderswelt der Kelten. Die Samen fallen auf den Boden, werden vom Laub bedeckt, sind im Finstern, haben aber den Keim des Lebens in sich. Der Schleier zwischen den Welten ist dünn." Der Gott wird zum Totengott. Die Göttin folgt ihm nach, bis zu Weihnachten mit der Geburt des Gottes wieder alles von vorne beginnt."

Morgane und Merlin zelebrieren ihre Riten an einer mächtigen Steinformation im Schatten einer Eberesche. Bekleidet sind sie dabei in der Art von Druiden. Mit einer kupfernen Sichel – eine goldene geht sich finanziell nicht aus – werden Misteln geschnitten, sogar in Schönbrunn, wo Merlin zur Verblüffung der Parkbesucher in vollem Keltenornat mit Leiter und Sichel zu den mistelüberwucherten Alleebäumen unterwegs ist.

Religionswissenschaft und historische Bedenken um den geistigen Hintergrund, der zum Wiederaufleben vor allem germanischer Kulte im 19. Jahrhundert geführt hat, müssen an dieser Stelle absolut ausgeklammert werden. Es handelt sich hier um nichts anderes als um die persönliche Überzeugung zweier Menschen, die ihre Umgebung zu einer kompromisslosen Erfahrung eines Lebens mit und in der Natur einladen. Margarete und Günther Lassi sind sich der Unzulänglichkeit ihres spirituellen Gebildes bewusst, denn von den Kulten und Riten der Kelten, denen die Wicca nachempfunden ist, wurde nur wenig überliefert. Entscheidend für ihre Hinwendung war der Bezug zu den natürlichen Zyklen. Morgane: „Wir stehen nicht der Natur gegenüber, wir sind Teil der Natur."

Günther Lassi arbeitet als Naturparkbetreuer im Hochmoor Schrems. Gemeinsam mit seiner Frau bietet er als „Viscum album – die Mistel" seine Dienste als Spirit-Nature-Guide an, mit geführten Wanderungen zu mystischen Orten im Waldviertel, bei denen solides Kräuterwissen vermittelt wird und auf Bestellung sogar für diesen Anlass erdachte Geschichten von Morgane beigesteuert werden.

Literatur: *Margarete Lassi: Mystisches Waldviertel. Stadlberg 2007 (edition nove).*

Information

Viscum album – die Mistel, Günther (Merlin) und Margarete (Morgane) Lassi,
Stadlberg 14, A-3973 Karlstift
Tel. 02816 24401, www.diemistel.at
Seit 2007: Museum numinosa, die Welt des Unsichtbaren, Besuch nach tel. Voranmeldung.

Auf der Himmelsleiter in die Unterwasserwelt 46

Unter internationalem Schutz: Das Hochmoor in Schrems

Ramsar, der Name einer iranischen Stadt, steht als Synonym für den Schutz besonders erhaltenswerter Feuchtgebiete dieser Welt. Es handelt sich dabei um eine Konvention, für die jedes Mitgliedsland mindestens ein Gebiet zu benennen hatte, das die Kriterien zur Aufnahme in die „Liste der Feuchtgebiete internationaler Bedeutung" erfüllt. Es muss unter anderem repräsentative, seltene oder einzigartige Beispiele natürlicher oder naturnaher Feuchtgebietstypen aufweisen und gefährdete oder vom Aussterben bedrohte ökologische Gemeinschaften beherbergen. 1983 trat Österreich dieser Konvention bei und konnte gleich sechzehn wertvolle Feuchtgebiete einbringen. Die Teich-, Moor- und Flusslandschaft des nördlichen Waldviertels zählt dazu.

Ein wesentlicher Teil dieses Ramsargebietes ist das Hochmoor in Schrems, wobei das Verhältnis zwischen Mensch und Moor nicht immer so ungetrübt war wie heute. Torf, der sich in unvorstellbar langen Zeiträumen gebildet hatte, wurde

Bild oben: **Eine DNA-Spirale führt in die Unterwasserwelt bei Schrems.**

gestochen und als Heizmaterial verbrannt, die sumpfige Gegend insgesamt eher als störend denn als Bereicherung empfunden und möglichst trocken gelegt, um noch ein kleines Stück mehr kargen Feld- oder Waldboden zu gewinnen. Mit der Ernennung zum besonders geschützten Gebiet hat sich die Einstellung zu Sumpf und saurer Wiese schlagartig geändert. Unter dem geforderten „wise use", der klugen Bewirtschaftung, wurde das Schremser Hochmoor zur Attraktion für sanften Tourismus und zum Belebungsfaktor einer an und für sich strukturschwachen Grenzregion.

Der Einstieg in den fantastischen Mikrokosmos des Moores erfolgt im „Unterwasserreich", besser gesagt: man trudelt durch eine überdimensionale DNA-Spirale zurück in die weite Vergangenheit bis zum ersten Lebensfunken in der Ursuppe und durchlebt die Evolution Auge in Auge mit Amöben und Geißeltierchen. Mikroskope machen die bizarren Formen kleinster Lebewesen sichtbar, und das Mörderkino zeigt in Großaufnahme den unerbittlichen Kampf dieser winzigen Monster ums Überleben. In einem eigenen Labor dürfen Besucher, allen voran die zahlreichen Schulklassen, unter freundlicher Anleitung der Moorführer Wasserforschung betreiben oder der „Raubtierfütterung" in den Aquarien zuschauen und fasziniert in der Buchhaltung der Evolution blättern, die in kaum einem anderen Biotop so deutlich abzulesen ist wie in einem Moor, das über 8.000 Jahre alte Informationen speichert.

Nach und nach taucht man wieder in der Gegenwart auf und wird ins Freie in eine großzügig angelegte Anlage mit schilfbewachsenen Teichen und Wasserläufen geführt, in der in einem Gehege der zahme und verspielte Fischotter Merlin aus Spaß an der Freud' seine One-Animal-Show abzieht.

Nach dieser Einführung im architektonisch sehr ansprechend und fantasievoll gelösten Besucherzentrum geht es hinaus auf eine kleine Wanderung durch den Naturpark Hochmoor Schrems, am besten an einem Nebeltag, damit der Ausflug auch recht mystisch wird. Auf dem Weg dorthin werden gruselige Geschichten erzählt: von Moorgeistern und Irrlichtern sowie von Moorleichen, die es in unseren Breiten jedoch nicht gibt. Man erfährt, dass derartige Mumien nur aufgrund besonderer Begräbnisriten zustande kamen. Ein Mensch versinkt nicht einfach im Sumpf, er muss versenkt werden, wie beispielsweise ein Hingerichteter, der zuerst gehenkt, erwürgt, erschlagen und erst dann im Moor begraben wurde. Genauso wenig gibt es im Waldviertel rituelle Funde. Während in Norddeutschland von den Mooren prähistorische Opfergaben, wie Schmuck, Waffen und Luren (Blasinstrument der Kelten), konserviert wurden, bleibt hierzulande die Suche nach dem vom Druiden versenkten Schatz leider ohne Resultat.

Unter derartigen Überlegungen gelangt man zur Himmelsleiter, einer hoch aufragenden Holzkonstruktion mitten im Moor. Sie ermöglicht den Überblick von oben, bevor man sich herunten direkt an den Schlenken (Wasserflächen) und Bulten (Moospolstern) ins Detail vertieft. Man muss sich Zeit nehmen, auf den Boden legen und einfach nur schauen, dann sieht man sie in natura wieder: die gefräßigen Larven von Libelle und Goldrandkäfer oder den Sonnentau. Dieses hübsche Pflänzchen, das sich nach außen hin so zart und zierlich zeigt, verwandelt sich beim leisesten Kontakt mit einem Insekt in ein fleischfressendes Ungeheuer, an dessen klebrigen Tentakeln sich die Beute zu Tode zappelt. Was aussieht wie ein Alien, ist der Taumelkäfer mit seinen beiden Augenpaaren, von denen eines nach oben, das andere nach unten ins Wasser schaut. Rundum blühen und reifen, je nach Saison, Sumpfschwertlilie, Rauschbeere, Moosbeere oder der Sumpfporst, der in Österreich schon als ausgestorben gegolten hat. Dazwischen wachsen gleich mehrere Arten von Birken, die mit ihren gewundenen weißen Stämmen dem Moor das ganze Jahr über seine geheimnisvolle Aura verleihen.

◎ ***Wandertipp:*** Der Wanderweg durch den Naturpark Hochmoor Schrems mit der exakten Länge von 4.580 m beginnt am Parkplatz vor dem Unterwasserreich. Unter guter Beschilderung wird man zur Himmelsleiter geführt und von dort zum Prügelsteg, damit das Moor aus nächster Nähe erlebt werden kann. An die Sünden der Vergangenheit erinnert die Station „Dorfstechen", von der man zum Torfhaus mit Grillstation wandert. Von dort führt der Weg wieder zurück zum Ausgangspunkt, wo an heißen Sommertagen das von der Gemeinde Schrems angelegte Moorbad Abkühlung verspricht.

Information

Naturpark Hochmoor Schrems und Ramsar-Zentrum, Moorbadstraße 4, A-3943 Schrems, Tel. 02853 76334 oder 0676 83488500, www.unterwasserreich.at
Naturparkführung von Mai bis September (ohne Voranmeldung) jeden Sonntag ab 14.30 Uhr, Treffpunkt Himmelsleiter.

Bild linke Seite:
Fischotter Merlin ist der Star des Ramsar-Zentrums.

Bild oben:
Quell der Gesundheit und Entspannung: das Moorbad in Schrems.

Bild links:
Hübsch, aber gefräßig: Sonnentau im Naturpark Hochmoor Schrems.

47

An der Quelle der Ewigkeit

Efthymios Warlamis, der fröhliche Grieche im Waldviertel

Nicht selten ist es erst der Zugereiste, der den Einheimischen auf die Schönheit, auf die Besonderheiten, auf die Geheimnisse seiner gewohnten Umgebung aufmerksam macht. In einer solchen Mission scheint der Künstler Efthymios Makis Warlamis unterwegs zu sein, wenn er mit seiner Arbeit den Menschen die Augen für ihre – und mittlerweile auch seine – Heimat öffnet. Der Grieche von der Insel Santorin hat sich in Schrems angesiedelt und damit sein Schaffen aus dem sonnigen Süden in den herben Nordwald verlegt.

Die Ähnlichkeit der beiden so grundverschiedenen Gegenden liegt in ihrer Entstehung. Die Kykladeninsel Santorin oder Thera ist Teil eines Vulkankegels, der bei dem gewaltigen Ausbruch 1628 v. Chr. zersprengt wurde. Die Böhmische Platte – und damit auch das Waldviertel – ist der Rest des einst höchsten Gebirges der Welt, wobei sich Schätzungen der Wissenschaft zwischen 10.000 und 16.000 Metern bewegen. Seine letzten Zeugen sind die durch die so genannte „Wollsackverwitterung" fantastisch geformten, zum Teil gewaltigen Steinformationen.

Warlamis musste erleben, dass man sie gesprengt hat, weil sie landwirtschaftlichen Maschinen im Weg standen. „Der verschwundene Berg des Waldviertels" hieß seine erste Ausstellung in Schrems, mit einem Gemäldezyklus über Steine sowie den Sitzsteinen, Polstermöbel in täuschend echtem Granitdesign. Und plötzlich, so sagt Warlamis, waren die Leute stolz darauf, dass ihre Steine geheimnisvolle Wesen aus einer Millionen Jahre alten Zeit sind, dass sie in einer Urlandschaft leben, die ungeahnte Energien hat – und wo man ohne Scham von Kultstätten, Opferschalen und Kraftplätzen reden darf.

Der vielseitige Künstler legt ein klares Bekenntnis zur Mystik des Waldviertels ab. „Wie besetzt man es?", fragt er, ohne auf Antwort zu warten.

„Als eine Art Einführung in den Schamanismus. Hier hast du die Möglichkeit, ein Heiler, ein außergewöhnlicher Mensch zu werden, ein Schamane, der wiederum den Wald kennt, die Waldphilosophie, die Natur."

Er hat gelernt, ihre Zeichen zu lesen: „Ich gehe jeden Tag in den Wald und finde Steine, gewöhnliche Steine. Die Steine sagen mir aber etwas: ‚In mir ist ein Geist drinnen, finde ihn, öffne ihn!' Ich sehe bei den Steinen, die die Bauern aus dem Feld klauben, eine Art Museum. Das sind Schätze für mich. Ich werd' narrisch, wenn ich Steinformationen sehe."

Vor sich hat Warlamis kleine, nur wenig bearbeitete Granitstücke liegen. Man erkennt Gesichter, die von ihm aus dem Stein herausgeholt wurden. Nicht weniger faszinierend sind für ihn die Bäche, die auffallend braunes Wasser führen. „Sie haben ein Geheimnis", sagt Warlamis. „Wenn man eine Quelle ortet, so ist diese Quelle ein besonderer Ort, aus dem dieser Lebenssaft aus der Erde herauskommt."

Der Grieche spielt auf den Philosophen Sokrates und auf dessen Höhlengleichnis an, wenn er feststellt, dass wir Menschen voll mit jenen Trugbildern, Impressionen sind, die uns die Medien jeden Tag liefern: „Es ist schwierig, die Bilder los zu werden. Das Waldviertel ist eine Bildervernichtungsregion. Diese Landschaft, diese Räume vernichten diese nicht bedeutenden Bilder, die uns jeden Tag umgeben."

Man muss sich laut Sokrates vorerst einmal umdrehen und zur Lichtquelle zurückgehen, um zu erkennen, dass man die längste Zeit dem Schattenspiel eines Schattenspiels aufgesessen ist. Die Anweisung zum Aufbruch klingt einfach: „Die Gegend hat durch ihre Unverbrauchtheit genügend Plätze, die unberührt sind. Stelle dich eine Stunde dorthin und tue nichts! Das Waldviertel ist eine Quelle der Ewigkeit, des Göttli-

Bild linke Seite: **Zyklus des Malers Makis Warlamis: „Zauberflöte" (Ausschnitt).**

Bilder oben: **Kunstwerk und Modell I: Sitzsteine von Makis Warlamis; mystische Steinformation.**

chen, des Spirituellen, sich fallen zu lassen, nicht wichtig sein. Hier kann man nicht wollen, hier muss man lernen, nichts zu wollen."

Als Künstler genießt Makis Warlamis internationale Anerkennung, nicht zuletzt wegen seiner humanistischen Einstellung, wegen seiner Gabe, Dinge zu tun, die viele Menschen ansprechen. In diesem Sinne hat er Alexander den Großen und Mozart ins Waldviertel geholt. In Schrems ist der Zyklus „Alexander der Große – die Vision von Toleranz" entstanden; er wurde 2006 in der Jordan National Gallery of Fine Arts gezeigt, als Beginn einer Ausstellungsreise durch den Nahen und Mittleren Osten. Alexander der Große ist für Warlamis ein Brückenbauer zwischen Ost und West und ein Zeichen der Verbundenheit durch die gemeinsame Geschichte.

Dass Mozart auf seiner Reise nach Prag 1787 in Schrems gewesen ist, kann nicht von der Hand gewiesen werden, da die Stadt unmittelbar an der alten Reichsstraße liegt. Efthymios (zu Deutsch: der Fröhliche) Warlamis hat im Mozartjahr 2006 zu diesem Ereignis den Versuch unternommen, Mozarts Musik mit Farben und Formen in große malerische Zyklen umzusetzen. In einer labyrinthischen Raumkonzeption wird der Besucher in einen Zaubergarten voller Bilder, Musik und Überraschungen entführt – mit dem Anliegen, dass „Menschen, die normalerweise um klassische Musik und moderne Malerei einen Bogen machen, sich das anzuschauen trauen". Ort des Geschehens ist das IDEA Designcenter in Schrems, in dem neben den Arbeiten von Makis Warlamis Ideen und Werke seiner ebenfalls künstlerisch tätigen Gattin Heide zu sehen und zu erwerben sind, in einem freundlichen Laden, der ohne alle Schwellenangst vor großer Kunst von jedermann aufgesucht werden kann.

Literatur: Efthymios Warlamis: Geheimnis Hundertwasser. Graz 2001 (Verlag Styria).

Information

Heide und Makis Warlamis, IDEA Haus, Mühlgasse 7, A-3943 Schrems, Tel. 02853 77104, www.idea-design.at

Bilder oben und unten: **Kunstwerk und Modell 2: Steinköpfe, freigelegt von Makis Warlamis; Indianerkopf in der Blockheide.**

Frömmigkeit, in Stein gehauen

Der Vaterunserstein von Kottinghörmanns

Man wird im Waldviertel zu vielen bemerkenswerten Steinen geführt. Die größten und bizarrsten Formationen werden zu vorchristlichen Kultplätzen erklärt, zu Opfersteinen und Teufelskirchen, und meist sind die angeblichen menschlichen Bearbeitungsspuren schlicht das Ergebnis der Millionen Jahre dauernden so genannten „Wollsackverwitterung". Wenn man aber unvermutet vor einem realen Zeugnis der Frömmigkeit steht, vor einem Kultstein aus unserer Zeit, nimmt es einem doch den Atem.

Im Juli 1960 hat Karl Riedl, ein Bauer aus Kottinghörmanns bei Schrems, das Vaterunser in einen mannshohen Granitblock gemeißelt: das gesamte Gebet, Wort für Wort, Buchstabe für Buchstabe, vollendet mit seiner Signatur und einem Rosenkranz. Zwei Tage soll er mit Hammer und Spitzeisen daran gearbeitet haben, ohne eine einzige Pause, in der Nacht beim Schein einer Petroleumlampe.

Bild oben: **Der Vaterunserstein bei Kottinghörmanns.**
Bild rechts: **Das Farbpendel: Präzisionsinstrument der Radiästheten.**

Eine Rast auf dem Sitzstein macht angeblich aggressiv.

Wer sich jemals mit einem Meißel an Granit versucht hat, steht mit ungläubigem Staunen davor. Die Buchstaben sind tief gearbeitet, unverwischbar, eben für die Ewigkeit geschrieben.

Der Pensionist Robert Preisl, ebenfalls aus Kottinghörmanns, hat den Mann noch gekannt und weiß um die verzweifelten Umstände, die ihn zu diesem Werk geführt haben. Aus Rücksicht auf noch lebende Beteiligte will er aber davon nichts preisgeben. „Karl Riedl war ein guter Handwerker", lässt er durchblicken, „und ein tiefgläubiger Mensch. Er hat das Vaterunser in der alten Form verewigen wollen."

Vom Zweiten Vatikanischen Konzil wurde in unseren Breiten Deutsch als liturgische Sprache eingeführt und das Hauptgebet der katholischen Kirche sprachlich der neuen Zeit angepasst. Diese Steinarbeit war jedoch zu einer Zeit entstanden, als in der kleinen Kirche von Kottinghörmanns noch in dieser Form gebetet wurde: „Vater Unser der du bist in dem Himmel Geheiligt werde dein Name Zukomme uns dein Reich Dein Wille geschehe wie im Himmel also auch auf Erden Gib uns heute unser tägliches Brot und vergib uns unsere Schulden wie auch wir vergeben unseren Schuldigern Und führe uns nicht in Versuchung sondern erlöse uns von dem Übel Amen."

Herr Preisl erinnert sich, dass damals an dieser Stelle Jungwald gestanden ist. Die Bäume sind emporgewachsen. Ihre hohen Stämme umstehen den Vaterunserstein wie den Altar einer gotischen Kathedrale. Der Platz fordert Andacht ein, auch von denjenigen, die wenig bis nichts von Frömmigkeit und Religion halten.

Für Herrn Preisl ist dieser Stein eine der Stationen seiner mystischen Wanderungen. Pendel und Wünschelrute sind auf solchen Touren unerlässliche Begleiter, um den Gästen die konzentrierte Strahlung derartiger Plätze aufzeigen zu können; immer mit dem Hintergedanken, dass sie bereits in vorchristlicher Zeit als Kultstätten gedient haben und von den fernen Vorfahren entsprechend bearbeitet wurden. Der Sitzstein ähnelt verblüffend einem Sofa und macht denjenigen, der darauf rastet, angeblich aggressiv. Über die Rampe könnten die Priester ins Heiligtum hinaufgeschritten sein und am Steinkreis astronomische Beobachtungen angestellt haben. Dazu gibt es eine Einführung in die verschiedenen Systeme feinstofflicher Energien. Nach diesen Theorien überzieht, diagonal zu den Himmelsrichtungen, das Currygitter die gesamte Erdkugel. Benannt ist es nach Dr. Manfred Curry, der es erstmals veröffentlicht hat; mit dem indischen Gewürzpulver hat es nichts zu tun. In den Richtungen Nord-Süd und Ost-West verläuft das Hartmann-Gitter, ein Globalnetz, das vom Mediziner und Radiästheten Dr. Ernst Hartmann festgestellt wurde. Das Messgerät, ein Biometer, lieferte ein Physiker namens A. Bovis, um die feinstoffliche Qualität von Plätzen, Lebensmitteln und Materialien bestimmen zu können. Man wird bei Geomanten immer wieder auf diese drei Begriffe stoßen. Für die Wissenschaft existieren die Herren Curry, Hartmann und Bovis allerdings nicht.

Robert Preisl ist sich dessen bewusst und weiß um die Schwierigkeit, solche Phänomene den

Leuten klar zu machen. Er hat deswegen eine Tafel gezeichnet, auf der die diversen Linien und ihre Kreuzungspunkte rund um den Hörmannsberg eingezeichnet sind.

Genauso spannend sind jedoch die Geschichten, die sich mitten im Wald bei einem Marterl aus 1860 einstellen. Herr Preisl erzählt von der Siedlung Forsthartl, die hier bestanden hat. Zu diesem Kreuz ist man bei den Bitttagen im Frühjahr gepilgert, um für das Gedeihen der Felder zu beten. Im Ort gab es das Schmalznopfhaus. Sein Besitzer namens Schmalznopf lebte vom Schusterhandwerk und einer Trafik, und er war angeblich ein unehelicher Sohn von Kaiser Franz Joseph I. Vergessen ist dieser allerhöchste Fehltritt nicht, wiewohl das Schmalznopfhaus mit der gesamten Ortschaft vom Wald verschlungen wurde.

Seinerzeit gab es reges Treiben im Wald am Hörmannsberg, zum Beispiel in der Glashütte mit einer Reihe von Beschäftigten, die an ihrem Arbeitsplatz wohnten, um rund um die Uhr einsatzbereit zu sein. Treffpunkt für die jungen Leute aus der Glashütte und den umliegenden Bauernhäusern war eine riesige Buche, die vier Männer kaum umfassen können. Dort wurde aufgespielt und getanzt, sogar eine Kegelbahn hat es gegeben. Die Glashütte wurde eingestellt, die Bauernhäuser sind verlassen. Die Tanzbuche steht noch immer, aber keine Menschen treffen einander mehr bei ihr, vom Tanzen keine Rede, der Platz um den Baum ist dicht von Büschen überwachsen.

Auf der Fahrt in den nahen Wallfahrtsort Hoheneich, bekannt durch die wunderbare Bekehrung des Grundherrn Graf Kollonitsch vom Protestantismus zum katholische Glauben (1621), trifft man auf ein Marterl, das sich als Rest der ehemaligen Ortskapelle von Kottinghörmanns herausstellt. Als man im Jahr 2000 ein neues Kircherl errichtete, wollte man den alten Kirchturm mit seinem holzgedeckten Zwiebelhelm nicht einfach wegwerfen. Nach langer Diskussion, ob man ihn verschenken oder als Brennmaterial beim Johannisfeuer verwerten solle, erschien der Turm angeblich einem Tischler und Zimmermann im Traum. Das kleine Baudenkmal aus 1834 erbat sich von diesem Handwerker die Restaurierung. Sie wurde ihm gewährt, und gleichzeitig auch ein neuer Standort auf einem freien Platz inmitten der Felder von Kottinghörmanns.

Information

Mystische Wanderungen mit Robert Preisl,
Kottinghörmanns 44, A-3943 Schrems,
Tel. 02853 76717.

Wie die Säulen eines gotischen Domes: der Wald beim Vaterunserstein.

49

Letzte Splitter einer großen Tradition

Ein schönes Waldviertler Glas ist Handarbeit

Die neue Sachlichkeit hat Weintrinker und Brautpaare erfasst. Beim Schenken von Gläsern wurde der letzte Rest barocker Formen- und Farbenfreude ausgeräumt. Man schämt sich geradezu, seinen Gästen jungen Wein im ererbten Kristallglas vorzusetzen. Was sich früher stolz im Wohnzimmerschrank behauptet hat, wurde in Papier verpackt und auf dem Dachboden verstaut oder gleich auf dem Flohmarkt verscherbelt.

Der Modewandel trägt aber nur zum geringen Bruchteil Schuld an der gegenwärtigen Krise bei den Glasmachern, und Hüttensterben ist lediglich der plakative Ausdruck für das Befinden einer allseits kränkelnden Branche. Dessen ist sich auch Kurt Zalto bewusst, einer der letzten Aufrechten in einer Gegend, die jahrhundertelang üppig im Glas gestanden ist. Er besitzt genügend Zähigkeit und Fantasie, der allgemeinen Depression und dem Zeitgeschmack mit einer neuen Linie zu begegnen. Gemeinsam mit dem allseits bekannten „Weinpfarrer" Hans Denk wurde eine Serie von Weingläsern entwickelt. „Denk-Art" ist völlig auf ihren edlen Inhalt ausgerichtet. Die klaren, einfachen Formen aus dünnem, aber stabilem Glas wurden auf die jeweilige Weinsorte abgestimmt und erlauben Genuss mit allen Sinnen: Die Augen erfreuen sich an der eleganten Form des Glases und der vielversprechenden Farbe des Inhalts, die Ohren am hellen Klang beim Anstoßen, und die neugierige Nase findet im weiten Rand genügend Platz, um Zunge und Gaumen auf den zu erwartenden Genuss einzustimmen.

Ein guter Schluck lässt Zeit für einen Rückblick. Zalto: „Seit 1371 ist das Glasmachen im Waldviertel urkundlich belegt. Unsere Gegend ist dafür ideal. Sie bietet alles, was man dafür braucht."

Ein altes Glasrezept schreibt drei Teile Meersand vor, 180 Teile Asche, zwei Teile Salz und einen Teil

Kreide. Anstelle von Meersand gibt es genügend Quarz, der an geologischen Störungszonen an die Oberfläche tritt. Die Blöcke wurden in heißem Wasser zum Bersten gebracht und dann in den Pocherwerken in die gewünschte Körnung zertrümmert. Das Holz für die Pottasche und die Befeuerung der Schmelzöfen brauchte nur geschlägert zu werden. Den Rest konnte man importieren.

Was lag näher, als mit den Glashütten einfach in den Wald zu gehen, drum herum eine Ortschaft anzusiedeln und drauf los zu produzieren? An die 100 Leute fanden in der Hütte ihr Auskommen: die Glasmacher selber, die Eintragsbuben, die Aschenbrenner, die Feuerschürer, die für die richtige Temperatur im Ofen sorgten, die Holzhacker, die Einbinderinnen, die Arbeiter am Pocher und die Kugler, die das Glas veredelten. Wenn der Weg vom Wald zur Hütte zu mühsam wurde, hat man die ganze Gesellschaft einfach ein Stück weiter verfrachtet, mitten im unberührten Holz die nächste Glashütte samt Ortschaft aufgebaut – und im wahrsten Sinn des Wortes verbrannte Erde hinterlassen.

Wie sehr das Kaiserhaus von ökologischen Überlegungen geleitet war, lässt sich kaum mehr nachvollziehen. Jedenfalls gab es eine Reihe obrigkeitlicher Verordnungen, die offenbar die intensive Nutzung der Ressourcen und die damit verbundene radikale Zerstörung der Umwelt einbremsen sollten. „Das war Ende des 18. Jahrhunderts", so Kurt Zalto. „Die Pottasche, für die man bisher Unmengen von Holz verglost hatte, wurde ersetzt durch Glaubersalz und Ähnliches, was natürlich zu einer wesentlich schlechteren Qualität geführt hat."

An und für sich war das Waldglas Massenware, die in gut 120 Betrieben erzeugt wurde, beurteilt der junge Glasmacher die Arbeit der Altvordern. „Mit dem venezianischen konnte sich Waldviertler Glas nicht vergleichen. Es gab keine Nachfrage nach wirklich schönen Gläsern. Die wurden dort erzeugt, wo man weltoffener war, wo man mehr Erfahrung und die besseren Chemiker hatte, wie in Venetien."

Von dort zogen die Vorfahren von Kurt Zalto Anfang des 19. Jahrhunderts ins nördliche Waldviertel. Die Kasse am neuen Arbeitsplatz muss gestimmt haben – warum sonst hätten sie diesen Wechsel auf sich genommen?

Bild linke Seite:
Im Holzmodel hat das mundgeblasene Glas seine elegante Form erhalten.

Bild oben:
Die Glasmacher setzen den Stiel ans Glas.

„Glasmacher wurden weit besser bezahlt als Textil- oder Steinbrucharbeiter", erzählt Kurt Zalto. „Sie hatten genug Geld, um einkaufen zu können. Jeder von ihnen hatte drei Räume, also eine Luxuswohnung für damalige Verhältnisse. Man musste drauf schauen, dass die Leute blieben. Glasmacher sind wanderlustige Gesellen, wie mein Großvater, der in Nordböhmen gelernt hat. Sein Fachwissen war in den Glashütten gefragt. Und die richtige Rezeptur, die war das große Geheimnis. Sie wurde nur an den Sohn weitergegeben. Die Tochter hat nichts davon erfahren, weil sie ja weggeheiratet hat und damit das Wissen aus der Familie hinausgetragen hätte."
Seine venezianischen Vorfahren waren wohl die Stars unter den Waldviertler Glasmachern, und sie waren, wie Kurt Zalto versichert, seit jeher auf schöne Gläser spezialisiert. Er selber sammelt besondere Stücke aus der Region und hat dazu eine kleine Ausstellung eingerichtet. Der Stolz ist unüberhörbar, wenn er auf die Leistungen seiner Familie zu sprechen kommt: „Die berühmten Gläser von Joseph Mildner, die angeblich niemand nachmachen kann, wurden von meinem Vater und von meinem Großvater gefertigt: als Staatsgeschenke für die Präsidentschaftskanzlei unter Franz Jonas. Rohlinge sind noch vorhanden. Bei Gläsern erkennt man übrigens nur schwer eine Fälschung, weil immer mit der gleichen Technik gearbeitet wird."
Standort seines Betriebes ist Neu-Nagelberg. „Wir hatten ein Kasino, einen Männergesangsverein, eine Blaskapelle und eine Schießhalle. Schon um 1900 hat man ein kalorisches Kraftwerk betrieben. Es gab kein Haus mehr ohne elektrisches Licht. Nur ein paar Kilometer weiter wurde erst 1955 der Strom eingeleitet. Es ist kein Zufall, dass die erste Telefonleitung in Niederösterreich zwischen Alt- und Neu-Nagelberg verlegt wurde."
In seiner Waldglashütte, einer der letzten in Niederösterreich, wird nach wie vor hochwertiges Glas produziert und veredelt; Hohlglas, im Unterschied zum Flachglas für Fenster und Spiegel.
Gerhard Ruso ist Glasmachermeister, nicht Glasbläser, trotz der Glasmacherpfeife. Während er mit energischem kurzem Anblasen aus einem Glastropfen in einem Model aus Buchen- oder Birnenholz ein Weißweinglas zaubert, verbreitet sich sein historisch bewanderter Chef über die Technik: „Sie ist gut 2.000 Jahre alt, und sie hat sich bis heute kaum verändert. Die Glasmacherpfeife war eine Revolution. Man konnte erstmals auf relativ einfache Art Flaschen und Gläser herstellen", und lobt im selben Atemzug seinen Arbeiter: „Gute Glasmacher wie er müssen sensible und genaue Menschen sein. Man kann sich heute nicht mehr vorstellen, was früher dabei gesoffen wurde, wegen der extremen Hitze, direkt beim Ofen sind es an die 60 Grad, 30 sind es noch beim Blasen. Die Brauerei hat dem Hüttenbesitzer gehört, und die Leute haben für das Bier gearbeitet. Gesund war der Beruf nicht. Glasmacher waren mit 50 Jahren alt und verbraucht."
Während der Chef erzählt, hat Herr Ruso einen anderen Model aus dem Bottich gefischt und bereitgestellt. Einen Glastropfen am Ende seiner Pfeife taucht er kurz in bereitgestelltes Pulver und legt ihn wieder zurück in die Glut. Jetzt kann auch er über seine Arbeit reden: „Im Ofen selbst ist farblose Kristallschmelze. Mit dem Pulver oder, je nachdem, mit dem Granulat habe ich eine Schicht auf den Glastropfen aufgetragen und lasse sie jetzt schmelzen. Wenn ich das Glas aufblase, ist es außen gefärbt, ein so genanntes Überfangglas."
Die Schmelze fertigt er selber an und gibt deren spezifisches Gewicht mit zirka zweieinhalb Kilogramm an – ein Umstand, der für das Waldviertel nicht unerheblich ist. „Glas ist schwerer als Stein."
Bei Zalto findet noch der Kugler – also Glasschleifer – Günter Langegger sein Auskommen.

Seine Hauptarbeit besteht im Abschleifen störender Ränder und Grate von den an sich schmucklosen Rohlingen der Denk-Art. Hier und da hat er aber noch das Vergnügen, Kristallgläser veredeln zu dürfen.
Er nimmt einen Glasrohling und setzt sich an eine der Schleifmaschinen. Über das gleichmäßige Surren des Rades legt sich helles Quietschen, wenn er das Glas an die Diamantscheibe hält. Wie selbstverständlich laufen nacheinander die Schliffe über das Glas. Eine grobe Einteilung genügt. Quadrate entstehen, werden von Diagonalen geschnitten, die Flächen verdichten sich. Günter Langegger schaut kurz auf und muss über das Staunen der Zuschauer lächeln. „Wenn man weiß, wie man's macht..."
Die entstehenden Muster sind allseits bestens bekannt, trotzdem nehmen sie sich in ihren eigentümlichen, immer wiederkehrenden Anordnungen wie die Zeichen einer geheimen Botschaft aus. „So kompliziert sind sie eigentlich nicht", meint der Kugler im Plauderton. „Internationale Namen gibt es ein paar wenige, die jeder Glasschleifer kennt, und firmeneigene Bezeichnungen für Schliffe. Schliff Schönbrunn, Schliff Bratislava, Pariser Schliff, dann kennt sich jeder aus. Es gibt einen bestimmten Aufbau des Schliffes mit verschiedenen Ausführungen. Die geraden Schnitte sind Kreuzböcke und Knopfsterne, das muss vorkommen."
Aus dem plumpen Rohling entpuppt sich innerhalb weniger Minuten ein glitzernder Cognacschwenker, der in ein Bad mit Flusssäure gelegt wird, das die feinen Staubteilchen wegnimmt.
Die Technik des Glasschleifens gibt es schon seit der Steinzeit. Man hat Naturglas, den Obsidian, für Schmucksteine oder Pfeilspitzen bearbeitet. In unserer Zeit scheint man soweit zu sein, dass das Glasschleifen mangels Nachfrage ausstirbt… Noch aber gibt es die Waldglashütte Zalto, deren Öffnung für Touristen Teil der Überlebensstrategie ist. Kurt Zalto: „Die Letztverbraucher sehen, wie ihre Gläser handwerklich produziert werden. Es glaubt ja keiner mehr, wenn er ein Glas in die Hand nimmt, dass tatsächlich noch die persönliche Arbeit eines Menschen drin steckt, denn – jedes schöne Glas ist mundgeblasen!"

Bild linke Seite:
In der Hand des Kuglers (Glasschleifers) wird das Glas veredelt.

Bild oben:
Sorgfältige Handarbeit in der Waldglashütte.

Information

Glas-Studio und Waldglashütte
Kurt und Roland Zalto,
A-3871 Neu-Nagelberg 58, Tel. 02859 7237
www.glashuette-zalto.at
Glashütte Fam. Apfelthaler
A-3871 Alt-Nagelberg 4, Tel. 02859 7354
www.nagelberger-glaskunst.at

50

Verbotener Duft im Labyrinth

Hanfdorf Reingers: Nüchternes Plädoyer für eine alte Kulturpflanze

Die guten Nasen von Kriminalbeamten und ihren Spürhunden zieht es immer wieder zu illegalen Cannabisplantagen in Großstadtkellern und damit zur Quelle von Haschisch und Marihuana. Nicht so in der kleinen Ortschaft Reingers im nördlichen Waldviertel. Dort gedeihen ganze Felder dieser übermannshohen Pflanze – und kein Polizist kümmert sich darum.

Im Jahre 2001 hat man auf der Suche nach landwirtschaftlichen Alternativen den Hanf (*Cannabis sativa*) entdeckt und sich mit dem förderlichen Segen der EU eine einträgliche Nische eröffnet. Selbstverständlich wurde dieser Sorte der Rauschgiftgehalt weggezüchtet, und der Anbau wird nach wie vor streng kontrolliert.

Der genügsame Hanf fühlt sich auf den kargen Böden der Böhmischen Granitmasse ausgesprochen wohl. Er verträgt das raue Klima, braucht keinerlei Herbizide und verdrängt seinerseits das Unkraut um sich. Anfang Oktober werden Stauden geerntet, die sich zu einer faszinierend vielfältigen Produktpalette aufbereiten lassen.

55.000 (!) Erzeugnisse sollen es sein, die aus Hanf produziert werden können. Er findet sich u.a. in Nahrungsmitteln, Kosmetikprodukten, in der Wärmetechnik und der Textilindustrie.

Falls man gewillt ist, sich mit einer etwas steifen Allwetterjacke aus Hanffasern auszustatten, wird man von dieser im Sommer kühl und im Winter warm gehalten. Die fetten Samenkörner haben in der Verarbeitung jedoch Vorrang. Sie neigen zum Ranzigwerden, müssen daher sofort getrocknet und gereinigt werden. Man kann sie wie Nüsse im Kuchen verwenden, aber auch in die Panier eines Schnitzerls mischen. Aufgrund ihres Kalium-, Kalzium- und Vitamingehaltes stellen sie eine gesunde Abwechslung im Speiseplan dar, heißt es im Hanfshop in Reingers, wo man Kostproben von Hanfgebäck anbietet. Ein Teil der Samen wird gepresst und soll als Hanföl Marinaden und Saucen geschmacklich bereichern.

Der unverdauliche Rest der Körner, die Schalen, wird in Kopfpölster gefüllt und garantiert ruhigen Schlaf. Der Presskuchen lässt sich an Schweine verfüttern oder wird von den Fischern als beliebter Karpfenköder an die Angel gehängt.

Die Fasern der Pflanze kennt man gewöhnlich als Hanfseil oder, falls man es noch selber verwendet hat, als Werg zum Abdichten auf dem Gewinde eines Wasserhahnes. Dass Hanf schon 1941 in der Autoindustrie groß in Verwendung stand, ist eher unbekannt. Henry Ford soll damals ein Auto großteils aus Hanf gebaut und mit Hanföl betrieben haben. Die modernen Autohersteller sind angehalten, innerhalb absehbarer Zeit ein vollkommen recyclebares KFZ zu erzeugen. Hanf wäre dabei unerlässlich. Eine Innenverkleidung aus solchen Fasern splittert nicht bei einem Aufprallunfall, verursacht somit keinerlei Verletzungen und kann schlussendlich biologisch abgebaut werden.

Ein Großteil des Hanfes, der im Waldviertel gedeiht, gelangt noch in den Export. Erst nach und nach finden sich einheimische Betriebe, die sich mit diesem eigenwilligen Grundprodukt anfreunden. Im nahen Kautzen werden in der

Bild linke Seite:
Im Waldviertel ganz legal: die Hanfpflanze.

Bilder oben:
Hanfseil und Spinnrad im Hanfshop in Reingers.

Obermühle von einer engagierten Gruppe junger Textilfachleute hochqualitative Matratzen unter Verwendung von Hanf hergestellt. In Schrems wird Hanfbier gebraut, und in Amstetten entstehen Dämmstoffe aus diesen Fasern.

Zumindest eine Ahnung vom schweren Duft des Verbotenen verströmt das Hanflabyrinth, das Jahr für Jahr als Besucherattraktion in einem der Felder angelegt wird. Wer bei diesem Rundgang nicht widerstehen kann, einige der handförmig gefiederten Blätter abreißt und ins Auto legt,

Bild oben links: **Bauernhof bei Illmanns.**

Bild oben: **Keilluken als Spuren des ehemaligen Granitsteinbruchs.**

Bild oben rechts: **Der „Raststein" im Erlebniswald „In der Hölle".**

wird sich vielleicht noch vor der Heimfahrt von seinem Souvenir trennen. Der süßliche Duft der ätherischen Öle dieser Pflanze hält auch nach dem Trocknen hartnäckig an und verdichtet sich bald zum penetranten Gestank.
Ganz so neu ist der Hanf im Waldviertel übrigens nicht. Neben dem Flachs wurde er schon zu Kaisers Zeiten angebaut und in den Haarstuben der Kleinbauern mittels Spindel und Spinnrad zu Garn gedreht. Nach einer langen Pause ist diese Kulturpflanze wieder in ihre alte Heimat zurückgekehrt und hat gute Chancen, als wertvolles Naturprodukt billigem Kunststoff erfolgreich Konkurrenz zu machen.

◎ ***Wandertipp:*** Erlebniswald „In der Hölle" heißt eine vielversprechende Wanderung im Gemeindegebiet von Reingers. Wir können entweder bereits von Reingers weg auf der Gemeindestraße in die Ortschaft Illmanns marschieren oder legen diese Strecke mit dem Auto zurück. In Illmanns nimmt der Weg zum Erlebniswald bei einem malerischen Ortsteich seinen Ausgang. Wir treffen auf dieser Runde den „Raststein" mit der Aufschrift 7.7.1896. Sie wurde angeblich von einem Steinbrucharbeiter mit Steinkreide angebracht, als er vor einem Gewitter unter diese Granitplatte geflüchtet war. Dieses Waldstück war bis zum Ende des 19. Jahrhunderts ein Granitsteinbruch. Der Wald hat sich das Gelände wieder zurückerobert, geblieben sind lediglich Reihen von Keilluken. Man nennt diese Löcher in den Steinen auch Schräme, in denen Eisenkeile steckten, auf die so lange reihum mit dem Preller (Eisenschlägel mit biegsamem Stiel) eingeschlagen wurde, bis der Stein abgesprengt war.
In der „Graselhöhle", einem kleinen Hohlraum zwischen den Steinen, sitzt leibhaftig Räuberhauptmann Grasel, der auch im nördlichen Waldviertel sein Unwesen getrieben haben soll. Beim „Steinernen Tor", einem Durchkriechstein, können wir mit festem Glauben an die Heilkraft des Granits unser Kreuzweh loswerden.
Der Rückweg aus dieser „Erlebnishölle" nach Illmanns führt entweder über die Waidhofener Straße oder, auf einem Umweg, über die Langen Lüßeln und Hirschenschläger Äcker.

Information

Gemeindeamt, A-3863 Reingers 81,
Tel. 02863 8208, www.reingers.at

Freizeitzentrum:
Tel. 02863 58188, www.hanfdorf.at

Bild rechte Seite: **Herbststimmung.**

Der reiche Fischfang

Teichwirtschaft als optimale Nutzung einer kargen Landschaft

Nein, es braucht kein Wunder, es braucht nur genügend Segen von oben und die gute Hand eines Teichwirts – und schon wimmelt es im Spätherbst in den Waldviertler Teichen nur so von Karpfen, Hechten und anderen Süßwasserfischen! Bereits im Frühmittelalter, als die ersten Bajuwaren im Nordwald ihre Siedlungen errichteten, wurden in nächster Nähe der jungen Ortschaften Fischteiche angelegt. In den Gründungsurkunden der Klöster werden als Stiftungsgut neben Wald, Feldern und Weingärten auch Fischteiche aufgezählt. Wie weit diese Tradition zurückreicht, zeigen die Spuren eines Teiches neben der Ruine Burgleiten, einer bereits im 13. Jahrhundert aufgegebenen Burg in der Nähe von Arbesbach im westlichen Waldviertel.

Fische sind wertvolle Eiweißlieferanten; sie waren für die zahllosen Fasttage im katholischen Jahresablauf die Alternative zu verbotenem, meist auch unerschwinglichem Schweinefleisch oder Wildbret.

Einer dieser alten kirchlichen Fasttage ist der Heilige Abend, der bis heute ohne gebackenen Karpfen kaum denkbar ist. Abgesehen von der christlichen Tradition, schwimmt dieser herrlich fette

Bild links oben:
Schleuse des Hanslteiches bei Gutenbrunn.

Bild links:
Ein kapitaler Hecht ist beim Abfischen ins Netz gegangen.

Bilderleiste oben von links nach rechts:
Wehr und Schleuse eines Waldviertler Teiches; Männer mit Zugnetzen beim Abfischen; Familienidyll am Teich.

und deswegen schmackhafte Fisch längst das ganze Jahr über durch die Speisekarten der Waldviertler Restaurants. Dazu kommen Hecht, Wels und Zander, denen das kühle Teichwasser mit der Geschmacksnote Urgestein durchaus behagt.
An manchen Stellen, zum Beispiel in Reitzenschlag bei Litschau, reiht sich ein Teich an den andern. Es bedarf einiger Kenntnis um das Wachstum der einzelnen Fischarten, um mit der richtigen Reihenfolge der Bewirtschaftung die jeweils beste Ausbeute zu erzielen.
Ab Oktober wird es für die geschuppten Teichbewohner ernst. Der Teichwirt verständigt die hilfsbereite Verwandt- und Bekanntschaft und heuert einen Fischmeister an, einen Fachmann, der letztlich für das Gelingen eines Abfischtages verantwortlich ist.
Am Vorabend feiern die Gehilfen gemütlich im Dorfwirtshaus. Der Teichwirt hat indessen an der Schleuse des Teiches Nachtquartier bezogen. Nach und nach wird das Wasser abgelassen, vorsichtig, damit nur ja kein Fisch im Schlamm erstickt, bis beim ersten Morgengrauen eine hüfttiefe Lacke übriggeblieben ist, in der es von Fischen nur so brodelt.

diejenigen, die am Bottich draußen stehen und die gefangenen Fische sortieren, und in solche, welche die vollen Kübel zum Traktor mit dem Frischwassercontainer schleppen.
Der Fischmeister weist die Leute an, zuerst auf die Zander zu achten; sie sind am heikelsten. Dann kommen die Karpfen, weil sie muren (den Schlamm aufwühlen) und dadurch den Weißfischen die Kiemen verkleben. Es wird sortiert, ausgebüxte Fische werden mit einem Handnetz eingefangen, und immer wieder wandert das Zugnetz durch das flache Wasser.
Erstaunlich, dass es trotz dieser sorgfältigen Nachlese Überlebenskünstler gibt, die einen solchen Tag überdauern. Vor allem Hechte verstehen es, versichert der Fischmeister, sich in einer Vertiefung am Teichgrund ruhig zu verhalten, bis das Netz über sie hinweggegangen ist. Sie haben ein weiteres Jahr gewonnen, um sich gefahrlos an den neu eingesetzten heranwachsenden Jungkarpfen zu delektieren.
Die meisten Fische sind jedoch bereits am späten Vormittag in den Kalter verbracht und harren dort noch Wochen ihrer hehren Bestimmung als weihnachtlicher Festtagsbraten.

Durch den Morgennebel hört man die Autos der eintreffenden Mannschaft. Die Leute sind gut gerüstet, mit hohen Gummistiefeln, Netzen und Kübeln. Mit ihnen kommt der Fischmeister, der dem Teichwirt gute Arbeit beim Wasserablassen bescheinigt und ab nun das Kommando übernimmt. Die Helfer werden eingeteilt: in solche, die mit dem Zugnetz durch die Lacke waten, in

Information

Die traditionsreiche Waldviertler Abfischzeit: Informationen und Kochrezepte unter www.abfischzeit.at

Region Ysper-/Weitental

52

Geschichten aus der Postkutschenzeit

Auf beschaulicher Fahrt von Luberegg nach Gutenbrunn

1774 wurde dem Unternehmer Joseph Fürnberg das Privileg gewährt, eine Holzschwemme im Weinsberger Wald zu errichten. Er erhielt das Recht, auf den Flüssen Weiten, Krems, Großem und Kleinem Kamp Holz zu triften. Die Reichshauptstadt Wien benötigte große Mengen an Brennholz, die von Fürnberg nun aus seinen umfangreichen Besitzungen im südlichen Waldviertel geliefert werden konnten. An einen Einsatz von Fuhrwerken war nicht zu denken. Die gebirgige Gegend war bestenfalls durch Saumpfade erschlossen und kaum besiedelt. Der Wasserweg stellte somit die einzige Möglichkeit eines wirtschaftlichen Transports dar.

Fürnberg war ein umsichtiger Manager und mit Fragen der Logistik wohl vertraut. So erkannte er sofort, wie wichtig genügend Wasser für einen reibungslosen Ablauf war. Es wurde an den Oberläufen der Flüsse gesammelt und im Weinsberger Wald sogar die Berglucken, ein Tunnel, gebohrt, durch den jene Bäche, die nach Oberösterreich flossen, für Fürnbergs Zwecke angezapft wurden.

Künstliche Schwemmteiche wurden angelegt oder bereits bestehende, wie der Edlesberger See aus 1670/80, in dieses weitläufige System einbezogen. Zwischen den Gewässern wurden zur Verkürzung des Weges und zur Beschleunigung des Schwemmens Geflüder (hölzerne Kanäle) gebaut oder der Fluss zur Klause aufgestaut, damit sich die benötigten Wassermengen ansammelten. Aufgefangen wurde das geschwemmte Holz im Rechen bei Weitenegg und im benachbarten Luberegg, gegenüber von Melk, gelagert, bevor man es auf Kehlheimer Kähne verlud und in die Reichshaupt- und Residenzstadt brachte.

In der Umgebung von Gutenbrunn wurde von Fürnberg nebenbei die seit 1599 bestehende Glasindustrie aktiviert. Der noch junge Glasmaler Joseph Mildner fertigte die nach ihm benannten Mildner Gläser, die heute zu den Prunkstücken großer Sammlungen in aller Welt gehören. Mildner hatte dazu die so genannte „Zwischenglasvergoldung" verfeinert. Er gab das Geheimnis dieser Technik aber nie preis und nahm sie 1808 als erst 44 Jahre alter Mann mit sich ins Grab.

Rücksichtnahme auf die Natur war damals ebenso wenig gefragt wie heute. Zeitgenossen kritisierten den brutalen Kahlschlag. In den Urwäldern, „in denen nie ein forstgerechter Schlag vorgenommen war, ließ er (Fürnberg) hauen, hauen und hauen", schreibt Friedrich Reil in seinem Buch „Donauländchen". Der Ertrag wurde zum Teil von der Erhaltung der Schwemmwerke aufgefressen. Dennoch erbrachte das Unternehmen zumindest anfangs genug Gewinn, um das Verwaltungsgebäude der Holzschwemme in Luberegg zu einem noblen Schlösschen ausbauen zu lassen. Beinahe zeitgleich (ca. 1785) entstand am anderen Ende der Schwemme, in Gutenbrunn, ein ähnliches Schloss.

Zum endgültigen Glück fehlte Fürnberg eine Postlinie entlang des Weitenbaches. Ein erstes Ansinnen an den Kaiser wurde abgelehnt, 1791 gab es jedoch das ersehnte Privileg. Er durfte entlang der Strecke zwischen Melk, Luberegg und Gutenbrunn Poststationen einrichten, Expeditoren, also Postbeamte, beschäftigen und eine Straße anlegen. An Auflagen wurden Fürnberg unter anderem die Einhaltung der Vorschriften der k. k. Postverwaltung, die Bereitstellung von Schiffsleuten an beiden Ufern der Donau, die Erhaltung der Straße in chausseeartigem Zustand und der Verkehr einmal in der Woche in beide Richtungen gesetzt.

Folgt man den Spuren der Straße, trifft man in ihrem Verlauf auf eine Reihe von Sehenswürdig-

Bild linke Seite:
Eine verwitterte Holztafel als einer der wenigen Hinweise auf die ehemalige Poststraße.

Bild links:
Sie hat bis in die jüngste Zeit dem Straßenverkehr standgehalten: die Fürnbergsche Brücke bei Weitenegg.

Bild rechts:
Ruine Weitenegg, zu jeder Zeit ein lohnendes Fotomotiv.

Bild links: **Schloss Gutenbrunn, um 1785 von Joseph Fürnberg erbaut.**

Bild rechts: **Lutherische Kritzeleien an der Kirche St. Corona in Leiben.**

keiten. Nach der Donaubrücke bei Melk liegt ein kleines Stück flussaufwärts am Nordufer das Schlösschen Luberegg. Es wurde zum Hotel ausgebaut, hat aber seine ursprüngliche Form, vor allem die sehenswerte Dachlandschaft, behalten. Nur wenig später wendet sich die Straße bei Weitenegg von der Donau weg. Die imposante Ruine Weitenegg steht im Privatbesitz, ist aber ein Fotomotiv ersten Ranges. Die „gewesene Hoftaverne" am Fuß des Burgberges wurde zum Gasthof Gruber, und im Haus Nr. 16 wird einem bereitwillig die Elisabethkapelle aufgesperrt. Das kleine hölzerne Gotteshaus wurde vom Bundeskanzler, späteren Außenminister und Wegbereiter des Ständestaates Prälat Ignaz Seipel beim Geburtshaus seiner Mutter gestiftet; zum Dank dafür, dass er das Attentat am 1. Juni 1924 überlebt hatte.

Hoch über der Donau steht die Pfarrkirche von Ebersdorf, deren Kanzel das Wappen des zum Freiherrn geadelten Joseph Fürnberg ziert. Der Pfarrhof trägt einen so genannten Napoleonhut, ein steil geschwungenes Dach, das von Fürnberg finanziert wurde.

Während sich unten im Weitental die Straße durch ein enges Felsentor zwängt, trifft man abseits davon oberhalb der Burg Weitenegg auf ein düsteres Denkmal der Rechtsgeschichte. An einem Geländeabbruch steht ein unverputztes Türmchen, das Galgenkreuz. An dieser Stelle sollten die zum Tod Verurteilten ihr letztes Gebet sprechen. Am 29.12.1362 wurde, so ist es überliefert, Otto Grimsinger an dieser Stelle auf dem Scheiterhaufen verbrannt. Er hatte das Melker Kreuz aus dem Stift gestohlen. Der Diebstahl wurde aber aufgeklärt und der Täter gefasst, sein Gehilfe gnadenhalber nur gehenkt.

In der Marktgemeinde Leiben treffen wir wieder auf die Postkutsche. Deren Passagiere hatten eine Rast nötig, denn auf dem steilen kurzen Anstieg aus dem Tal herauf zum Schloss mussten sie aussteigen und den Postwagen kräftig anschieben. Wer hätte damals geglaubt, dass man irgendwann einmal keine Pferde mehr brauchen würde? Wir begreifen ein wenig die Rasanz der Entwicklung beim Besuch der Ausstellung „Vom Faustkeil zum Motorpflug", die in einigen Räumen des Schlosses eingerichtet ist. Gezeigt

wird historische Landtechnik in Österreich, vom Ochsen vor dem Pflug bis zu einer Sammlung von attraktiven Traktorveteranen, die Sonntag für Sonntag vor den begeisterten Besuchern erfolgreich angeworfen werden und im Innenhof des Schlosses knatternd ein paar Runden drehen.

In der Mitte des 17. Jahrhunderts wurden im Rittersaal und im anschließenden Betsaal jeweils eine bemalte Kassettendecke angebracht. Ihr Maler ist nicht bekannt, man weiß aber um das künstlerische Vorbild: einen Zyklus von Hendrik Goltzim aus 1569. Gestalten aus Ovids „Metamorphosen" mischen sich im Rittersaal mit Helden-, Götter- und Dämonensagen sowie mit biblischen Szenen.

Allzu leicht übersieht man in Leiben die Kirche zur hl. Corona. Sie steht außerhalb des Ortes auf einer kleinen Anhöhe. Den Schlüssel dafür gibt es im Haus daneben. Auffallend sind außer dem Portal wilde Ritzereien. Zwischen Hellebarden, Messern und Beilen ist deutlich das Bekenntnis eines Protestanten namens Bartholomäus Nebart zu lesen: „Gottes Wort undt di Lutherisch Lehr vergehet niergendts nimer Mehr."

Für die Reisenden seinerzeit hieß es bald wieder aufsitzen. Sie wurden von Leiben weg auf der Höhe heroben durch relativ flaches Gelände kutschiert. Das Weitental war damals noch unpassierbar – ein verfluchter Teufelsgraben, durch den in Gewitternächten die Wilde Jagd brauste. Vor Pöggstall taucht die Poststraße bei der Kirche St. Anna im Felde aus dem Wald auf und führt durch den Ort, vorbei am Schloss, in Richtung Grub, wo ein Teilstück der Trasse durch Hinweistafeln gekennzeichnet ist. Es geht, stellenweise wieder steil bergauf, bis Martinsberg, wo die Straße endlich zu ihrem Ziel Gutenbrunn einbiegt.

Wie viele Passagiere diese Dienste in Anspruch genommen haben, ist nicht bekannt. Der berühmteste Fahrgast jedenfalls war Ludwig van Beethoven. Für den Betreiber selbst erwies sich das Unternehmen nicht als erfolgreich. Fürnberg geriet in Schulden und musste schließlich verkaufen. Über Umwege wurde sein Herrschaftsgebiet von Kaiser Franz II. (I.) dem k. k. Familienfonds einverleibt, die Holzschwemme in Luberegg 1811 stillgelegt. Die gerodeten Waldbestände ließen keine Holzgewinnung mehr zu. Von der

Bild links: **Schleuse des Edlesberger Sees.**

Bild rechts: **Zufahrt zu Schloss Leiben auf der Trasse der ehemaligen Poststraße.**

Schmuckstück des Renaissanceschlosses Leiben: die bemalte Kassettendecke.

Poststraße sind die Brücken übrig geblieben. Für die Bewohner der Gegend handelt es sich um Römerbrücken – so gründlich wurde das Werk Fürnbergs vergessen. Dennoch: die Brücken sind derart solid gebaut, dass eine davon, sie befindet sich vor Leiben neben der Bundesstraße 216, bis in die 1960er Jahre den gesamten Verkehr auf dieser Hauptverbindung ins Waldviertel bewältigte.

Wandertipp: Die Familie Marschall von den Marschall-Stuben in Gutenbrunn hat kurzerhand Skandinavien ins Waldviertel verlegt. August Marschall sen. gilt als Waldviertler Schilanglaufpionier schlechthin. August Marschall jun., der mit seiner Frau Christl das Erbe seines Vaters weiterführt und ausbaut, findet keine bessere Umschreibung für die Umgebung von Gutenbrunn: „Eine weite Gegend mit endlosen Wäldern, die malerischen Teiche, die geheimnisvollen Granitformationen, das alles erinnert an den hohen Norden." Für die Langläufer werden Winter für Winter schneesichere Loipen gespurt, die den Wanderer auf den zwei schmalen Brettln durch traumhaft verschneite Wälder, vorbei an zugefrorenen Teichen und pittoresken Granitfelsen, führen.

Kulturtipp: Das Bühnenwirtshaus Juster in Gutenbrunn sorgt für kulturelles Highlife im tiefsten Waldviertel. Dieter Juster war es leid, dass spannende Events nur in Ballungsräumen stattfinden. Mit einer verschworenen Familie und der Weinsberger Kulturinitiative im Rücken, wurde ein Programm auf die Beine gestellt, das sich sehen und hören lässt. Kabarett, Jazz, Blues und Folk sowie einige von vielen Namen: Alf Poier, Gunkl, 4Xang, das Balaton Combo, Bluatschink und Mnozil Brass. Alljährliche Fixpunkte: Dudelsackseminar der Volkskultur Niederösterreich und ein internationales Folkfestival.

Information

Gemeindeamt, Hauptstraße 34, A-3652 Leiben,
Tel. 02752 70042, www.leiben.at

Schloss Leiben, Ökoregio Ges.m.b.H.:
Hauptstraße 34, A-3652 Leiben,
Tel. 02752 70043, www.schloss-leiben.at

Landtechnikmuseum mit Traktorveteranen:
Schlossstraße 4, A-3652 Leiben,
Tel. 02752 70043, April bis November,
Sonn- und Feiertage 10-17 Uhr.

Bühnenwirtshaus Juster: A-3665 Gutenbrunn 3,
Tel. 02874 62530, www.buehnenwirtshaus.at

Gasthof Marschall-Stuben:
A-3665 Gutenbrunn 20, Tel. 02874 6294,
www.marschallstuben.at

Rendezvous mit dem Henker

Hautnahe Begegnung mit der Rechtsgeschichte in Pöggstall

In der Historie der Marktgemeinde Pöggstall erscheint Anfang des 16. Jahrhunderts eine Lichtgestalt in der Person des Wilhelm von Rogendorf (1481-1541). Er war als Dienstmann und Gefährte Kaiser Karls V. Verwalter in Friesland, Statthalter in Barcelona und Südfrankreich, Generaloberst auf der Schüttinsel, Verteidiger von Wien gegen die Türken und Grundherr von Pöggstall, das unter seiner Regentschaft zum Zentrum der Region aufstieg. 1521 erwirkte er für Pöggstall auf dem Reichstag zu Worms die Reichsfreiherrschaft. Dazu wurden Bann- und Landgericht sowie Münz-, Schatz- und Bergrecht verliehen.

1593 wurde im Bergfried des Schlosses die Folterkammer neu eingerichtet. Sie geriet später in Vergessenheit und blieb damit als einzige im Original erhalten. Man steigt durch die dicke Mauer des Turmes hinab in ein finsteres, staubiges Gewölbe, begleitet von authentischen Bildta-

Bild oben: **Folterkammer im Bergfried von Schloss Pöggstall.**
Bild rechts: **Glasbläser Walter Faffelberger an der Gasflamme.**

Prügelbank im Museum für Rechtsgeschichte.

feln aus der „Constitutio criminalis Theresiana" (1768). Auf ihnen sind peinlich genau die Vorschriften für die richtige Anwendung von Daumenschraube, Maulbirne und Streckleiter kundgemacht. In den jeweiligen „Vorstellungen der eigentlichen Anwendung" der diversen Geräte sind A der Inquisit, B, C und D der Freymann und seine Knechte; die folgenden Buchstaben beschreiben in penibler Auflistung Schemel, Strick und Marterapparat sowie die Handhabung desselben.

Wer über starke Nerven verfügt, ist eingeladen, sich probeweise eine Daumenschraube anlegen zu lassen. Sie wird vorschriftsgemäß über den Finger gestülpt und laut Anweisung zugedreht. Man spürt den Druck des Eisens im Nagelbett und ist nach kurzer Tortur bereit, was immer auch zu gestehen. Wahrscheinlich haben auch damals die zu Vernehmenden schon bei Androhung des „Aufziehens" (der zu Befragende wurde an den am Rücken zusammengebundenen Händen hochgezogen) freiwillig jede Untat zugegeben.

Die Folterkammer wurde mit einer Schmiede versehen. In deren Esse wurden Zangen glühend gemacht, damit deren Zwicken die richtige Wirkung entfaltete. Fiel ein Gefolterter in rettende Ohnmacht, wurde das Verfahren bis zum Erwachen ausgesetzt, und war ein Delinquent zu schwer verletzt, war er vom Freymann gesund zu pflegen. Man suchte in der hochnotpeinlichen Befragung schließlich nichts als die reine Wahrheit.

Einer der Ersten, die Zweifel an der Sinnhaftigkeit dieser Form der Beweisfindung äußerten, war der Leibarzt Maria Theresias, Ferdinand Edler von Leber. In die Geschichte eingegangen ist er als „Folterarzt", der jedoch ganz entgegen seinem Beinamen ein Gutachten gegen die Tortur verfasst und damit möglicherweise seine prominente Patientin überzeugt hat, 1776 die Folter endgültig abzuschaffen.

Lebers Porträt hängt zwischen allerlei Foltergeräten im Museum für Rechtsgeschichte im Rondell des Schlosses Pöggstall.

1520 war Rogendorf in Antwerpen mit Albrecht Dürer zusammengetroffen und hatte von diesem Anregungen zum Bau einer hierzulande einmaligen kreisförmigen Befestigungsanlage erhalten. Das Rondell konnte rundum verteidigt und noch nach dem Fall der Hauptburg gehalten werden. Es behielt seine imposante Form unverändert bis in unsere Tage.

Die dort gezeigte „Sammlung österreichischer Strafrechtsaltertümer" war von Hans Liebl (1877-1959) zusammengetragen worden und wurde nach einigen Umwegen in Pöggstall aufgestellt. Hauptthema ist die Entwicklung unseres Strafrechts von seinen Anfängen in der Lex Baiuvariorum aus dem 8. und 9. Jahrhundert, im Schwaben- und Sachsenspiegel und in der niederösterreichischen Landgerichtsordnung von 1579, begleitet von einer Fülle an Furcht einflößenden Werkzeugen, die seiner Durchsetzung dienten.

Ein prächtiges Richtschwert war der Stolz jedes Scharfrichters. Er hatte dem Delinquenten den Kopf mit einem Streich abzuschlagen, andernfalls traf ihn selbst die Wut der enttäuschten Zuschauer. Das Köpfen war die mildeste der Hinrichtungsarten. Lagen erschwerende Umstände vor, kamen Galgen und Rad zum Einsatz.

Kleine Untaten wurden auf der Prügelbank geahndet. Wenn man liest, dass der Bestrafte den Prügelknecht pro Hieb zu entlohnen hatte, mag man lächeln und denkt nicht daran, dass ein

Schandmaske und Richtrad als beklemmende Erinnerungen an den Strafvollzug in alter Zeit.

Verkehrssünder unserer Tage im Fall einer Verurteilung für das Verfahren eine Gebühr zu berappen hat. Pranger, Schandfiedel und Schandmaske sorgten für den Spott des Volkes, der sich mit Spucke, Jauche und dem Inhalt von Nachttöpfen über den Gesetzesbrecher ergoss. Gerichtsprotokolle belegen den Hexenwahn in all seinen grässlichen Auswirkungen, und Moritatentafeln würdigen in zeitlos unterhaltsamer Weise das ungebrochene Interesse der Öffentlichkeit an spektakulären Prozessen.

Der legendäre k. k. Wiener Scharfrichter Josef Lang hofft in der Einleitung seiner Lebenserinnerungen 1920, dass nach dem Zerfall der Donaumonarchie der „Freimann", „Henker", „Scharfrichter" … „aus der Alltagskultur des deutschen Volkes verschwinden" würden. Ausgerechnet im Namen dieses Volkes wurden von 1938 bis 1945 Tausende Todesurteile vollstreckt. Die Guillotine, die im Landesgericht verwendet worden war, steht als erschütterndes Mahnmal am Ende dieses blutigen Weges durch unsere Rechtsgeschichte; zumindest hier, im Museum. Denn erst am 7. Februar 1968 wurde vom österreichischen Nationalrat die Standgerichtsbarkeit und damit die Todesstrafe in Österreich endgültig aufgehoben.

◎ ***Kulturtipp:*** Pöggstall, das wegen seines vergleichsweise milden Klimas „Meran des Waldviertels" genannt wird, hat auch seine freundlichen Seiten. So trifft man im hotglass Atelier auf dem Hauptplatz Walter Faffelberger bei der Arbeit. Nach seiner Ausbildung zum technischen Glasapparatebauer in Kramsach in Tirol wurde er im Verlauf etlicher Lehr- und Wanderjahre in Texas, Wien und Lenggries in Bayern zum Glaskünstler. Faffelberger ist Glasbläser, der aus Weichglas mit verschiedenen Metallsalzen oder Oxyden und Edelmetallen an der „Lampe", einer Gasflamme, edle Formen in wirkungsvollen Farben zaubert. Angeboten werden seine ausschließlich von Hand gefertigten Arbeiten auf heimischen Kunstmärkten und mittlerweile auch in Übersee in einer New Yorker Galerie.

Seine Werkstatt wurde zu einem kulturellen Zentrum des Waldviertels, in dem sich jeweils zu Fronleichnam namhafte Künstler zu einem internationalen Künstlerfest einfinden. Ihre Werke sind das ganze Jahr über in der Ateliergalerie neben den Gläsern von Faffelberger zu sehen und zu erwerben.

Information

Gemeindeamt, Untere Hauptstraße 8,
A-3650 Pöggstall, Tel. 02758 23830,
www.poeggstall.at

Museum für Rechtsgeschichte
(angeschlossen sind das Heimat- und Imkereimuseum, Franz Traunfellner-Gedenkstätte, Rogendorfer-Ausstellung):
A-3650 Pöggstall 1, Tel. 02758 3310

hotglass Atelier Walter Faffelberger:
Hauptplatz 11, A-3650 Pöggstall, Tel. 02758 2980
oder 0676 6352383, www.hotglass.at

54 Die edle Frau Maria

Neukirchen am Ostrong: Die vergessene Wallfahrt

Die Gegend war noch unwegsam, die wenigen Siedlungen bestanden aus einigen strohgedeckten Keuschen. Der Babenberger Markgraf Leopold III. der Heilige hatte seine Residenz in Klosterneuburg bezogen. Die Burgen, die entlang des Kamps das neu gewonnene Territorium gegen Böhmen hin absichern sollten, befanden sich erst im Bau.

Dennoch machte man sich schon auf den Weg zur Wallfahrt. Anno Domini 1120 wird Neukirchen am Ostrong bereits urkundlich erwähnt.

Drei Jahre zuvor soll der Überlieferung zufolge Bischof Heinrich von Freising höchstpersönlich die Weihe der Kirche vorgenommen haben. Sie war als weithin sichtbarer Orientierungspunkt auf einer freien Anhöhe auf dem Ostrong (1060 m) errichtet worden.

Kein anderer Wallfahrtsort des Waldviertels kann auf so frühen Zuspruch seitens der Pilger verweisen. Sie kamen derart zahlreich, dass um 1430 drei Backstuben zu ihrer Verpflegung notwendig waren. Zuversichtlich wandte man sich mit sei-

nen Sorgen an Maria, deren Himmelfahrt die Kirche geweiht ist.
Die Gnadenstatue aus 1375 ist eine hochedle Dame, ein Ritterfräulein, das auf dem rechten Arm das Kind hält. Diese Madonna war stets zielstrebig und für eine Holzfigur erstaunlich selbständig. Ursprünglich war sie angeblich in einem Schloss im nahen Ysper gestanden, das wegen des sündigen Treibens seiner Bewohner versank. Die Statue aber hatte sich rechtzeitig erhoben und auf den Nussendorferberg bei Artstetten begeben. Man wollte ihr eine Kirche errichten. Bevor es aber dazu kam, war sie schon wieder verschwunden. Man folgte einer Spur von Holzscharten, die auf den Neukirchnerberg führte. Dort legte Maria, gekleidet in einen weißen Mantel, mit eigener Hand den Grundriss der Kirche aus.
Bei der unvermeidlichen Barockisierung der Wallfahrtskirche wurde die Statue neuerlich aktiv. Sie sollte aus dem Altarraum nach hinten auf einen Sockel vor dem Singchor weichen, begab sich jedoch in der Nacht auf ihren angestammten Platz zurück. Mesner und Pfarrer verdächtigten einander und versperrten gemeinsam die Kirche, und wieder war das Standbild in der Früh gewandert. Es blieb also vorne und erhielt mitten auf dem Hochaltar seine Nische. Dass das Kind auf Marias Arm zum Fenster der Apsis hinausschaute, störte den Pfarrer. Er engagierte einen Tischler, der den Arm absägen und so anbringen sollte, dass das Kindlein zu den Kirchenbesuchern hin blickte. Den wackeren Handwerker verließ aber in dem Augenblick die Courage, als er die Säge ansetzte. Er hatte Angst, dass Blut aus der hölzernen Figur rinnen könnte, und weigerte sich, den Auftrag auszuführen.
Auch Wallfahrtsorte sind der Mode unterworfen. Ab dem 17. Jahrhundert zogen die Pilgerströme zur Konkurrenz nach Maria Taferl. Damit blieben die reichlichen Spenden aus. Mit einem Wunder hoffte man diesem Trend gegensteuern zu können und kolportierte folgende Geschichte:
Drei Mäher wollten an einem Tag eine riesige Wiese abmähen. Zwei davon setzten ihr Tagwerk auch nach dem Gebetläuten am Abend fort. Einer hielt inne. Er betete den „Engel des Herrn“ und wurde dafür belohnt. Vor ihm in der Wiese lagen drei goldene Kugeln. Sie waren der Anlass für die Goldenen Samstage, die dem Wallfahrtsort zumindest kurzfristig wieder mehr Besucher bescherten.
Nach wie vor ziehen Wallfahrergruppen nach Neukirchen; vom geschäftigen Treiben anderer Gnadenorte ist hier aber nichts zu merken: keine Standeln, keine Schatzkammer und keine brennenden Kerzen vor dem Marienbild.
Dennoch beherbergt die Kirche in aller Stille eine beachtliche Fülle an kunsthistorischen Kostbarkeiten, wie die gotischen Glasfenster aus 1370. Auf einer Seite zeigen sie den zwölf Jahre alten Jesus im Tempel und die Flucht nach Ägypten. Ihm gegenüber steht der Arnsdorfer Ritter Wolfgang Erendorfer mit einer Arn, wie die Leute hier zur Egge sagen, die sich auf seiner Grabplatte wiederfindet: ein einzigartiges Beispiel von Ritztechnik in Stein. Das Sakramentshäuschen stammt aus 1520. Seine doppelseitig bemalte Tür ziert auf einer Seite Maria Magdalena und auf der anderen die hl. römische Jungfrau Balbina. Bei Restaurierungsarbeiten 1966 wurden spätgotische Fresken im Presbyterium und am Gewölbe über dem Musikchor freigelegt.
Der größte Schatz findet sich in der nördlichen Seitenkapelle: ein gotischer Schreinaltar aus 1520, eigentlich ein Pasticcio aus zwei Altären.

Bilderleiste linke Seite von links nach rechts: **Wallfahrtsort Neukirchen: Gnadenstatue auf dem Hochaltar; spätgotische Fresken über dem Musikchor; gotisches Glasfenster mit dem Stifter Wolfgang Erendorfer.**
Bild oben: **Weithin sichtbar: die Wallfahrtskirche Neukirchen am Ostrong.**

Da neben den Heiligen auch die Stifter abgebildet sind, weiß man über die Herkunft des Altares recht gut Bescheid. Der dargestellte Gönner ist Ritter Hans Schauchinger, dessen Name sich auch auf einem Grabstein in der Kirche findet. Trotz der hohen seelsorglichen Anforderung und überregionalen Bedeutung war Neukirchen lediglich eine Filiale von Münichreith am Ostrong. Erst mit Joseph II. wurde es eigenständige Pfarre und wird heute, fast ein Treppenwitz der Geschichte, aufgrund des Priestermangels vom Pfarrer in Münichreith mitbetreut.

Information

Kirchenführung anzumelden über die Pfarre Münichreith, Tel. 07413 6109.

Bilderleiste von oben nach unten:
Gotischer Schreinaltar aus 1520 mit der Stifterfamilie in der Predella, säuberlich getrennt in Frauen- und Männerseite.

Waldviertler Lebenswasser 55

Whisky on the granite rocks
vom Roggenhof in Roggenreith

Schottland und Irland streiten sich darum, wer ihn erfunden hat: die Schotten den „Whisky" oder die Iren den „Whiskey". An sich ist's einerlei – in beiden Ländern wird das Getränk in hervorragender Qualität erzeugt und exportiert. Umso erstaunlicher ist die Anerkennung, die von dort einer kleinen Destillerie im Waldviertel ausgesprochen wurde. Der Landwirt Johann Haider in Roggenreith zeigt ein Ehrendiplom aus Schottland, das ihm für den von ihm produzierten Whisky verliehen wurde.

Die Voraussetzungen für eine erfolgreiche Konkurrenz zu den Britischen Inseln sind gegeben. Roggenreith mag seinen Namen vom Roggen herleiten, eine der wenigen Feldfrüchte, die auf dem kargen Boden der Waldviertler Highlands einigermaßen gedeihen. Wasser in hervorragend milder Qualität liefert der Boden aus Urgestein, und das Know-how hatte sich der gewitzte Whiskybauer in Kürze erarbeitet. Bei der Frage nach der Herstellungsweise ist er mit der Antwort ebenso knauserig wie die Schotten.

Bild oben: **Waldviertler Whisky on the granite rocks.**

Bild links und unten:
Fass und Destillator in der Whisky-Erlebniswelt auf dem Roggenhof in Roggenreith.

Sogar der mythologische Hintergrund weist Parallelen auf. In Irland und Schottland sind die Nachfahren derjenigen Kelten zuhause, die man im Waldviertel so gerne gehabt hätte. Die Opfersteine für die Druiden, meint man, seien vorhanden, und mit dem Whisky nun auch das „uisgebeatha", das Lebenswasser der Gälen.

St. Patrick wird als Erfinder des Whiskys verehrt. Eine Legende, die sich ebenso gut im Waldviertel hätte zutragen können, berichtet, dass der Heilige, vom Fasten halb verhungert, vor einem Topf mit Gerstenbrühe saß, aus der eigentlich Bier gebraut werden sollte. Sie war bereits in Gärung übergegangen. Der Suppendunst kondensierte an der kalten Luft und tropfte in seinen Becher. Patrick kostete und fand, dass es sich um ein Getränk mit wärmendem Feuer handelte.

Whiskytrinken und Beten müssen nicht zwei verschiedene Dinge sein, denn auch der irischen Patronin Brigida wird ein heiliges Trinklied zugeschrieben: „Ich möchte die Männer des Himmels bei mir zu Gast haben und ihnen große Fässer voll Fröhlichkeit kredenzen."

In der Whiskyerlebniswelt auf dem Roggenhof reihen sich diese Fässer in froher Erwartung kundiger Genießer aneinander; sie enthalten nicht nur Whisky, sondern auch andere „Geister" des Waldviertels: Gin, Obstbrände und Mohnkorn. Zwetschkenbrand lagert in Zwetschkenholz, Apfelbrand in Fässern aus dem Apfelbaum, und der Whisky – er erhält seine rauchige Note durch Lagerung in Manhartsberger Eiche, wo er in aller Ruhe drei Jahre lang zu hochwertigem Roggenwhisky, Roggen-Malz-Whisky, Gersten-Malz-Whisky oder Karamel-Malz-Whisky reift.

Information

Waldviertler Roggenhof, Familie Haider, Destillerie, A-3664 Roggenreith 3, Tel. 02874 7496, www.roggenhof.at

Bild rechte Seite: **Aus der Werkstatt des Schlossers Josef Jindra: Sonnenuhr in Gutenbrunn am Ursprung von Ysper und Weiten.**

Im Tal der Sonnenuhren

Weiten – das erklärte Zentrum des Kosmos

Bild rechts: **„Schatten sind wir", lautet die Botschaft dieser Sonnenuhr in Weiten.**

Bild unten: **Eine Taschenuhr für Schönwettertage: Sonnenwinkel-Sonnenuhr.**

Lassen Sie Ihre Armbanduhr getrost zu Hause! Schlossermeister Johann Jindra aus Weiten kann seit gut 30 Jahren darauf verzichten und weiß trotzdem ganz genau, wie spät es irgendwo auf der Welt ist. Er hat sich ein ganz persönliches Naheverhältnis zur Zeit geschaffen.

„Vor Jahren ist mir ein Buch über Sonnenuhren in die Hände gefallen", beginnt seine Einführung in das Geheimnis der vierten Dimension, „es war ein Buch mit sieben Siegeln", von denen er eines nach dem anderen in seiner Werkstatt aufgebrochen hat. Es entstanden Sonnenuhren, die handwerkliche Meisterwerke und bemerkenswert genaue Chronometer in einem sind. „Damit die Abweichung von der astronomischen Zeit maximal fünf Minuten beträgt", erklärt Jindra, „muss eine Sonnenuhr nach der Hausmauer und nach dem Längengrad, auf dem das Haus steht, von Grund auf berechnet werden. In Graz ist es zu einer anderen Zeit Mittag als hier in Weiten. Sommerzeit gibt's überhaupt nicht. Was kümmert es den lieben Gott, was unser Parlament beschließt?"

„Sonne, Zeit und Ewigkeit" nennt er die kleine Ausstellung bei seinem Betrieb im Weitental. Von dort aus werden Besucher in die Umgebung geschickt, um Sonnenuhren zu entdecken. Historische Beispiele finden sich an den Mauern von Burgen und Schlössern, an Kirchen und an den Fassaden gediegener Bürgerhäuser, zeitgenössische Exemplare dank Jindras Schaffensfreude in Waldviertler Parks und Marktplätzen. Zur leichteren Orientierung wurden sie in einem kleinen Führer durch das „Tal der Sonnenuhren" (Ysper- und Weitental) zusammengefasst.

Dem Design ist bei Sonnenuhren keine Grenze gesetzt. So wird in Jindras Schönwetteruhrengeschäft die Sonnenwinkel-Sonnenuhr als Halsketterl und Wanderstab als Souvenir angeboten. Mit ihrer kobaltblauen Glaskugel und einem unstet huschenden Lichtstrahl vertritt sie die Klasse der Taschenuhren. Diopter- und Äquatorialsonnenuhr sind die Präzisionsinstrumente und steinerne Obelisken vorzeitliche Kalenderuhren. Auf die Bergspitzen-Sonnenuhr in Südtirol kann aus Platzgründen nur verwiesen werden.

Irgendwann wird Greenwich von der Marktgemeinde Weiten als Durchgangspunkt des Nullmeridians abgelöst werden. Das Sonnensystem wurde bereits hierher verlegt. Die Sonne steht natürlich in der Ortschaft, im Zentrum des Weitener Kosmos. Im Maßstab von 1:1,6 Milliarden wurden die Planeten aneinandergereiht. Zum Merkur und zur Venus sind es auf diesem Planetenweg nur ein paar Schritte, bis zum Pluto immerhin 3,7 Erdenkilometer. Dieser letzte unserer Planeten befindet sich – welch wundersamer Zufall! – genau vor einem Wirtshaus, das den Wanderer aus den Weiten des Alls in ein gemütliches Gastzimmer zurückholt.

Information

Sonnenuhren Jindra,
A-3653 Weiten 120, Tel. 02858 8292,
www.sonnenuhren.com

Bild rechte Seite: **Der Rabe mit dem Ring auf dem Marktbrunnen von St. Oswald.**

Ein Herz aus Stein

St. Oswald und Yspertal:
Mystische Wanderungen durch das Donauländchen

1831 war Anton Friedrich Reil aufgrund mangelnden Talents als Schauspieler pensioniert worden. Als Versorgungsposten erhielt er die Stelle eines „überzähligen" Kammerdieners beim Kaiser und hatte damit sehr viel Zeit, seinen persönlichen Neigungen nachzugehen. Er ging im wahrsten Sinn des Wortes durch das Waldviertel und verfasste über seine Eindrücke eine für die damalige Zeit beachtliche Topografie. Den südlichen Teil zwischen der Grenze zu Oberösterreich und dem Jauerling nannte er „Donauländchen". Reil kannte die Zuneigung seines Kaisers für diesen Landstrich. Franz I. hielt sich oft und gern in seinen Besitzungen nördlich von Schloss Persenbeug auf. Bevor das Büchlein gedruckt war, starb der Kaiser jedoch, sein Nachfolger Ferdinand hatte daran kein Interesse, und somit blieben die erhofften baren Mittel für den Autor aus. Das Buch geriet in Vergessenheit und wird erst jetzt, bei der Erforschung der Heimatgeschichten der Orte dieser Region, wiederentdeckt.

Neun Jahrhunderte früher, exakt im Jahr 998, wurde die Gegend in einer Schenkungsurkunde von Kaiser Otto III. an seinen Vetter Herzog Heinrich von Bayern Nochilinga genannt. Hervorgegangen sind daraus die Marktgemeinden Nöchling und Yspertal sowie die Gemeinde St. Oswald. Yspertal wiederum ist der Sammelname für die drei Erholungsdörfer Altenmarkt, Ysper und Pisching; Nochilinga wurde zum Ortsnamen von Nöchling, und die erste Pfarre, deren Kirche bereits 1160 errichtet wurde, ist St. Oswald geweiht.

Die Ortschaft St. Oswald liegt hoch über dem Tal der Großen Ysper. Friedrich Reil schreibt zu diesem Flüsschen: „Die beiden Bäche, die den Namen Ysper tragen, die große und die kleine, entsprungen 1 starke Stunde weit voneinander, werden nach 8 stündigem Lauf gen Süden ebenfalls Ein Bach und nach 1 Stunde mit den 20 Nebenrünsen, die sie aufgenommen haben, von der Donau empfangen."

Es ist bereits ein Erlebnis für sich, ihrem Lauf wie Friedrich Reil zu Fuß zu folgen. Unbestrittener Höhepunkt dieser Talwanderung ist das Naturdenkmal Yspertalklamm nördlich der Marktgemeinde Yspertal. Über Holztreppen steigt man hier durch bizarre Felsen und unter umgestürzten Bäumen hindurch neben brausendem Wasser bergan. Deutlich sind noch die Uferschutzbauten zu sehen, die für die Holztrift angelegt wurden. Aus dem darüber liegenden Ödteich wurde dazu durch Ziehen des Zapfens das Wasser abgelassen und das Rundholz bis Ysperdorf an der Donau geschwemmt.

Eine wildromantische Landschaft und die Erinnerung an die Mühen früher Holzgewinnung sind offenbar zu wenig. Man setzte auf die geheimnisvolle Anziehungskraft der Wackelsteinmystik und legte durch die Ysperklamm einen Druidenweg an. Nach Angabe der Organisatoren führt er zu interessanten Felsformationen, Schalensteinen und zum Druidentreffpunkt. Die Anregung dazu kam vom ehemaligen Pfarrer von Yspertal. Der Geistliche Rat Hans Wick hatte sich auf die Suche nach vorchristlichen Kultplätzen in seiner Pfarrgemeinde gemacht und war in reichem Maß fündig geworden. Da man auf Schritt und Tritt auf die prächtigsten Steinformationen trifft, müsste es sich beim Yspertal um einen wahrhaft hochheiligen Bezirk, sozusagen um das Tibet des Waldviertels, gehandelt haben. Wohin man schaut: Rutschsteine und Opferschalen, Phallus und Vagina, Steinaltäre und Fruchtbarkeitssymbole.

Dass die Ausnehmungen, die sich regelmäßig in den Steinen finden, nicht von natürlicher Erosion herrühren, davon war Pfarrer Wick zutiefst überzeugt. So schreibt er über die „große Freude", als er vermeintlich das Geheimnis von zwei benachbarten Schalen, einer runden und einer viereckigen, lüften konnte: „Sonne und Erde sind in früher Steinzeit immer symbolisiert durch Kreis und Quadrat. Die Naturreligion kannte nur weibliche Gottheiten. So wurden in der kreisrunden Schale die Opfer für den Himmelsgott, besser gesagt, für

die Sonnenjungfrau, in der quadratförmigen Schale die Opfer für die Erdenmutter hinterlegt."
In der Waldkapelle hat sich ein solcher Kult offenbar in unsere Zeit herübergerettet. Die Sage berichtet von einem Schimmelreiter, der seinen Verfolgern entkam, weil sich im Nebel an dieser Stelle der Felsen für ihn öffnete. Er entschwand auf Nimmerwiedersehen im Berg. Die Kapelle, die an dieses Wunder erinnern soll, ist ein deutliches Zeichen für das offensichtlich zeitlose menschliche Bedürfnis, sich einer transzendenten Wesenheit, in diesem Fall der Mutter Maria, zu überantworten. Ständig brennen Kerzen, und der kleine Raum ist übervoll mit Heiligenbildern und Rosenkränzen – alles Mitbringsel von Wallfahrten, die in schuldiger Danksagung oder mit einer Bitte verbunden hier mitten im Wald deponiert wurden.
In St. Oswald selbst beginnen etliche Höhenrouten rund um den Ort. Ausgangspunkt ist der Brunnen mit seinem steinernen Raben, der einen Ring im Schnabel trägt, mitten auf dem Marktplatz von St. Oswald. Dieser Vogel fungierte zwischen Paim, der Tochter des Heidenkönigs Aaron, und dem hl. Oswald als Postillon d'amour und überbrachte dem Heiligen einen Ring der Braut, erzählt die Legende.
„Wer fürchtet sich vorm düsteren Fels?" steht als warnende Frage am Beginn der Beschreibung des Herzsteinrundweges. Bald nach dem Ort liegt links neben der Straße ein so genannter Wackelstein. Angeblich rührt er sich, wenn man weiß, wo er anzupacken ist. Laut Beschreibung stellt man sich mit Blick zur Kirche mit dem Hintern zum Stein und kann ihn so anheben. Vorbei an der Hauptmann Mayer-Ruhe trifft man in Bälde das steinerne Kornmandl. Seine Botschaft lautet: Nur nicht gotteslästerlich fluchen, sonst erstarrt die magere Ernte auf den Feldern rund um St. Oswald zu Stein! – Nach Norden ins Reich der Toten, in die Hel der alten Germanen, starren die hohlen Augen des Totenkopfsteins beim Bauernhaus Pireitsteiner, wo einem der Weg durch den Wald zu diesem wahrhaft unheimlichen Schädel gewiesen wird.
Wieder zurück ins Leben holt Sie der Herzstein beim Hinterberg. Es wird ihm nachgesagt, er sei eine weibliche Doppelkultstätte gewesen – oder ist es immer noch. Es gibt genug Menschen, die sich an solchen Steingebilden Kraft und Gesundheit holen, wofür in diesem Fall das Kriechen durch die enge Öffnung unter dem Herz aus Stein unerlässlich ist.
Der Umweg über den Aussichtsberg Pelletriedl (945 m) legt uns das Alpenpanorama zu Füßen, bevor uns am Stockberg (761 m) vor den schaurigen Opferriten unserer Vorfahren an der Blutschüssel gruselt und wir zugleich den herrlichen Blick aufs Donauländchen genießen.

Literatur: *Gerhard Flossmann: 1000 Jahre Nochilinga. Dorfstetten, Nöchling, St. Oswald, Yspertal 1998 (Arbeitskreis Nochilinga).*

Information

Gemeindeamt, Altenmarkt 100, A-3683 Yspertal,
Tel. 07415 6767, www.tiscover.com/yspertal

Gemeindeamt, A-3684 St. Oswald,
Tel. 07415 7291, www.stoswald.com
Für die beschriebenen Wanderungen gibt es auf dem jeweiligen Gemeindeamt ausführliches Informationsmaterial.

Bilderleiste von links nach rechts: **Wahrzeichen von St. Oswald: Herzstein; steinernes Kornmandl** und **Totenkopfstein.**

58 Eine Rose für den Frieden

Nöchling: Aussicht, dass einem schwindlig wird…

In Nöchling sind Wackelsteine kein leeres Versprechen. Wenn anderswo im Waldviertel die Wanderer unter diesem Vorwand zu starren Granitblöcken gelockt werden, lässt sich der „kleine Wackelstein", immerhin ein Bröckerl von einigen Tonnen, mit etwas Körpereinsatz tatsächlich in Schwingung versetzen. Zu finden ist das Phänomen in Gulling, und Gulling findet sich am einfachsten auf der Wanderkarte von Nöchling. Dem Gast wird mit dieser Karte neben der Empfehlung von Wanderrouten (z.B. Weg zum Galgenberg und Einsiedlerstein, Predigstuhlweg, Ölmühlenweg) ein historischer Abriss in die Hand gegeben, vom Nochilinga 998 über die Pfarrgründung im 12. Jahrhundert, über längst überwundene üble Begebenheiten wie die Verwüstung durch Hussiten, marodierende Türkenscharen, Brände und durchziehende raublüsterne französische Soldaten bis zur feierlichen Markterhebung 1842 als Beweis, was in den Nöchlingern steckt. Der tausendjährigen Geschichte wurde – wie sollte es anders sein? –

mit einem Stein im Ortszentrum ein Denkmal gesetzt.
Selbstverständlich enthält diese praktische Wanderhilfe genügend Hinweise auf den Erhalt des leiblichen Wohls, auf die Gastronomie mit ihrer Spezialität, den Waldviertler Saumaisen, und vor allem auf die gastfreundliche Geselligkeit der Nöchlinger, die für den durstigen Wanderer gern einen Krug Most aus dem Keller holen – ein wahres Labsal!
Was man nicht beschreiben kann, weil man es selber gesehen haben muss, ist das in Nöchling allgegenwärtige Panorama. Bei so viel Aussicht wird einem richtig schwindlig! Um sich orientieren zu können, braucht man eine Österreichkarte. Vielleicht ist es Einbildung, die Erhebungen im Osten könnten Leithagebirge, Rax und Schneeberg sein, die Voralpen mit Ötscher und Dürrenstein im Süden sind ohnehin klar, im Westen geht's bis zum Traunstein und, wenn sich einer mit Berggipfeln auskennt, noch gut ein Stück weiter hinein in die blauen Berge.

Die spätgotische Pfarrkirche ist dem hl. Jakobus d. Ä. geweiht, dem Patron der Pilger, speziell derjenigen Wallfahrer, die auf dem Jakobsweg nach Spanien ziehen. Der gelernte Schmied und Schlosser Pius Frank aus Nöchling war ebenfalls zu Fuß nach Santiago de Compostella unterwegs, als er der Frau seines Lebens begegnete, sie nach Nöchling heimführte und heiratete. Mit seinen fünf Kindern lebt das Paar im Haus Camino am Rand des Marktes (Camino Francés ist die Bezeichnung für den Weg entlang der Nordküste Spaniens).
Als geprüfter Meister seiner Handwerke ist er Lehrbeauftragter im WIFI St. Pölten. Pius Frank: „Derzeit werden von mir Arbeitslose in sämtlichen Schweißverfahren ausgebildet. Gleichzeitig halte ich künstlerische Kurse wie Metallgestaltung und kreatives Schweißen. Ein moderner Schmied ist Metallkünstler, Gestalter."
Freigelegt wurde die kreative Ader bei der Herstellung von Geschenken. Holz, Glas und Metall waren die Werkstoffe. Frank: „Weil es jedes Jahr

Bild linke Seite:
Hofstatt (kleines Bauernhaus) bei Nöchling.

Bild links:
Der Metallkünstler Pius Frank.

Bild rechts:
Kleiner Wackelstein in Gulling (Gemeinde Nöchling).

etwas anderes sein musste, habe ich meine eigene Linie entwickelt."
Die bunte Vielfalt der Metalle fasziniert ihn. „Die Farben sind in den Metallen versteckt", hat er entdeckt, „genau *die* hole ich mit meiner Kunst aus ihnen heraus", ohne chemische Tricks, „sondern mit den Anlassfarben. Man muss nur im richtigen Moment die Erwärmung stoppen."
Beseelt von tiefer Religiosität, wollte er entlang der Landesgrenze von Nieder- und Oberösterreich einen Pilgerweg anlegen. In 33 Stationen

Die Europäische Friedensrose vor der ehemaligen Stiftskirche Waldhausen.

sollten seine Objekte das Leben und Wirken von Jesus Christus zeigen. Pius Frank: „Bewusst kein Kreuzweg. Meine Idee sollte dem Christsein dienen und gleichzeitig die Leute anziehen."
Verwirklicht wurde hingegen sein Vorhaben eines Friedenszeichens. „Jesus ist der Friedensfürst", sagt Pius Frank, „die Europäische Friedensrose ist dafür ein Zeichen."
Der Same fiel beim Pfarrer im benachbarten Waldhausen, Karl Wögerer, auf fruchtbares Erdreich. Aus einem Donaustein wächst vor der ehemaligen Stiftskirche die Rose aus Metall in den Himmel. Am 15. Mai 2005 wurde sie erstmals an drei von einer namhaften Jury ausgewählte Personen verliehen, die sich in herausragender Weise für Benachteiligte unserer Gesellschaft einsetzen.
Der Künstler Pius Frank steckt voller Pläne und Visionen. „Ich bräuchte dazu sieben Leben", sagt er und lacht, da er eines davon dem Kabarett widmen könnte, „weil ich ein humorvoller Mensch bin. Aber dort gibt schon einen anderen Nöchlinger, den Josef Hader, dem ich das Geschäft nicht streitig machen will."

◎ ***Wandertipp:*** Vom Ortszentrum Nöchling aus nehmen wir den Donauweg (Nr. 8 auf der örtlichen Wanderkarte) in Angriff und gehen nach Westen bis zum Brandstetter Kreuz gleich beim Ortsausgang. Dort folgen wir dem Hinweispfeil, der einen Wackelstein verspricht, erproben unsere Kräfte an einigen Tonnen Granit und wandern weiter steil bergab bis zur Donau. Bei Hirschenau haben wir den Strudengau erreicht. Von der einstigen Wildheit dieses verrufenen Stromabschnitts ist allerdings nichts mehr zu spüren, seit das Kraftwerk Ybbs-Persenbeug den Fluss aufstaut. Durch die Flur Freigericht steigt der Weg nun bis zum Sooshof an. Von dort ginge es direkt über die Faschingleiten nach Nöchling zurück. Weil die Kräfte noch reichen, nehmen wir jedoch den Umweg über Mitterndorf in Kauf und werden dabei auf freien Höhen mit der großartigsten Fernsicht des Waldviertels belohnt.

Information

Gemeindeamt, A-3691 Nöchling 28,
Tel. 07414 7000, www.noechling.at
Sakralkunst Pius Frank, Haus Camino,
A-3691 Nöchling 67, www.plus-metalldesign.at

Wallfahrt der Engel 59

Maria Taferl: Ein Ort voll wundersamer Anziehungskraft

Jahr für Jahr finden sich zum Käsekirtag einige Tausend Menschen in Maria Taferl ein. Sie drängen sich vor den Standeln, aus denen appetitlicher Käseduft den Wallfahrtsort erfüllt. Erfunden hat den jungen Brauch Karl Stix von der Käsehütte in Maria Taferl, in der das ganze Jahr über alle Arten von Käse angeboten werden. An diesem einen Sonntag Mitte Oktober lädt er Käsemacher aus ganz Österreich zu sich. Die Hauptstraße verwandelt sich in eine große Käseküche, in der coram publico Vorarlberger Käsespätzle und Kärntner Kasnudeln zubereitet werden. Die Leute decken sich mit Tiroler Bergkäse, mit dem streng riechenden Schlierbacher Schlosskäse aus Oberösterreich und mit frischem Schafkäse von Waldviertler Biobauern ein. Dazu erstehen sie Schnaps sowie Hausgeselchtes und besuchen mit der duftenden Beute im Sackerl die Wallfahrtsbasilika, gehen zur Beichte, tragen der Gnadenmutter ein Anliegen vor und haben damit für das körperliche und seelische Wohlbefinden bis zur nächsten Wallfahrt vorgesorgt.

Bild oben: **Die Wallfahrtsbasilika Maria Taferl.**

Bilder oben: **Marienkronen** und **Goldhauben in der Schatzkammer der Wallfahrtsbasilika.**

Die wenigsten von ihnen denken daran, dass sie damit einem uralten Brauch folgen. Schon vor dem Dreißigjährigen Krieg pilgerte der Pfarrer von Klein-Pöchlarn mit seinen Pfarrkindern durchs Weingebirg' – an diesen Hängen gab es tatsächlich intensiven Weinbau – zu einer Waldandacht an der Stätte des heutigen Maria Taferl. Man betete vor dem Kreuz an der Eiche und verzehrte anschließend die mitgebrachte Jause am Tafelstein, einer kreisrunden Granitscheibe.

Dieser Tafelstein könnte der Namensgeber des Ortes sein. Eine andere Version schreibt den Namen einem Bildtaferl zu. Jedenfalls wird vermutet, dass sich bei diesem Stein ein heidnisches Heiligtum, eine Kultstätte, befunden hat. Man sagt ihm unheimliche Kräfte nach, und er widersetzte sich sogar dem Pfarrer, erzählt Franz Strondl, pensionierter Schuldirektor: „Zuerst lag der Stein am Platz des Hochaltars, was dem Pfarrer nicht recht gepasst hat. Dann wurde er beim Kircheneingang in die Wand eingemauert. Unser Herr Prälat wollte den Stein aber ganz weghaben, er hätte ihn am liebsten über die Leiten hinuntergekugelt. Jetzt steht der Stein neben der Kirche in einem schönen Barockgitter."

Das Marienheiligtum Maria Taferl ist freilich wesentlich jünger als die Sache mit dem Stein. Es begab sich im Jahr 1633, dass der Viehhirte Thomas Pachmann die dürr gewordene Eiche auf dem Taferlberg zu Brennholz machen wollte. Schon bei den ersten Hieben mit der Axt verletzte er sich so schwer, dass er beinahe verblutete. Als er das Kreuz an der Eiche erblickte, bereute er sein Vorhaben, betete und war innerhalb kürzester Zeit wieder geheilt.

Anfang der 1640er Jahre ersetzte der unter Schwermut leidende Alexander Schinagl, Ortsvorsteher von Kleinkrummnußbaum, das wurmstichige Kreuz durch eine Statue der Schmerzhaften Muttergottes, das heutige Gnadenbild. Er wurde daraufhin von seiner Gemütskrankheit geheilt. Acht Jahre später war auch die dürre Eiche wieder gesund und trieb grüne Äste aus.

Diese beiden wundersamen Begebnisse eröffneten einen wahren Mirakelreigen. So wurden in den Jahren 1658 und 1659 Engelsprozessionen gesehen; Männer mit schneeweißen Fahnen, Knaben in weißen Chorröcken und Gestalten, die einen unbeschreiblichen Glanz ausstrahlten – alle auf dem Weg nach Maria Taferl.

Diese seltsamen Wahrnehmungen sind erstaunlicherweise amtlich belegt. Die Bischöfe von Passau und Regensburg ordneten eine kirchenrechtliche Prüfung an, bei der 1659 im Schloss Pöchlarn 51 Zeugen befragt wurden. Die Protokolle sind noch vorhanden.

Am 19. März 1660 wurde bereits für 1.000 Wallfahrer eine Messe gelesen. Um die Eiche mit dem Gnadenbild herum wurde die Kirche erbaut, finanziert aus den Spenden der zahlreich eintreffenden Pilger.

Auf der Decke der Schatzkammer werden alle diese Ereignisse in einer Bildergeschichte erzählt. Der Mesner Richard Wöginger verfügt

über die Schlüsselgewalt zu diesem Raum der Wunder. Altes und ganz Neues, das unbeholfen gemalte Votivbild neben dem unnötig gewordenen Hüftgelenk aus Titan, ein Stück des Brautkleides von Kaiserin Elisabeth als Vespermantel und die Goldhaube einer Wachauerin – man hat aus vollem Herzen gegeben.

Die Fußwallfahrten nehmen laut Wöginger zu. Jene vom Norden kommen über die Höhen des Waldviertels einher. Die vom Süden übersetzen bei Marbach per Motorfähre die Donau. Tapfer treten sie den steilen Aufstieg an, anfangs noch mit einem Marienlied auf den Lippen, dann nur mehr still betend und keuchend, zuletzt froh, dass genügend Marterln den Weg säumen, von denen jedes mit einer erholsamen Andacht gewürdigt werden will. In Bussen kommen die Leute aus Wien, St. Pölten und dem süddeutschen Raum. An so manchem Sonntag im Advent werden in Maria Taferl bis zu 200 Beichten abgenommen, und man weiß dann, weshalb es in der Basilika so viele Beichtstühle gibt. Die Kirchenbänke sind über und über mit kleinen Brandmulden von den Wachsstöckeln übersät, als Zeichen dafür, dass die Leute hier seit Menschengedenken ihre Andacht verrichtet haben. Der Mesner, der für den reibungslosen Ablauf der Wallfahrten sorgt, führt penibel Buch über allfälligen Bedarf an der Tragefigur, an der Wallfahrerkerze und der Kreuzpartikel. Über die Spendemoral kann er sich nicht beklagen.

Man hat in Maria Taferl rundum den Eindruck, dass Zufriedenheit herrscht. Hotels und Gasthöfe florieren. Die sehenswerten Andenkenstandeln mit ihren Kerzen und Kaffeehäferln sind das ganze Jahr über offen, der Golfplatz zieht eine zahlungskräftige Klientel aus dem Donautal herauf, und Radfahrer nehmen die steilen Straßen gern als Probe ihrer Lungen- und Muskelkraft in Kauf.

Pfarrgemeinderat Christian Schüller sorgt für Hilfe bei verdorbenen Mägen. Seit 1755 wird Schnaps gebrannt, derzeit in der siebten Generation, mit einem Rezept, das nur er allein kennt, erzählt er und weiß, weshalb dieses Gewerbe stets wichtig war: „Weil die Wallfahrer tagelang unterwegs waren und verdorbene Lebensmittel gegessen haben. Dann haben sie den Maria Tafler Magenkraftbitter bitter nötig gehabt." Er tut auch heute gut, obwohl in der „Goldenen Krone" ein hervorragendes Haubenmenü oder eine feine Mehlspeis' im Café „Maria Theresia" auf den Gast warten.

Viele der älteren Leute erinnern sich noch, wie sie als Kind vor dem mechanischen Kripperl oder am Alpenpanorama gehangen sind und von der feinen Mechanik dieser bewegten Dioramen fasziniert waren. Beide Anlagen wurden von einem gewissen Leopold Steindl um die vorige Jahrhundertwende gebaut und auf Kirtagen vorgeführt. Frau Gertrude Feyertag hat den Schlüssel zum Alpenpanorama, das bestens in Schwung gehalten ist: Die kleine Gebirgsbahn dampft auf und ab, der Grubenwagen taucht verlässlich immer

Bild links: **Altes Schulgerät im Museum im Gemeindeamt.**

Bild rechts: **Käsekirtag in Maria Taferl.**

wieder auf, und der Hirte bläst unverdrossen auf seinem Horn.
Die mechanische Krippe ist im Haus Nr. 8 aufgebaut. Mit ihren kleinen bewegten Figuren erzählt sie gleichzeitig die Geburt Christi und die Gründungslegende von Maria Taferl. Der Marbacher Rudolf Brandtner hat die Anlage 2005/06 renoviert und ist nach telefonischer Anmeldung gern zu einer Führung bereit.
Im Gemeindehaus wurde altes Schulgerät zu einem Museum zusammengetragen. Geöffnet ist es während der Amtsstunden des Gemeindeamtes.
Was aber wäre Maria Taferl ohne seine Aussicht, die erwiesenermaßen vom Schneeberg bis zum Toten Gebirge reicht?! Franz Strondl hat sich die Mühe gemacht, ist zu jedem Gipfel gereist, den man von Maria Taferl aus sieht, hat sich über dessen Namen vergewissert und jeden einzelnen säuberlich in eine Karte eingetragen, um in einem endlosen Panorama Übersicht zu schaffen.

Literatur: Josef Weichselbaum: Maria Taferl. München 1960 (Verlag Schnell & Steiner).

Information

Gemeindeamt, Schulmuseum:
A-3672 Maria Taferl, Tel 07413 7040 0,
Fax: 07413 704014, www.mariataferl.at

Alpenpanorama,
Christine Feyertag: Tel. 07413 488

Mechanische Krippe,
Rudolf Brandtner: Tel. 0676 7309513 oder
Frey's Wirtshaus „Zum goldenen Löwen",
Tel. 07413 340

Käsehütte Karl Stix:
Wimm 6, A-3672 Maria Taferl, Tel. 07413 6180,
0664 2148701, www.kaesehuette.at

Bild oben:
Gestalt eines Propheten in der Wallfahrtsbasilika.

Bild unten:
Der Tafelstein, umfangen von einem Barockgitter.

Region Kremstal

Kunst, die aus dem Boden wächst

Traunstein: Starke Kräuter zwischen starken Steinen

Was mag Menschen einst hierhergeführt haben? Der Boden ist karg, das Klima rau, das Gelände abschüssig. Trotzdem findet sich, bereits 1332 urkundlich genannt, eine Siedlung am Hang des Wachtsteines, eines gigantischen Granitmassivs. 1580 wurde dieser Ort zum Markt erhoben und damit zum Zentrum einer dünn besiedelten Gegend im Quellgebiet der Großen Krems.
Man hat seit jeher das Beste daraus gemacht und aus allen scheinbaren Nachteilen den größtmöglichen Vorteil herausgeholt. Schon früh, so wird berichtet, war der Wachtstein eine Station der Kreidfeuerkette. Der Jauerling an der Donau, der Wachtstein, die abgekommene Burg Anschau sowie die Burg Arbesbach waren Signalstationen, auf denen bei nahender Gefahr Feuer angezündet wurden. Der Wachtstein war zudem ein natürlicher Aussichtsturm, mit freiem Blick bis zum Schneeberg im Südosten von Niederösterreich und nach Westen ins Mühlviertel.
An etlichen Stellen dieses Felsens klingt es hohl unter dem Schritt. Diese unsichtbaren Klüfte im Boden gaben Anlass zu allerlei Mutmaßungen. Es könnte sich um einen unterirdischen Gang handeln, der bis Arbesbach reichte. Wer aber hätte sich die Mühe antun wollen, durch den Granit einen Stollen zu schlagen, wo es sich in den weitläufigen Wäldern doch viel leichter verstecken ließ? Geradeso gut könnten auch sagenhafte Schätze in den geheimnisvollen Höhlen verborgen sein, die bisher jedoch unentdeckt blieben.
Die wahren Schätze von Traunstein wachsen in den kleinen Kuchlgärten. Auf einer Seehöhe, auf der Kulturpflanzen, wie Obstbäume, Gemüse und Getreide, nicht mehr so recht gedeihen wollen, entwickeln hingegen Pfefferminze, Kümmel und Melisse außerordentlich kräftige Aromen. Die Traunsteinerinnen ließen ihre Ernten prüfen und bekamen von diversen Untersuchungsanstalten mit Brief und Siegel bestätigt, dass ihre Kräuter ein Vielfaches an ätherischen Ölen enthalten als solche, die in tieferen Lagen auf weit besseren Böden wachsen.
Es bedurfte keiner großen Anstrengungen, um die Damen von den wirtschaftlichen Möglichkeiten dieses Phänomens zu überzeugen. Die Lehrerin mit dem wunderschön passenden Namen Flora Zottl übernahm die Organisation und schwor die Bäuerinnen Traunsteins unter der freundlichen Marke „Kräutertanten" auf die Herstellung von Kräuterprodukten jeglicher Art ein. Die geschäftstüchtigen Damen sind im Internet mit einer eigenen Homepage (www.kraeutertee.at) vertreten, über die ihr Angebot, vor allem der köstlich wohltuende Kräutertee, auf der ganzen Welt seine Abnehmer findet.
Kräutertanten sind, wie es sich für richtige Tanten gehört, nicht verschwiegen. Sie plaudern

Bild linke Seite: **Christusfigur des Bildhauers und Pfarrers Josef Elter.**

Bilder links: **Sagenhafte Steingebilde in Traunstein: Franzosen- und Wachtstein.**

Die Kirche von Traunstein ist auf und aus Granit gebaut.

gerne mit ihren Kunden, möglichst auf dem sieben Kilometer langen Rundwanderweg, den sie angelegt haben, um ihre Kräuter in der Traunsteiner Natur – mit den Blüten, mit dem frischen Geschmack und mit ihrem herrlichen Duft – vorstellen zu können.

Die Kirche des Ortes ist aus und auf Granit gebaut. Sie entstand in den Jahren 1959-62 und präsentiert sich als eine der modernsten Kirchen des Waldviertels – mit einer wunderschönen lichtvollen Botschaft. Durch ihr weites Dach wird sie zum Zelt des wandernden Volkes, wie es im Zweiten Vatikanischen Konzil als Bild für die Kirche festgelegt wurde. Der Gekreuzigte ist nicht mehr der jammervoll Sterbende. Er ist bereits auferstanden und hat sich mit nach oben gestreckten Armen vom Marterholz gelöst. Die Sonne über dem Altar spiegelt die Strahlen, die durch das seitliche Glas hereinfallen, und lässt die Messbesucher die Verklärung Christi erahnen.

Dahinter steckt die Hand des vor einigen Jahren verstorbenen Pfarrers Josef Elter. Er war Seelsorger und gleichzeitig Bildhauer. Dass er gerade in Traunstein Pfarrer wurde, scheint nachträglich als glückliche Fügung. Man weiß nicht, ob ihn die steinige Gegend zu sich geholt oder ob es ihn von sich aus zu diesen Granitblöcken gezogen hat. Seine Arbeiten wachsen genauso mächtig aus dem Boden wie die natürlichen Steinbrocken, zwischen denen sie aufgestellt sind. Es gibt keine verspielten, geschwätzigen Formen. Die sparsamen Linien wurden klar gesetzt, führen ohne Umwege zurück zu ihrem archaischen Fundament. Der Totempfahl, der Einarm mit dem lachenden Bartgesicht, die Eulenfrau mit den verschlossenen Zügen, der Lichtträger oder das hockende Mädchen in seiner nackten Sinnlichkeit – sie alle sind keine Individuen, sie sind, jedes für sich, wieder ein Symbol, ein Begriff, der in den Tiefen des Bewusstseins zu suchen ist.

Das Bildhauerzentrum Josef Elter, Traunstein, ein Vermächtnis des Pfarrers, ist nicht nur Ausstellungsstätte dessen Arbeiten. Die Kreativität, die er mit seinen Werken hinterlassen hat, soll sich nun bei verschiedensten Kunstkursen auf deren Teilnehmer übertragen und von ihnen wiederum weitergegeben und vervielfacht werden.

◎ ***Wandertipp:*** Neben dem Rundwanderweg der Kräutertanten, der beim Kräutergarten inmitten der Ortschaft beginnt, sollte man die fantastischen Steingebilde von Traunstein nicht verpassen. Vom Bildhauerzentrum Josef Elter mit einer Freiluftausstellung seiner Skulpturen wandert man hinunter zum Franzosenstein neben der Straße nach Schönbach. Wie ein riesiges Ei hängt der auf 100.000 kg geschätzte Granitblock auf seiner Unterlage. Es scheint ein Leichtes zu sein, ihn von dort herabzuschubsen. Doch schon eine Horde französischer Soldaten ist daran gescheitert, geblieben ist der Name Franzosenstein als Andenken an ihre Schande.

Wenig ehrenrührig ist es, wenn Sie den nahen Wiegenstein, den bekanntesten Wackelstein von Traunstein, nicht bewegen können. Er wurde irgendwann aus der Balance gewackelt und lässt sich nur mittels eines Hebels zum Schwingen bringen. Am Rückweg besteige man den Wachtstein mit seiner Aussichtsplattform, wobei am Weg hinauf auf Informationstafeln Sagen und der historische Hintergrund dieses Felsens erzählt werden.

Information

Gemeindeamt, A-3632 Traunstein 90,
Tel. 02878 6077, www.tiscover.at/traunstein

Kräutertanten: Maria Reischl, Pfaffings 3,
A-3632 Traunstein, Tel. 02878 6728,
Homepage: www.kraeutertee.at
Bildhauerzentrum Josef Elter:
A-3632 Traunstein 110, Tel. 02878 6001

Große Vielfalt in der kleinen Kapsel

61

Traumhafte Wanderung durch blühenden Mohn

In den tiefsten Gründen der Waldviertler Seele hat der Mohn stets eine wichtige Rolle gespielt. Mit den Klöstern war er im Mittelalter in den Nordwald gekommen – eine der ersten Feldfrüchte, die neben alten Getreidesorten, Kraut und Rüben auf den vom Wald gerodeten Feldern angebaut wurden. Die kleinen Körner erwiesen sich als nahrhaft fett, schmeckten gut und sorgten für festen Schlaf.

In den Wallfahrtsorten knieten die Bäuerinnen andächtig vor der Muttergottes. Und was hält ihr fröhliches Kindl im feisten Händchen? Einen Mohnzuzel, sowohl in Grainbrunn als auch in Maria Laach.

Ältere Leute erinnern sich noch, dass diese Unsitte, Säuglinge ruhig zu stellen, bei der armen Bevölkerung durchaus gebräuchlich war. Mohn hatte man einfach bei der Hand. Er war Grundnahrungsmittel und Medizin in einem. Ein Bifangl, ein Spitz vom Acker, ließ sich jedes Jahr dafür erübrigen. In den 1930er Jahren hatte der Anbau einen solchen Umfang angenommen,

Bild oben: **Blühendes Mohnfeld bei Ottenschlag.**

Bild links: **Der Landwirt Andreas Greßl hat seinen Betrieb dem Mohn verschrieben.**

Bild rechts: **Mohnkapseln kommen nach der Ernte zum Floristen.**

dass Mohn exportiert wurde und an der Londoner Warenbörse als Waldviertler Graumohn notierte.

Danach verschwand der Mohn. *Papaver somniferum*, so sein wissenschaftlicher Name, war verboten worden, bis er in den 1980er Jahren aufgrund einer Initiative der Landwirtschaftlichen Fachschule Edelhof bei Zwettl wieder auf die Felder zurückkehrte – unter der Auflage, dass nur Sorten mit sehr geringem Opiumgehalt zum Einsatz kommen.

Möglichst zeitig im Frühjahr, Lostag ist der 17. März, wird die Saat sparsam auf die Felder ausgebracht. „Mohn muss mit der Sonne wachsen", sagt Andreas Greßl vom Waldviertler Mohnhof, „und wir hoffen dabei auf trockenes Wetter." Der Keimling hat nur geringe Triebkraft und kann sich nicht durch vom Regen verkrustete Erde bohren. Nach zwei Monaten ist das Pflänzchen gerade einmal zehn Zentimeter hoch. Das Unkraut wird mit der Hand gejätet.

Mitte Juli aber ist das Ungemach der ersten Wochen vergessen. Die Felder stehen in Blüte. Die herbe Waldviertler Landschaft ist für Wochen mit ungewohnt sanften Pastelltönen überzogen, von Weiß über Lila bis Rot, je nach Geschick des Mohnbauern sogar in gewollten Farbkombinationen.

Die Mohnblüte wird mehr und mehr zur Touristenattraktion. Die Ortschaft Armschlag in der Marktgemeinde Sallingberg wurde zum Mohndorf erklärt und bietet ein umfangreiches Service für Besucher, angefangen vom Mohntelefon, an dem man den geeigneten Termin fürs Fotoshooting, aber auch ein herzhaftes Rezept aus der Küche des Mohnwirten Neuwiesinger abfragen kann. Dem Erfindungsgeist der Köchinnen sind offenbar keine Grenzen gesetzt: Mohnpalatschinken, Zucchini-Mohnschnitten, Mohnkrapfen und Mohnkarpfen und Mohn im Hemd. Das Rezept der bekanntesten Spezialität, der original Waldviertler Mohnzelten, wird nicht verraten.

Im Mohnhof, einer uralten Erbeinöd im benachbarten Ottenschlag, hat sich Familie Greßl auf den sommerlichen Besucheransturm eingerichtet: mit einem Mohnshop, einem Mohnmuseum mit begehbarer Mohnkapsel und einer Mohnmühlensammlung.

Bilder links und rechts: **Vom letzten Tageslicht verzauberte Mohnblüten.**

Bild oben: **Mohnmühlen im Museum auf dem Waldviertler Mohnhof.**

Ende August werden die prallen Kapseln geerntet, ein großer Teil wieder in reiner Handarbeit. Die Samen werden für die Weiterverarbeitung gereinigt, die hübschen Kapseln kommen zum Floristen. Derzeit werden drei Arten angebaut: Graumohn, der für Mehlspeisen verwendet wird. „Er ist der Feinste", hat die Mohnbäuerin Margarete Greßl festgestellt, „er hat eine dünne Schale, wenig Bitterstoffe und die schönste Kapsel." Blaumohn hingegen schmeckt ausnehmend kräftig, Weißmohn zeichnet ein leicht nussiges Aroma aus. Der größte Teil der Ernte wird am Mohnhof zu Öl gepresst und in schlanken Flaschen als kulinarische Kostbarkeit im wohlsortierten Delikatessenhandel angeboten.

◎ ***Wandertipp:*** Ausgangspunkt für eine Wanderung durch berauschend schöne Mohnfelder ist das Mohndorf Armschlag. Die Wanderkarte und Tipps, wo gerade der Mohn am schönsten blüht, gibt's beim Mohnwirten Neuwiesinger. Auf dem Mohnlehrpfad und am Mohnstrudelweg erweitern Sie Ihr Wissen um den Mohn und seine Geschichte. Nach der Rückkehr aus dem Wallfahrtsort Grainbrunn oder dem Markt Sallingberg, dem Berg der Seligen im Tal der Großen Krems, bummeln Sie durch das Mohndorf, wo in jedem Haus eines der zum Teil recht ausgefallenen Mohnprodukte probiert und erworben werden kann. Unter dem Motto „Mohn hat immer Saison" wurde auch an sportliche Wintergäste gedacht, wie vier Langlaufloipen beweisen.

Information

Mohndorf Armschlag, A-3525 Armschlag 17,
Mohntelefon 02872 7421, www.mohndorf.at
www.mohn.at, www.mohngarten.at
Waldviertler Mohnhof – Familie Greßl:
A-3631 Haiden 11, Tel. 02872 7449,
www.mohnhof.at

62

Ge(h)schichte und LiteRADt(o)ur

Lichtenau im Waldviertel: 18 Ortschaften und eine Gemeinde

Eigentlich ist alles da, was eine richtige Waldviertler Gemeinde auszeichnet: Zuallererst gibt es den Kultstein, dazu finden sich Spuren der Tempelritter, man erzählt vom Schicksal einer Hexe, in abenteuerlichen Sammlungen wird vergangene Alltagskultur gezeigt, und man trifft hervorragende Künstler, die ihre Inspiration aus der Abgeschiedenheit schöpfen.

Allein – die einzelnen Stationen liegen auf einer Fläche von gut 58 km² verteilt. Deswegen reifte in der Marktgemeinde Lichtenau die Idee, die Sehenswürdigkeiten zu verbinden. Man kann jede einzelne Katastralgemeinde mit dem Auto anfahren und begibt sich dort auf Wanderschaft, um Ge(h)schichte auf kurzen Rundwegen zu erleben, oder man schwingt sich auf den Drahtesel und ist auf der LiteRADt(o)ur gut einen Tag mit Sport und Staunen beschäftigt. Die Geschichten dazu, meist Sagen oder Märchen, wurden für die

Zaunpfeiler aus Granit vor dem Wasserschloss.

Besucher von Leuten aus der Marktgemeinde Lichtenau erdacht.
Erste Station ist die „Heidnische Opferstätte" bei Loiwein. Es handelt sich um einen Felsblock, der tatsächlich ernsthafte Fragen aufwirft. Auf seiner Oberfläche sind deutlich kreisrunde Vertiefungen zu erkennen, die sich niemand so richtig erklären kann. In Lichtenau ist man überzeugt, dass sie kultischen Zwecken gedient haben. Schaut man genau hin, erinnern diese Vertiefungen an den missglückten Versuch, Mühl- oder Schleifsteine abzubauen. Eine schlüssige Antwort gibt es nicht.
Ebenso rätselhaft ist ein Grabstein an der St. Laurentiuskirche von Allentsgschwendt. Abgesehen von einem schlanken achtspitzigen Kreuz, das an die Tempelritter erinnert, und unentzifferbaren Querritzungen daneben gibt es keine weiteren Hinweise auf seine Herkunft.
Auf einen Hexenwanderweg begibt man sich in Erdweis und folgt darauf der Schilderung des Schicksals der als Hexe verrufenen Margarete Greis. Auf dieser Tour gelangt man ins benachbarte Wietzen, einen Weiler, bestehend aus ein paar Bauernhöfen. In einem davon wurde 1929 der Bildhauer Alfred Kurz geboren. Seine überdurchschnittliche Begabung führte den Buben aus dem Waldviertel nach Wien. Fritz Wotruba, der 1945 aus dem Schweizer Asyl zurückgekehrt und Professor an der Akademie der bildenden Künste geworden war, nahm 1946 den 16-Jährigen auf und bezeichnete ihn als seinen talentiertesten Schüler. Den jungen Kunststudenten hielt es aber nur drei Jahre in der Großstadt. Er zog sich nach Wietzen zurück, gegen den Willen seines Vaters, der auf einen Abschluss des Studiums drängte. Nach dessen überraschendem Tod kam für Alfred Kurz ohnehin nichts anderes in Frage, als seiner Mutter unter die Arme zu greifen und den elterlichen Bauernhof zu bewirtschaften. Von der Stadt Wien erhielt er in jenen Jahren einige Aufträge für Großplastiken. Sie ermöglichten ihm den Ankauf von landwirtschaftlichen Maschinen. Später war es umgekehrt: Die Steine, die er sich

Bild linke Seite oben:
Das Wasserschloss Brunn am Wald.

Bild links:
Wetterkreuz in Obergrünbach.

Bild rechts:
Heidnische Opferstätte bei Loiwein.

so sehnlich wünschte und von denen ihm keiner groß genug sein konnte, wurden aus den Erträgen der Landwirtschaft angeschafft.
Das Studium schloss Alfred Kurz quasi als Externist ab. Er pendelte nach Wien, legte die notwendigen Prüfungen ab und erhielt 1952 das Diplom. In diesen und den folgenden Jahren entstanden Schnitzarbeiten, Steinfiguren, Porträtköpfe und Metallarbeiten, alles Originale, deren Preis ohnehin niemand zahlt, hofft der Bildhauer. Die Ausrede, dass er nicht über die entsprechende Ellbo-

gentechnik verfügt hätte, um sich durchzusetzen, erscheint recht vordergründig. Alfred Kurz zählt zu jenen Künstlern, die sich nicht von ihren Werken trennen können. Für die so genannte öffentliche Hand, das Land Niederösterreich, war er seinerzeit zu modern, zu progressiv, und heute will man nichts mehr von ihm wissen. Die Ortsleute, sagt er, haben ihn ohnehin nie verstanden, für sie waren die „Nackerten" ein Skandal.

Die so geschmähten genialen Akte aus Marmor stehen im Skulpturengarten, der mit liebevoll angelegten Wasserspielen zu einer touristischen Attraktion der Gemeinde geworden ist. Ohne vordergründig erkennbare Ordnung scheinen zwischen den Obstbäumen ausdrucksvolle Menschen- und Tierfiguren aus dem Wiesenboden zu wachsen – als unveränderbarer Teil einer sich ständig wandelnden Natur.

Wenn man Glück hat, trifft man den zurückgezogen lebenden Künstler persönlich an, um sich ins Haus führen zu lassen. Der Stall wurde zum Ausstellungsraum für die kleineren Arbeiten, die in der knappen Zeit neben Waldarbeit, Ackern und Mähen meist in den Nachtstunden entstanden sind. Jede für sich ist in ihrer spannenden Vollendung ein neuer Beweis dafür, dass sich mit Alfred Kurz einer der bedeutendsten österreichischen Bildhauer der Kunstgeschichte verweigert hat.

Der Künstlergarten in Wietzen ist übrigens frei zugänglich. Die unscheinbare Bitte um eine Spende für die Erhaltung der Anlage sollte man beachten…

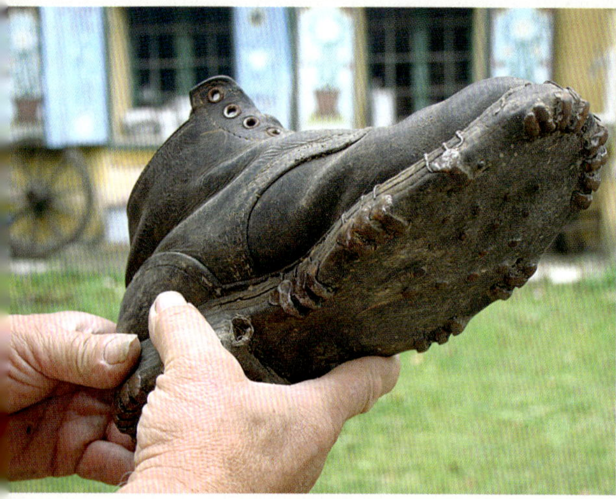

Bauernmöbel sind die Leidenschaft des Restaurators Josef Rauscher in Brunn am Wald. Seine Werkstatt ist nicht zu verfehlen. Als Orientierungspunkt dient das Wasserschloss von Brunn (1171 erstmals urkundlich erwähnt), ein seltener Befestigungsbau, der noch vom Wasser umgeben und nur über eine Grabenbrücke zu erreichen ist. Allerdings kann nur der ehemalige Garten des Schlosses betreten werden, der in seiner gelungenen Mischung aus Verwildertheit und sanfter Pflege das Lebensgefühl einstiger Schlossherrn erahnen lässt.

Direkt an der Großen Krems, an der Grenze zwischen den Gemeinden Lichtenau und Albrechtsberg, liegt die kleine Siedlung Brauhaus. Die Brauerei selbst existiert nicht mehr, sehr wohl aber etliche Gebäude, unter anderem das Wohnhaus des Gesindes, das die explosionsartig wachsende Sammlung von Franz Hofstätter beherbergt. Über 15.000 Exponate sind es derzeit, von denen das älteste, ein Kruzifix aus Brotteig, auf 1450 datiert wird. In seinem originellen Heimatmuseum Brauhaus entführt der seiner Leidenschaft rettungslos verfallene Sammler den Besucher in die Vergangenheit dieser Gegend, wobei etliche Geräte, wie das Butterfass oder die Dreschmaschine, noch vor wenigen Jahren bei so genannten Kleinhäuslern im Einsatz waren. Ganze Werkstätten wurden hierher transferiert, mit Werkzeugen und Material. Zu jedem einzelnen Stück weiß Hofstätter eine Geschichte. In der Schusterwerkstatt liegen die Tscheankn, die original Waldviertler Schuhe und Inbegriff des

Waldviertlers an sich. Mit ihren groben Nägeln an der Sohle erlaubten sie zwar kein elegantes Schreiten, dafür waren sie unverwüstlich, geradeso wie das dazu getragene Teufelshäut'l, eine Hose aus einem ungewöhnlich festen, jeansähnlichen Stoff, die nach Aussage von Hofstätter garantiert nicht umzubringen war.
Nach diesen Ausflügen in das weitläufige Gemeindegebiet sollten Sie auch den Ort Lichtenau selbst besuchen, am günstigsten beim Kirtag zu Christi Himmelfahrt. An diesem Tag sind die Gassen des Marktes voll mit Standeln, genauso wie in alten Zeiten, als es für die bäuerliche Bevölkerung kaum eine andere Gelegenheit gab, um sich mit Zeug (Stoff zum Gewandnähen), Körben, Häfen und anderem nötigen Hausrat einzudecken.

◎ ***Wandertipp:*** Jede der Themenwanderungen, wie Ritterrunde, Chronikweg oder Hexenwanderweg, sind einen Spaziergang wert. Bewaffnet mit der Wanderkarte (erhältlich im Gemeindeamt), sollten Sie sich jedoch vom Schloss Brunn am Wald in die Umgebung aufmachen. Nach der Besichtigung des Schlossgartens überqueren Sie die Hauptstraße nach Süden und gelangen auf einem Waldweg zu einem renovierten Eiskeller, von dort weiter zur Hubertuskapelle, der Gruftkapelle der Barone von Ehrenfels, einem neugotischen Bau aus 1865. Von diesem Platz aus genießen Sie eine großartige Fernsicht bis zum Alpenvorland. Um unnötiges Verlaufen zu vermeiden, gehen Sie die knapp zehn Minuten zum Schloss zurück und folgen dort der Straße nach Lichtenau, bis Sie am Ortsausgang steinerne Säulen als Reste eines abgebrannten Wirtschaftbaues sehen. Vorbei an dieser düsteren Akropolis, sind es nur ein paar Schritte zur Ruine des Schüttkastens, an der sich die Reste einer reichen Fassadengestaltung aus dem 18. Jahrhundert noch gut erkennen lassen.

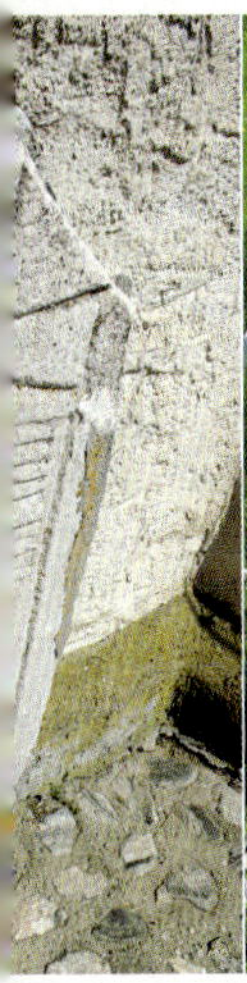

Bilderleiste von links nach rechts:
Waldviertler Tscheankn neben gut 15.000 Exponaten im Heimatmuseum Brauhaus; Templerkreuz an der St. Laurentiuskirche in Allentsgschwendt; Arbeiten von Alfred Kurz im Künstlergarten Wietzen: „Kauernder"; „Bauer mit Pflug" und **„Quelle"**.

Information

Tourismus- und Kulturverein
der Marktgemeinde,
A-3522 Lichtenau im Waldviertel,
Tel. 02718 257, www.lichtenau.at

63 Bei einem Grafen zu Gast

Das Dornröschenschloss in Felling bei Gföhl

Man braucht Zeit, viel Zeit, einen ganzen sonnigen Nachmittag lang, um jeder Rose die ihr gebührende Anerkennung zukommen zu lassen. Nicht weniger als 900 (!) Sorten dieser edelsten aller Blumen zieht Ing. Johann Lorentz Gudenus auf seinem Schlösschen in Felling.
Der kleine Ort in der Nähe von Gföhl ist abgelegen und nur über Nebenstraßen zu erreichen. In dieser Einsamkeit entstand jedoch ein wahrhaftiges Paradies, das zur Zeit der Rosenblüte durchaus an den biblischen Garten erinnert.

Das Schlösschen selbst steht in romantisch baufälligem Gegensatz zur vollendeten Architektur der Rosenblüten. Der Hausherr hat es vor nicht allzu langer Zeit in ruinösem Zustand bezogen und ist seither mit bescheidenen Mitteln bestrebt, die notwendigste Bausubstanz dieses altehrwürdigen Gebäudes zu sichern.
Die Wochenenden widmet Lorentz Gudenus aber ganz seinen Gästen, die er gegen einen Unkostenbeitrag zwischen Rosenhecken zu Tisch lädt. Die Gerichte bereitet meist er selber zu, zum Beispiel

Bild linke Seite:
Ein Meisterwerk der Züchtung: violette Rose auf Schloss Felling.

Bild links:
Burg Hartenstein im Tal der Kleinen Krems.

Spaghetti mit grünem Salat, die bei ihm aber weit mehr sind als eine einfache Nudelspeise. „Liebe gnädige Frau, gekocht wird mit Olivenöl, Butter und Schlagobers – und mit sonst nichts!", lautet die Antwort des Feinschmeckers auf die Frage einer Besucherin, ob denn Crème fraîche in der Soße sei. Die Spezialität aber sind Rosenblätter, die als garni fin über Nudeln und Salat gestreut und zum Wasser in den Glaskrug gegeben werden. Gudenus: „Rosenblätter werden auch bei Abmagerungskuren gegessen. Sie machen die Leber wieder aktiv. Man merkt es schnell; wenn man diese Salate einige Tage hintereinander isst, hat man ein paar Kilo weniger."

Der Gastgeber füllt die Gläser mit einfachem Rotwein von den Familienweingütern und wendet sich wieder zur Küche: „Geh'n S', Josef, richten S' uns eine kleine Nachspeis'!" Sein Helfer in der Küche bringt kurz darauf das Dessert, etwas Obers an frischen gezuckerten Beeren.

Das Gespräch wendet sich in die Vergangenheit. Das Schloss wird vorgestellt, mit den beiden Geschossen aus dem 16. und 17. Jahrhundert. Dessen Kern ist älter, weit älter, hat Lorentz Gudenus bei Erdarbeiten entdeckt. „Die Grundmauern stammen aus 850 herum, es wurde immer wieder dazugebaut. Die letzte Fassung ist von 1746." Er ist überzeugt, dass an diesem Ort die Templer einen ihrer Sitze hatten. Dieser Ritterorden war um ca. 1120 im Heiligen Land gegründet worden und wurde exakt am 13. Oktober 1307, einem Freitag, durch den französischen König Philipp IV. liquidiert. Mit der gewaltsamen Auflösung ist gut ein Teil der Geschichte dieses Ordens verloren gegangen. Geblieben jedoch sind Spuren, die auf die Anwesenheit der Templer schließen lassen. Lorentz Gudenus vermeint, in der Art der Kellergewölbe seines Schlosses und im Bau von Terrassenkulturen das Wirken dieses Ordens zu erkennen.

Seine eigene Familiengeschichte beginnt in der Zeit Karls des Großen. Die Ahnen waren Wikinger und am Bau des Danewerks (Dänenwalls) beteiligt, eines 30 Kilometer langen Systems von Verteidigungswällen in Schleswig, das den Zugang nach Jütland zwischen Ost- und Nordsee sperrte. Die Anlage, deren Reste bis heute zu sehen sind, sollte ab dem 8. Jahrhundert der Ausbreitung des Fränkischen Reiches nach Norden Einhalt gebieten.

Spätere Vorfahren der Familie Gudenus zogen nach Österreich, wo sie in die Dienste des Kaisers traten. Urgroßvater Heinrich Gudenus gilt als Entdecker der nach ihm benannten Höhle im Tal der Kleinen Krems unweit von Felling. Er hatte bei einem Gewitter einen Unterstand

Bilderleiste von links nach rechts: **Im Garten des Rosenschlosses Felling; Schlossherr Graf Lorentz Gudenus; Gudenushöhle.**

gesucht und war, so schildert es sein Urenkel, in die Höhle hineingefallen. Als Botaniker erkannte er ihre Besonderheit und ermunterte Wissenschaftler zur Erforschung der Höhle. Entdeckt wurden zwei Kulturschichten, von denen die untere lange Zeit als die älteste archäologische Fundstätte Österreichs galt, mit Steinwerkzeugen, die auf einen Wohnplatz der Neandertaler in einer Kaltzeit vor ca. 90.000 Jahren schließen lassen. Aus der jüngeren Kulturschicht stammen Stein- und Knochenwerkzeuge, wie sie von Jägern und Sammlern der jüngsten Jungsteinzeit verwendet wurden. Aus dieser Höhle stammt auch die einzige altsteinzeitliche Tierdarstellung Österreichs: ein Rentierkopf, der vor 15.000 Jahren in eine beinerne Nadelbüchse aus dem Ellenknochen eines Adlers geritzt wurde.

Johann Lorentz Gudenus selber sieht sich als Kosmopolit, der aus beruflichen Gründen lange Jahre in Osteuropa und Afrika gelebt hat. „Ich bin aber auch dänischer Staatsbürger, deswegen können Sie auch Graf zu mir sagen", verweist er mit verlegenem Lächeln auf seine Herkunft aus dem Adelsstand und bittet die Gäste zum Spaziergang durch das größte Rosarium vielleicht ganz Mitteleuropas. Er begrüßt die einzelnen Stöcke und Hecken wie gut bekannte Freunde, stellt sie mit ihrem Namen vor und lädt die Begleiter ein, an den duftenden Köpfchen zu riechen. Dass alles so üppig wächst und gedeiht, führt Gudenus darauf zurück, dass er Querdenker ist – in der Politik, in der Wirtschaft und bei seinen Rosen. „Ich suche nach Wegen, wie man Altgebrachtes mit neuem Wissen verbinden kann", lautet der allgemeine Ansatz seiner Philosophie.

Ganz konkret sind es absolut natürliche, wenn auch seltsam anmutende Methoden, um beispielsweise Schädlinge von den kapriziösen Schönheiten fernzuhalten: „Ich spritze die Rosen mit Bier. Die Insekten werden besoffen und von den Vögeln gefressen." Man schmunzelt, braucht aber nur bei Adalbert Stifter in dessen Roman „Der Nachsommer" nachzulesen, um auf eine ganz ähnliche Weise der Schädlingsbekämpfung vor 150 Jahren zu stoßen.

Durch ein Tor verlässt man nun den Garten. Eine Allee von Rosenstöcken führt auf eine kleine Anhöhe hinter dem Schloss, „zu einem ausgependelten Kraftplatz", beschreibt Lorentz Gudenus den kleinen Dornenhag, in dem er immer wieder Menschen beobachtet, die sich hier hinsetzen und stundenlang die angenehme Atmosphäre dieses immer frei zugänglichen Platzes inmitten der Rosen genießen.

◎ ***Wandertipp:*** Von der Ortschaft Purkersdorf bei Albrechtsberg fährt man hinab ins wildromanti-

sche Tal der Kleinen Krems bis zur ehemaligen „Maigenmühle", wo bereits Hinweistafeln auf Gudenushöhle, Geologischen Lehrpfad und Burg Hartenstein zu sehen sind. In unmittelbarer Nähe findet sich auch ein Parkplatz. An der Straße bei der „Hofmühle" beginnt der Geologische Lehrpfad der Gemeinden Albrechtsberg und Weinzierl. Erstellt wurde er durch den Geologen und Schlossbesitzer Prof. Alexander Tollmann. Anhand sehr anschaulich angebrachter Informationstafeln – was man liest, sieht man auch, z.B. die Intensive Faltung im Paragneis der „Bunten Serie" – wird man zur Burg Hartenstein geführt. Sie ist vorne ein richtiges Zuckerbäckerschloss und hinten eine Ruine (in Privatbesitz). Vorsicht: Zur Gudenushöhle weist ein unscheinbarer Pfeil an einer Weggabelung hinab. Sie ist nicht zu verfehlen, wenn man sich nur an den Fuß des Burgberges hält. Die Höhle liegt unmittelbar unterhalb der Ruine Hartenstein. Man folgt dort der Markierung des Weitwanderweges 606 Krems – Grein und trifft weitere Höhlen, wie Schusterlucke und Teufelskirche.

Literatur: *Otto Urban: Wegweiser in die Urgeschichte Österreichs. Wien 1989 (Österreichischer Bundesverlag).*

Information

Angebote (Rosenschnittseminare, Kochseminare, usw.) unter Rosenschloss Felling,
Lorentz Gudenus, A-3521 Felling,
Tel. 0676 7066223, www.rosenschloss.at

Im Dornröschenschloss Felling.

64

Der vergessene Bilderschatz

Die Schlosskapelle St. Georg in Droß bei Krems

Zuallererst muss sich ein Reisender auf die kleine Straße zwischen Senftenberg und Langenlois verirren, um überhaupt erst das Dörfchen Droß auf einer Anhöhe nordwestlich von Krems zu entdecken. Ein wuchtiges Schloss mit vier Ecktürmen fällt ins Auge, daneben aber auch ein schlanker steinerner Turmhelm – als untrüglicher Hinweis auf eine interessante alte Kirche. Das Tor zum Schlossgelände steht offen, auf der einen Seite reihen sich Wirtschaftsgebäude aneinander, auch Reste eines Gartens sind erkennbar.

Gegenüber, auf dem Weg zum Schloss, steht eine graue Kapelle und auf ihr der gotische Dachreiter. Die Eingangstür ist verschlossen. Kinder, die dort spielen, wissen aber eine Möglichkeit, um doch hineinzugelangen. Über eine Art Hühnerleiter steigen wir auf morschen Stiegen an der Rückwand der Kirche hoch und finden die Tür zur Empore offen. Hier mündete der Gang vom Schloss herüber, der in den 1950er Jahren abgetragen wurde.

Wir trauen im ersten Moment nicht unseren Augen, damit haben wir nicht gerechnet: Der gotische Chor dieses Kirchleins ist über und über mit Fresken bemalt! Nach und nach tauchen im sanften Lichteinfall zwischen den beiden schmalen Fenstern an der Ostwand der Gekreuzigte mit dem Stifterpaar und eine Marterszene des hl. Georg auf. An der Nordwand ist das erste Joch mit der Katharinenlegende gefüllt, im nächsten folgen Leidensszenen Christi, die auf der Südwand in die Auferstehung und das Weltgericht münden – als Erfüllung des Heilswerkes, das im Segment daneben wieder mit der Geburt Jesu und seiner Taufe durch Johannes neu beginnt. Die Gewölberippen dazwischen und der Triumphbogen sind durch farbige Ornamentbänderung gerahmt.

Die Reihenfolge der Themen dieser Armeleut'-Bibel scheint durcheinandergeraten zu sein, wes-

Bild linke Seite:
Kirchturm und Turm des Schlosses in Droß bei Krems.

Bild oben und rechts:
Außergewöhnlich reiche gotische Wandbemalung in der Kirche St. Georg in Droß.

wegen angenommen wird, dass ursprünglich auch das Langhaus in dieser Weise bemalt war und der Gesamtheit der Bilder ein uns unbekanntes Konzept zugrunde lag.
Als Markgraf Leopold der Heilige 1135 zugunsten des Bistums Passau auf den Zehent der Pfarre „Drozze" (Droß) verzichtete, war die Kirche noch ein rechteckiger romanischer Bau mit halbkreisförmiger Apsis. Der heutige Chor mit seinem einfachen Rippengewölbe wurde um 1300 angefügt. Bald danach, um 1330, entstanden die meisten dieser Fresken, mit Ausnahme der Laibung eines später ausgebrochenen Fensters, das um 1400 mit Heiligen und den Stiftern versehen wurde. Endgültig abgeschlossen wurde die malerische Ausgestaltung um 1420.
Erhalten haben sich die Fresken unter einer Kalkschicht, die von den Protestanten aufgebracht wurde, um die Kunstwerke verschwinden zu lassen. Sie wurden so gründlich vergessen, dass nicht einmal die Barockisierung der Kirche Schaden stiften konnte.
Entdeckt und restauriert wurde dieses kunstvolle gotische Erbe 1953. Zur selben Zeit wurde im Dorf gegenüber ein neues Gotteshaus geweiht – eine prächtige moderne Wallfahrtskirche zur hl. Maria von Fatima, in der auf den Kunstfreund eine weitere Überraschung wartet. In einer Seitenkapelle wird das ehemalige Altarbild der Schlosskapelle aufbewahrt: „St. Georg der Drachentöter" aus der Werkstatt von Martin Johann Schmidt, bekannt als Kremser Schmidt.

Information

Gemeindeamt, Schlossstraße 250,
A-3552 Droß, Tel. 02719 8700
Eine Informationsbroschüre zu den Kirchen und Kapellen von Droß liegt in der Wallfahrtskirche auf. Der Schlüssel zur St. Georgskapelle ist im Gemeindeamt erhältlich.

65 Waldviertler Grenzkontrolle

Senftenberg als Sitz von Druiden, Heckenreitern und Spitzenwinzern

Das Kremstal ist bei Senftenberg ausnehmend eng. Der Fluss windet sich mehrmals um Felsen herum, und die einzige Straße durch das Tal führte einst über den Kirchenberg. Hatten die Fuhrwerke endlich diese Höhe geschafft, mussten sie sich durch ein schmales Tor zwängen, wurden zur Kasse gebeten und gelangten auf der anderen Seite in steiler halsbrecherischer Fahrt wieder ins Tal hinab. Erst 1855, nachdem ein Hochwasser den Ort heimgesucht hatte, wurde beim Sägewerk der Felsen durchgeschlagen. Seither umrollt der Verkehr auf ebenem Weg den Umlaufberg.

Niemand konnte unkontrolliert an Senftenberg vorbeiziehen, und überdies ließ sich dieses Nadelöhr sehr leicht gegen Eindringlinge verteidigen. Unter solchen Voraussetzungen lag es auf der Hand, dass dieser Platz schon früh besiedelt wurde. Erste Spuren einer befestigten Höhensiedlung finden sich im Neolithikum bis ins 10. Jahrhundert v. Chr. auf der Flur Schanzriedl. Dass hier während der Keltenzeit Druiden gehaust hät-

ten, ist hingegen keinesfalls belegt. Es handelt sich lediglich um die zugegebenermaßen reizvolle Annahme romantischer Geister, die zum Zigeunerkessel, einer stattlichen Steinschale, pilgern (mehr dazu im Wandertipp).
Aus geschichtlicher Zeit stammen die ältesten Häuser des Ortes. Sie wurden auf der Anhöhe bei der Kirche gebaut. Historiker vermuten, dass der erste Festungsbau an der Stelle der Pfarrkirche gestanden ist. Sie könnte aber auch ein Vorwerk zur Burg Senftenberg gewesen sein. Genährt wird diese Annahme durch die Tatsache, dass sich der Kirchturm von Senftenberg bis heute in Gemeindebesitz befindet – möglicherweise als Folge seines ursprünglich profanen Zweckes.
Ein Besuch der Pfarrkirche ist durchaus angeraten. Auf die sehenswerten Details muss man jedoch erst hingewiesen werden, wie auf den spätgotischen Beschlag an der Sakristeitür mit einem aufwändig gestalteten Schlüsselfänger oder auf die reich gegliederten Steingewände am hinteren Eingang. In deren Ausnehmungen liegen noch die morschen Reste der Balken, mit denen das Tor einst gegen unerwünschte Eindringlinge verrammelt wurde. Draußen umgeben die Kirche bestens erhaltene Festungsmauern, und über den Friedhof spannt sich das „Glockengangl". Dabei handelt es sich um den Rest einer Bogenbrücke, die den Halsgraben zwischen Kirche und Burgberg überspannte.
Die Burg selbst war im Dreißigjährigen Krieg aufgegeben worden und hatte danach lediglich Heckenreitern, also Raubrittern und Straßenräubern, baufällige Unterkunft geboten. Das Gemäuer wurde über Jahrhunderte als Steinbruch benutzt, bis nur mehr der heute sichtbare Rest, ein bizarr aufragendes Mauerwerk, übrig blieb.
Dass es die Ruine, das Wahrzeichen von Senftenberg, überhaupt noch gibt, ist dem Wochenend-Senftenberger Ludwig Niederreiter, somit einem Zugereisten, zu verdanken. Bevor die letzten Mauern zerbröckelten, rüttelte er die Ortsleute auf und motivierte sie zur Erhaltung ihrer Burg. Wo man heute auf ebenem Grund steht, türmten sich 1967 überwachsene Haufen von Steinen und Erde, und wo sich nun eine überdachte Tribüne findet, wucherten lediglich Gebüsch und Unkraut. Mit viel Fleiß und unzähligen freiwilligen Stunden wurde im Einverständnis mit der Familie Starhemberg, der die Burg gehört, in den letzten Jahren aus dem hoffnungslosen Schutthaufen ein touristischer Anziehungspunkt geschaffen.
Die Restaurierungsarbeiten brachten 1992 eine Sensation zu Tage, als die Archäologen auf eine Zeitkapsel stießen. Der Schöpfschacht einer Sickerzisterne war als Abfallgrube benutzt und darin der Brunnenkranz, Tür- und Torfragmente, die Reste von zertrümmerten Kachelöfen, geschmiedete Nägel und Pfeilspitzen entsorgt worden. Die Zisterne selbst gab Antwort auf die Frage, wie die Wasserversorgung einer Burg ohne Grundwasserbrunnen gewährleistet werden konnte. Ein Brunnenschacht war aufgemauert und mit lockerem Sand und Schotter umgeben worden. Dort versickerte das von den Dächern gesammel-

Bild linke Seite: **Sie fühlen sich auf den Senftenberger Steinterrassen wohl: Smaragdeidechsen bei der Paarung.**

Bild links: **Toter Baum am Aufgang zum Zigeunerkessel.**

Bild rechts: **Aussicht von der Burgruine: Pfarrkirche und Markt Senftenberg.**

te Regenwasser, wurde dadurch gefiltert und gereinigt und anschließend trinkfertig im Schacht aufbewahrt.

Die Funde aus der Zisterne wurden in einem kleinen Museum auf der Ruine ausgestellt, neben einem Gemälde aus Český Krumlov, das Senftenberg um 1625 von oben zeigt. Anno 2006 findet der Blick von der Ruine hinunter auf den Ort kaum Unterschiede, sogar die Pyramidenkamine der Rauchkuchln sind noch die gleichen wie auf dem Bild.

Die Ruine selbst hat sich zum stimmungsvollen Veranstaltungszentrum gemausert. Man feiert Hochzeiten und ausgelassene Partys in der Burg. Weinfreunde genießen das historische Ambiente beim Verkosten der besten Weine des Kremstales, wenn die Weinhauer der Umgebung einmal im Jahr zur Präsentation des Kremstaler Convents laden. Diese noble Bezeichnung darf nur führen, wer vollkommen naturbelassenen Wein in hoher Qualität ausschließlich in der Großlage Kremstal (Stadtgemeinde Krems, Marktgemeinden Stratzing-Droß und Senftenberg) keltert.

Der Weinbau um Senftenberg war im 20. Jahrhundert mehr und mehr zurückgegangen und hatte verwahrloste Terrassen hinterlassen, bis junge, ambitionierte Winzer das Potential der aufgelassenen Rieden erkannten. Direkt am Hang der Ruine, am Ehrenfels, hat Franz Proidl Anfang der 1990er Jahre das Gestrüpp gerodet und eine Spitzenlage angelegt. Die Mühe wurde belohnt. Seine Weine buchten bald die vordersten Plätze bei Wettbewerben. Falstaff, à la Carte, Gault Millau, Vinaria sind nur ein kleiner Auszug aus der Ehrenliste, auf der Proidl als Spitzenwinzer aufscheint.

Die Steilheit seiner Weingärten ist Garant für hohe Qualität. Das Klima ähnelt sehr dem der nahen Wachau. Am Tag werden die Terrassenmauern und felsigen Hänge erwärmt, was die Reifung der Trauben fördert. In der Nacht strömt kalte Luft vom Waldviertel herab, die wiederum den Säureabbau einbremst. Der Kremsfluss bringt die Kälte rechtzeitig aus dem Tal, bevor am nächsten Morgen die Sonne wieder prall den Südhang trifft. Mit etwas Glück entdeckt man auf den aufgeheizten Steinen eine der wunderschönen Smaragdeidechsen, die sich in diesem pannonischen Klima ebenso wohl fühlen wie der Wein.

Im Keller verleiht Proidl durch langsame Gärung dem Wein noch ein Quäntchen mehr an Qualität,

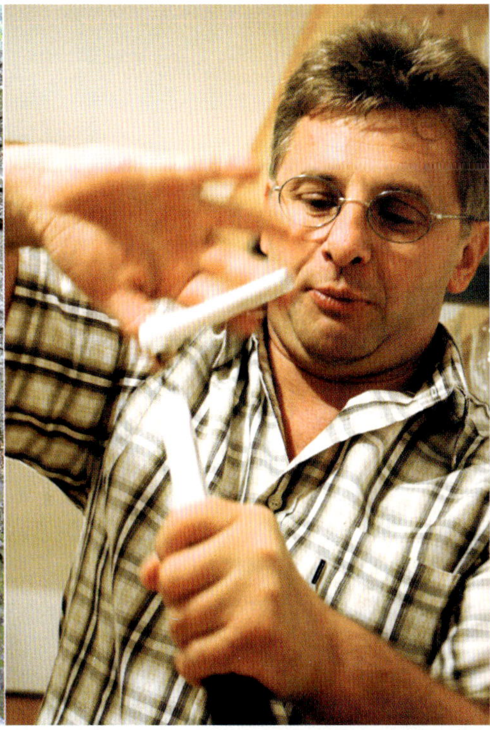

von der sich seine Gäste in der denkbar günstigsten Umgebung überzeugen. Er bittet zur Verkostung in den Weingarten. Inmitten der Trauben des nächsten Jahrganges öffnet er eine Flasche Senftenberger Ehrenfels vom Urgestein, einen vielschichtigen, konzentrierten Grünen Veltliner, und stellt diesem einen feinfruchtigen Riesling von der Ried Rameln gegenüber. Es folgen Gelber Muskateller und Rivaner, im gehobenen Qualitätsbereich absolute Raritäten. Beschlossen wird der Reigen durch einen samtigen St. Laurent mit der kräftigen Note reifer Weichseln.
Wenn das Weinverkosten geschafft und Zeit zum Trinken ist, wandert der Blick über den Glasrand hinaus auf das abendliche Kremstal, das von Senftenberg weg bis Krems an der Donau eine deutliche Grenze zwischen Wald- und Weinviertel in die Landschaft zeichnet.

◎ ***Wandertipp:*** Elf markierte Wege werden auf der Wanderkarte von Senftenberg vorgeschlagen, wie der Hiesbergweg zur Hiesbergwarte, der Römergasselweg oder der Riedenweg. Das meistgesuchte Wanderziel von Senftenberg, der Zigeunerkessel, wird aber mit keinem Wort erwähnt. Den muss man sich erfragen. Richtung Gföhl zweigt im Ortsteil Neuer Markt rechts der Weg zum Ebritzberg ab. Im Verlauf des Aufstiegs umgeht man eine Felswand und gelangt durch Weingärten zu einem Eichenwäldchen, in dem man auf einen Kreuzstein und auf eine Steinreihe trifft, die künstlich gesetzt anmutet. Sie führt in den Platz hinein, in dessen Zentrum ein Granitblock mit einer Steinschale, eben dem Zigeunerkessel, steht. Die Höhlung im Stein lässt einen Kolk vermuten, eine im Lauf der Erdgeschichte entstandene Ausreibung des Steines. Viel anregender ist jedoch die Annahme einer Opferschale, vor der Druiden ihre Riten vollzogen haben und wo laut einem Merkblatt die Aura verdoppelt wird. Worum auch immer es sich dabei handelt – eines ist gewiss: Die Aussicht auf Burg und Markt Senftenberg ist von diesem Platz aus grandios!

Information

Gäste-Information Marktgemeinde Senftenberg, Neuer Markt 1, A-3541 Senftenberg, Tel. 02719 2319 0, www.senftenberg.at
Weingut Proidl: Oberer Markt 5, A-3541 Senftenberg, Tel. 02719 2458, E-Mail: weingut.franz.proidl@gmx.at

Bilderleiste von links nach rechts: **Reife Trauben in der Ried Ehrenfels; Burgruine Senftenberg in voller Pracht; Zigeunerkessel; Spitzenwinzer Franz Proidl; Senftenberg bei Nacht.**

66

Das Klostersiegel auf der Weinflasche

Kloster Imbach: Zufluchtsort für lebensmüde Dulderinnen und Wallfahrtsort für Gotik-Fans

Im 13. Jahrhundert begannen die Bettelorden landauf, landab ein neues Verständnis des christlichen Glaubens zu predigen. Es unterschied sich mit seinem Bekenntnis zur Armut grundlegend vom feudalen Anspruch einer reichen Kirche. Der Same fiel vor allem beim einfachen Volk auf fruchtbares Erdreich. Die bedürfnislosen Mönche wurden daher von den Landesherrn mit offenen Armen empfangen – als ideale Konkurrenz zu den großen Stiften, deren adlige Prälaten zu mächtigen Gegenspielern der weltlichen Herren aufgestiegen waren. Sie erhielten Niederlassungen und wurden beim Bau ihrer Klöster großzügig unterstützt. Zur selben Zeit wurde das mystische Dunkel romanischer Kirchen durch die helle, zum Himmel strebende Gotik abgelöst. Mit Franziskanern und Dominikanern fand dieser neue Stil seine eigene schlichte Ausprägung: Bettelordengotik als äußerer Ausdruck des Verzichts auf das materielle Diesseits.

Im Jahre 1269 wurde von Albero und Gisela von Kuenring-Feldsberg in Imbach im unteren Kremstal ein Dominikanerinnenkloster (conventus sororum de minnebach) gegründet. Es geschah dies unter anderem für das Erlangen des eigenen Seelenheils und zur Ehre besonders Jesu Christi und seiner ruhmvollen Mutter sowie zum Schaffen eines „Zufluchtsortes für fromme Frauen und lebensmüde Dulderinnen". Dass damit gleichzeitig der Abbruch der Burg der vormaligen Herren von Minnebach verbunden war, entsprach durchaus den politischen Vorstellungen des böhmischen Königs Ottokar II. Přemysl, der damals Herzog und somit Landesherr von Österreich war. Er hatte ein verständliches Interesse an einer national ungebundenen Kirche und an der Schwächung des landsässigen Adels.

Das Klostergebäude existiert nicht mehr. Die Kirche aber blieb bestehen – als eines der deutlichsten Beispiele der Bettelordengotik, vielleicht

sogar als die älteste zweischiffige Hallenkirche Österreichs. Sie erhebt sich ungewöhnlich mächtig über den Ort; der Turm mit den vier zierlichen Ecktürmchen scheint im Vergleich dazu klein geraten. Der schlichte Raum mit seinen hohen schmalen Fenstern und den schlanken achtseitigen Pfeilern ist lichtdurchflutet und setzt sich im Osten in einem ebenso hellen Chor mit klassischem Fünfachtelschluss fort.
Auf dem Hochaltar steht die Gnadenstatue, eine lebensgroße Sandsteinmadonna mit Kind aus 1320/30, allerdings in barocker Fassung. Seitlich links davon lässt ein Sakramentshäuschen den Freund der frühen Gotik den Atem anhalten: Verschlossen ist es mit einem schmiedeeisernen Rosengitter aus 1400 in rotweißroter Rahmung und einem Schmerzensmann (15. Jh.) auf dem Nachbarfeld. Es enthielt einen kleinen Flügelschrein mit Darstellungen aus dem Leben Christi und der Gottesmutter, der im Museum im Pfarrhof von Imbach neben dem Bild „Heilige Jungfrau im Ährenkleid" aus der 2. Hälfte des 15. Jahrhunderts sicher aufbewahrt wird. Bei Restaurierungen stellte sich heraus, dass es sich bei der bisher unbeachteten Orgel auf der Nonnenempore um eines der wenigen in Österreich erhaltenen kostbaren Instrumente aus dem Beginn des 17. Jahrhunderts (1605) handelt. Die ursprüngliche Spielanlage wurde wiederhergestellt und ermöglicht ein authentisches Klangerlebnis aus dem Frühbarock.
Seitlich an das nördliche Kirchenschiff wurde im vorderen Teil eine Kapelle angebaut. Sie war ursprünglich der hl. Katharina von Siena geweiht, der Patronin des Dominikanerordens. 1795, nach Aufhebung des Klosters durch Joseph II., wurde ihr Altar abgetragen. Die Kapelle ist heute dem hl. Josef gewidmet. Als Entstehungszeit werden die Jahre 1345/50 angenommen. Vier große Schlusssteine zeigen in Reliefs einen Pelikan mit Jungen, die Löwin, die ihre Jungen frisst, die Jungfrau mit Einhorn und wildem Jäger sowie Christus vor Maria und Johannes. Ins Auge fallen die Konsolsteine, die nach der Mitte des 14. Jahrhunderts eingefügt wurden. Vollplastisch gearbeitete Engel, Männer und Frauen drängen sich dem Betrachter richtiggehend entgegen. Ungeklärt ist, ob diese Kapelle stets einen Zugang zur Kirche hatte oder, für sich abgeschlossen, den Nonnen als Andachtsstätte, abgetrennt vom Geschehen in der Pfarrkirche, gedient hat.

Wenig bekannt ist die Grabkapelle von Imbach. Zwischen der nördlichen Umfassungsmauer des einstigen Klosterareals und der Katharinenkapelle führt ein schmaler Gang zu einem kleinen umschlossenen Platz, in dessen Mitte das Heilige Grab von Jerusalem nachgebildet ist. Die 1760 erbaute Anlage war einst das Ziel von Wallfahrten während der Fastenzeit. Höhepunkt des barocken Wallfahrtsbetriebes war der Palmsonntag: Gleichzeitig Markttag, bot er den Pilgern eine willkommene Gelegenheit zum Großeinkauf. Rund um die Kapelle waren in Nischen Kreuzwegbilder aufgehängt. Sie wurden 1967 zum Schutz gegen Abwitterung in die Kirche hinein übertragen.
Im Schatten der ehemaligen Klosterkirche reihen sich außerhalb der Befestigungsmauer die Ortshäuser von Imbach mit durchwegs hübschen Fassaden aneinander. An Samstagen findet im Veranstaltungszentrum auf dem Klosterareal ein Bauernmarkt statt. Angeboten wird Kremstaler Conventwein. Die Winzer der Umgebung haben für ihre Weinmarke das Emblem vom Siegel des

Bild linke Seite: **Die Pfarrkirche Imbach, ein beeindruckendes Beispiel der Bettelordengotik.**

Bild oben: **Gotischer Engel als Konsolstein in der Josefs-(Katharinen-)kapelle.**

Nonnenklosters übernommen, um die Ernsthaftigkeit ihrer Absicht zu unterstreichen, unter diesem Namen nur Wein aus der genau begrenzten Großlage Kremstal völlig naturbelassen zu keltern.
Auf der anderen Seite des Kremsflusses finden sich Reste der Burg und, vor allem, ein Stück Gegenwartskunst. Was im ersten Moment wie ein Kreuzweg aussieht, stellt sich als „Kunstweg der Religionen“ heraus, mit nur 13 anstelle der üblichen 14 Stationen, die zu einer einfachen weißen Kapelle über dem Burgtal führen. Sie stehen für das engagierte Anliegen der Künstlerin Maria Bußmann, die für die einzelnen Bildstöcke dieses „überkonfessionellen“ Weges Tafeln mit Symbolen der drei großen monotheistischen Weltreligionen geschaffen hat, um damit auf ihre Weise zum gegenseitigen Verständnis zwischen Christentum, Judentum und Islam beizutragen.

Information

Pfarramt Imbach / Senftenberg, Tel. 02719 2295
Führungen durch die Kirche, zum Heiligen Grab und durch das Museum im Pfarrhof.

Bild oben links: **Versöhnungskapelle am „Kunstweg der Religionen“.**
Bild oben rechts: **Frühgotisches Sakramentshäuschen im Chor der ehemaligen Stiftskirche.**
Bild links: **Gekreuzigter im hoch aufragenden Langhaus der Pfarrkirche von Imbach.**